Honoré de Balzac Der Landarzt

Honoré de Balzac

Der Landarzt

Roman

1987
Gustav Kiepenheuer Verlag
Leipzig und Weimar

Originaltitel: Le médecin de campagne
Aus dem Französischen übertragen von Felix Paul Greve
Neu durchgesehen und mit Anmerkungen versehen
von Erika Wesemann

ISBN 3-378-00132-1

Wunden Herzen Schatten und Stille

Meiner Mutter

Erstes Kapitel

Land und Leute

An einem hellen Frühlingsmorgen des Jahres 1829 ritt ein
ungefähr fünfzig Jahre alter Mann auf dem Gebirgsweg entlang, der zu einem in der Nähe der Grande-Chartreuse gelegenen großen Marktflecken führt. Dieser Marktflecken ist
der Verwaltungssitz eines von einem langgestreckten Tal
umschlossenen volkreichen Kantons. Ein oft ausgetrockne-
ter, doch jetzt zur Schneeschmelze angeschwollener Wildbach mit steinigem Flußbett durchströmt dies Tal, das zwischen zwei gegenüberlaufenden Bergketten eingezwängt
ist, die ringsherum von den Gipfeln Savoyens und der Dauphiné überragt werden. Obgleich die von den Zügen der
beiden Mauriennes umgebenen Landschaften einander ähneln, gewährt der Kanton, durch welchen der Fremde dahinritt, Abwechslungen im Gelände und Lichtwirkungen,
die man anderswo vergeblich suchen könnte. Bald bietet
das plötzlich geöffnete Tal einen unregelmäßig geformten
Teppich von jenem Grün, das das ständig von den Bergen
rieselnde Wasser zu allen Jahreszeiten so frisch und dem
Blick so anmutig erhält; bald zeigt eine Sägemühle ihre bescheidenen, malerisch gelegenen Bauten, ihren Vorrat an
langen, abgerindeten Fichtenstämmen und den Mühlbach,
der von dem Wildwasser abgezweigt durch viereckige Holz-
röhren fließt und in einem feuchten Fadennetz aus deren
Spalten rinnt. Hier und da erwecken von obstbaumreichen,
blütenüberdeckten Gärten umgebene Hütten Gedanken,
wie arbeitsreiches Elend sie einflößt; weiter entfernt verkünden Häuser mit roten Dächern aus fischschuppenartig
angeordneten flachen, runden Ziegeln einen gewissen
Wohlstand nach langjähriger Arbeit. Über jeder Tür hängt
der Korb, in dem die Käse trocknen. Überall werden ge-

schütze Stellen, alle Einfriedungen von Weinreben belebt, die wie in Italien an kleinen Ulmen aufgebunden sind, deren Blätter das Vieh bekommt. Durch eine Laune der Natur treten die Hügel stellenweise so nahe zusammen, daß sich dort weder Werkstätten noch Felder noch Hütten mehr befinden. Nur durch den in tosenden Kaskaden abwärts brausenden Bergstrom getrennt, erheben sich die beiden gewaltigen, von dunkelgewandeten Tannen und hundert Fuß hohen Buchen überwachsenen Granitwände. Kerzengerade gewachsen, von moosigen Flechten bizarr gefärbt, bilden diese Bäume mit ihrem mannigfaltigen Laub prächtige Säulengänge, die oberhalb und unterhalb des Weges von unförmigen Hecken aus Sandbeersträuchern, Schneeball, Buchsbaum und wilden Rosen umwuchert werden. Der lebhafte Wohlgeruch dieser Sträucher mischte sich um diese Jahreszeit mit den herben Düften der Bergnatur, dem durchdringenden Geruch junger Schößlinge von Lärchen, Pappeln und harzigen Tannen. Ein paar Wolken zogen durch die Felsen hin, bald verhüllten, bald entblößten sie ihre grauschimmernden Gipfel, die oft ebenso dunstig aussahen wie die Wolken selbst, die sich in leichten Flocken von ihnen losrissen. Jeden Augenblick wandelte die Landschaft ihr Aussehen, wechselte der Himmel sein Licht, die Berge ihre Farbe, die Hänge ihre Schattierungen, die Talsenken ihre Gestalt: mannigfaltige Bilder, die ganz unerwartete Gegensätze, etwa ein durch die Bäume huschender Sonnenstrahl, eine natürliche Lichtung oder aufgetürmtes Geröll, zu einem entzückenden Anblick inmitten dieser Stille machten zu dieser Jahreszeit, in der alles jung ist und die Sonne am reinen Himmel flammt. Kurz, es war ein schönes Land, es war Frankreich!

Der Reisende war hochgewachsen und ganz in blaues Tuch gekleidet, das ebenso sorgfältig gebürstet war, wie es jeden Morgen sein Pferd mit seinem glatten Fell sein mußte, auf dem er sich aufrecht und angegossen wie ein alter Reiteroffizier hielt. Hätten nicht schon seine schwarze

Halsbinde und die wildledernen Handschuhe, die Pistolen in seinen Halftern und der fest auf die Kruppe seines Pferdes geschnallte Mantelsack den Soldaten angezeigt: sein braunes, von Pockennarben gezeichnetes, aber regelmäßiges, sichtliche Unbekümmertheit ausdrückendes Gesicht, seine bestimmten Bewegungen, die Sicherheit seines Blickes, die Haltung seines Kopfes – das alles hätte jene Regimentsgewohnheiten verraten, die ein ehemaliger Soldat unmöglich ablegen kann, selbst nicht, nachdem er sich ins bürgerliche Leben zurückgezogen hat. Jeder andere hätte die Schönheiten dieser Alpennatur bewundert, die hier so anmutig in die großen Niederungen Frankreichs übergeht; der Offizier aber, der zweifellos alle Länder durchstreift hatte, in welche die Kriege des Kaisers die französischen Heere geführt hatten, genoß diese Landschaft, ohne anscheinend durch ihren vielfältig wechselnden Anblick überrascht zu werden. Erstaunen ist eine Eigenschaft, die Napoleon in der Seele seiner Soldaten zerstört zu haben scheint. Und so ist ein unbewegliches Gesicht auch ein sicheres Merkmal, an dem der Beobachter die Soldaten erkennen kann, die unter den vergänglichen und doch unvergänglichen Adlern des großen Kaisers gedient haben. Tatsächlich war dieser Mann einer jener heute so seltenen Soldaten, die die Kugel verschont hat, obwohl sie auf allen Schlachtfeldern gefochten haben, auf denen Napoleon befehligte. Sein Leben bot nichts Ungewöhnliches. Als schlichter, treuer Soldat hatte er sich gut geschlagen, seine Pflicht nachts wie am Tage gleich gut getan, ob seinem Meister fern oder nahe, hatte keinen Säbelstreich unnütz ausgeteilt und war unfähig geblieben, auch nur einen zuviel zu tun. Er trug im Knopfloch die Rosette der Offiziere der Ehrenlegion, weil das ganze Regiment ihn nach der Schlacht an der Moskwa einstimmig für den Würdigsten erklärt hatte, sie an diesem großen Tag zu erhalten. Da er zu der kleinen Zahl äußerlich kühler, schüchterner Männer gehörte, die, immer mit sich selbst in Frieden, ihr Gewissen schon durch den bloßen Ge-

9

danken an ein gleichwie geartetes Ansuchen erniedrigt fühlen, waren seine Beförderungen ihm auch sämtlich nach den langsamen Gesetzen des Dienstalters zuteil geworden. 1802 zum Leutnant ernannt, fand er sich erst 1829 trotz seines grauen Schnurrbartes als Schwadronsführer; aber sein Leben war so makellos, daß in der ganzen Armee niemand, selbst ein General ihn nicht ohne unwillkürliche Hochachtung angeredet hätte, ein unbestrittener Vorzug, den ihm vielleicht gerade deswegen seine Vorgesetzten nicht verziehen. Dafür brachten ihm die einfachen Soldaten alle ein bißchen von dem Gefühl entgegen, das Kinder für eine gute Mutter empfinden; denn er verstand es, ihnen gegenüber nachsichtig und streng zugleich zu sein. Ehemals Soldat wie sie selbst, kannte er die elenden Freuden und das fröhliche Elend, die verzeihlichen und die strafbaren Streiche der Soldaten, die er stets nur ›seine Kinder‹ nannte und denen er im Feld gern gestattete, Lebensmittel und Furage bei den Bürgern einzutreiben. Die Geschicke seines Gefühlslebens jedoch waren in tiefstes Schweigen gehüllt. Wie fast alle Soldaten seiner Zeit hatte er die Welt nur durch den Pulverdampf der Geschütze gesehen oder während der Augenblicke des Friedens, die inmitten des vom Kaiser geführten europäischen Kampfes so selten waren. Ob ihm wohl je etwas an einer Heirat lag? Diese Frage blieb unentschieden. Obgleich niemand bezweifelte, daß Major Genestas bei seinen Aufenthalten in einer Stadt nach der andern, in einem Land nach dem andern Liebesglück gefunden hatte, wenn er an den Festen teilnahm, welche die Regimenter gaben oder zu denen sie geladen wurden, so besaß doch niemand hierüber Gewißheit. Ohne zimperlich zu sein, ohne sich zu weigern, Spaß mitzumachen, ohne gegen die militärischen Sitten zu verstoßen, schwieg er oder antwortete mit einem Lachen, wenn er über seine Liebesabenteuer ausgefragt wurde. Auf die von einem Offizier an ihn gerichteten Worte: »Und Sie, Major?«, als einmal wieder gezecht wurde, erwiderte er: »Trinken wir, Messieurs!«

Eine Art Bayard, dem jeder Glanz fehlte, bot Monsieur Pierre-Joseph Genestas an sich gar nichts Poetisches oder Romanhaftes, so gewöhnlich erschien er. Sein Auftreten war das eines wohlhabenden Mannes. Obgleich er an Vermögen nichts als seinen Sold besaß und die Zukunft für ihn nur in seiner Pensionierung bestand, bewahrte der Schwadronsführer nichtsdestoweniger genau wie manche ausgekochte alte Geschäftsleute, denen Pech eine nahezu an Starrköpfigkeit grenzende Vorsicht gelehrt hat, immer zwei volle Jahresgehälter in Reserve und gab seine Bezüge nie völlig aus. Spieler war er so wenig, daß er in Gesellschaft auf seine Stiefel niedersah, wenn man jemanden zum Einspringen suchte oder es sich beim Écarté um Erhöhung des Einsatzes handelte. Aber wenn er sich auch nichts Außergewöhnliches leistete, so ließ er es doch durchaus nicht am Lebensnotwendigen fehlen. Seine Waffenröcke hielten länger als bei irgendeinem anderen Offizier des Regimentes infolge der Sorgfalt, die ein mäßiges Vermögen eingibt und die ihm zu einer mechanischen Gewohnheit geworden war. Man hätte ihm vielleicht Knauserei unterstellt ohne eine bewundernswerte Uneigennützigkeit und brüderliche Selbstverständlichkeit, mit der er seine Börse irgendeinem durch Pech im Spiel oder sonst eine Torheit zugrunde gerichteten jungen Leichtfuß öffnete. Er schien früher wohl selbst große Summen verloren zu haben, denn er bewies bei solcherart Gefälligkeiten sehr viel Feingefühl; nie hielt er sich für berechtigt, die Handlungen seines Schuldners nachzuprüfen, und mahnte ihn nie wegen seiner Schulden. Ein Kind der Truppe, allein auf der Welt, war die Armee sein Vaterland und das Regiment seine Familie. Übrigens kümmerte man sich auch nur sehr selten um die Beweggründe seiner sehr achtenswerten Sparsamkeit, man schrieb sie dem nur zu natürlichen Wunsch zu, die Summe seines Vermögens für seine alten Tage zu vermehren. Kurz vor seiner Ernennung zum Oberstleutnant der Kavallerie mutmaßte man, sein Ehrgeiz bestehe darin, sich mit seinem Ruhegehalt und den Epauletten eines Obersten irgendwohin aufs Land zurückzuziehen. Wenn die jungen Offiziere nach dem Manöver über Genestas redeten, steckten sie ihn in die Klasse der Leute, die auf der Schule den ersten Preis bekommen und nun ihr ganzes Leben lang genau, rechtschaffen, leidenschaftslos, nützlich und fade wie Weißbrot bleiben; ernst zu nehmende Leute hingegen beurteilten ihn ganz anders. Oft zeugten ein unbeabsichtigter Blick oder ein vielsagender Gesichtsausdruck, wie er dem Wilden als Sprache dient, von den Stürmen in seiner Seele. Bei genauer Prüfung sprach seine ruhige Stirn von der inneren Kraft, seine Leidenschaften zum Schweigen zu bringen und sie auf dem Grunde des Herzens zurückzudrängen, einer durch die Gewöhnung an Gefahren und unvorhergesehene Wechselfälle des Krieges teuer eroberten Kraft. Als der Sohn eines Pairs von Frankreich, ein Neuling im Regiment, eines Tages, als die Rede auf Genestas kam, meinte, er wäre sicher der gewissenhafteste Priester und der ehrlichste Krämer geworden, antwortete er selbst herablassend dem jungen Laffen, der sich von seinem Vorgesetzten nicht gehört geglaubt hatte: »Fügen Sie noch hinzu, der untauglichste Schmeichler unter sämtlichen Marquis!« Die Zuhörer brachen in lautes Gelächter aus; der Vater des Leutnants hatte sich bei allen Mächten eingeschmeichelt, war nach jedem Umsturz wendig wieder obenauf, und der Sohn artete nach dem Vater. Man trifft in den französischen Armeen zuweilen solche Charaktere, die im entscheidenden Augenblick wahrhaft großartig, nach dem Gefecht wieder ganz einfach, unbekümmert um jeden Ruhm, die Gefahr vergessen; man trifft sie vielleicht viel häufiger, als die Mängel unserer Natur es vermuten lassen. Jedoch irrte man sich gewaltig, hielte man Genestas für vollkommen. Er war mißtrauisch, neigte zu heftigen Zornesausbrüchen, war streitsüchtig in der Unterhaltung und wollte unbedingt recht behalten, auch wenn er unrecht hatte, besaß somit viele Merkmale seines Volkes. Vom Soldatenleben her hatte er eine Neigung zu gutem Wein bewahrt. Wenn er in der vollen Würde seines Ranges ein Bankett verließ, so schien er ernst, nachdenklich und wollte dann niemandem die Geheimnisse seiner Gedanken anvertrauen. Schließlich kannte er aber die Sitten der Gesellschaft und die Gebote der Höflichkeit doch gut genug und befolgte sie wie eine Art Dienstvorschrift mit militärischer Steifheit. Wenn er auch natürlichen und erworbenen Verstand besaß, wenn er die Taktik, das Manövrieren, die Theorie der Fechtkunst zu Pferde und die Schwierigkeiten der Tierarzneikunde beherrschte, so war seine geistige Bildung doch ungeheuer vernachlässigt. Er wußte undeutlich, Cäsar sei ein Konsul oder ein römischer Kaiser gewesen, Alexander ein Grieche oder ein Mazedonier; er hätte ihnen die eine oder andere Herkunft, den einen oder anderen Titel widerspruchslos zugestanden. Deswegen wurde er bei wissenschaftlichen oder geschichtlichen Unterhaltungen ernst und beschränkte seine Teilnahme auf ein leichtes, billigendes Kopfnicken wie ein zutiefst überzeugter Skeptiker. Als Napoleon am 13. Mai in Schönbrunn in seinem an die Grande-Armée als Herrin Wiens gerichteten Bulletin schrieb, ›die österreichischen Fürsten hätten wie Medea ihre Kinder mit eigener Hand geschlachtet‹, mochte der erst neuerdings zum Rittmeister ernannte Genestas seine Würde nicht durch die Frage aufs Spiel setzen, wer denn diese Medea wäre; er verließ sich auf Napoleons Genie und war sicher, der Kaiser habe der Grande-Armée und dem Hause Österreich nur amtlich etwas mitgeteilt; Medea hielt er für eine Erzherzogin von zweifelhafter Lebensführung. Da die Sache aber immerhin auch die Kriegskunst angehen konnte, fühlte er sich über die Medea des Bulletins beunruhigt, bis zu dem Tage, an dem Mademoiselle Raucourt ›Medea‹ wieder aufführte. Nachdem er die Ankündigung gelesen hatte, verfehlte er nicht, sich abends ins Théâtre-Français zu begeben, um die berühmte Schauspielerin in dieser mythologischen Rolle zu sehen, über die er sich dann bei seinen Nachbarn erkundigte. Ein Mann jedoch, der als gemeiner Soldat die Tatkraft besessen hatte, lesen, schreiben und rechnen zu lernen, mußte letztendlich doch begreifen, daß er sich als Rittmeister auch weiterbilden müsse. Seit dieser Zeit las er daher eifrig Romane und neuerschienene Bücher, aus denen er eine Halbbildung gewann, die er recht gut anzuwenden verstand. In seiner Dankbarkeit gegenüber diesen Lehrmeistern ging er so weit, Pigault-Lebrun zu verteidigen, von dem er sagte, er fände ihn sehr lehrreich und oftmals tiefsinnig.

Dieser Offizier, den erworbene Klugheit keinen Schritt unnütz tun ließ, hatte Grenoble hinter sich gelassen und ritt der Grande-Chartreuse zu, nachdem er am Abend vorher von seinem Oberst einen achttägigen Urlaub bekommen hatte. Er rechnete mit keiner langen Strecke, aber von Meile zu Meile durch ungenaue Aussagen von Bauern, die er befragt hatte, getäuscht, hielt er es doch für klüger, den Weg nicht weiter fortzusetzen, bevor er eine Stärkung zu sich genommen hatte. Obwohl wenig Aussicht bestand, zu einer Zeit, wo alle auf den Feldern arbeiteten, irgendeine Hausfrau daheim anzutreffen, hielt er doch vor ein paar Hütten an, die um einen gemeinsamen Platz herum ein ziemlich unregelmäßiges, jedem zugängiges Viereck bildeten. Der Boden dieses Gemeinschaftsgrundstückes war fest und sauber gefegt, aber von Jauchegräben durchzogen. Rosensträucher, Efeu und andere hohe Pflanzen rankten an den rissigen Mauern entlang in die Höhe. Am Eingang des Platzes stand ein jämmerlicher Johannisbeerstrauch, auf dem Lumpen trockneten. Der erste Bewohner, den Genestas traf, war ein sich in einem Strohhaufen wälzendes Schwein, das beim Geräusch der Pferdehufe aufgrunzte, den Kopf hob und dadurch eine dicke schwarze Katze in die Flucht jagte. Eine junge Bäuerin mit einem großen Grasbündel auf dem Kopfe zeigte sich mit einem Male, in einiger Entfernung gefolgt von vier zerlumpten kleinen Kerlchen, keck, lärmend, mit dreisten Augen, von brauner

14

Gesichtsfarbe, hübsche, wahrhaft engelgleiche kleine Teufel. Die Sonne strahlte herab und verlieh der Luft, den Hütten, den Misthaufen, der struppigen kleinen Bande etwas Unschuldiges, Reines. Der Soldat fragte, ob es möglich sei, hier einen Becher Milch zu bekommen. Statt einer Antwort stieß die junge Frau einen rauhen Schrei aus. Eine alte Frau erschien plötzlich auf der Schwelle einer Hütte, und die junge Bäuerin trat in einen Stall, nachdem sie durch eine Handbewegung auf die Alte gedeutet hatte, auf die Genestas nun zutrat, nicht ohne sein Pferd gut festzuhalten, um die Kinder nicht zu verletzen, die ihm schon zwischen den Beinen herumquirlten. Er wiederholte seine Bitte, deren Erfüllung die gute Frau rundheraus ablehnte. Sie hätte keine Lust, sagte sie, den Rahm von den zum Buttern bestimmten Milchtöpfen abzuschöpfen. Diesen Einwand entkräftete der Offizier damit, daß er versprach, ihr den Schaden gut zu bezahlen; er band sein Pferd an einen Türpfosten und trat in die Hütte. Die vier zu der Frau gehörenden Kinder hatten scheinbar alle dasselbe Alter, ein rätselhafter Umstand, der den Major verblüffte. Die Alte hatte noch ein fünftes fast an ihren Röcken hängen, das, schwach, bleich und kränklich, wohl die größte Fürsorge benötigte; dementsprechend war es der Liebling, der Benjamin.

Genestas setzte sich an einen hohen feuerlosen Kamin nieder, auf dessen Sims man eine Madonna aus bemaltem Gips mit dem Jesuskind im Arm erblicken konnte. Welch erhabenes Symbol! Die blanke Erde diente dem Haus als Fußboden. Mit der Zeit war der primitiv festgestampfte Erdboden holprig geworden, und wenn auch sauber, sah er doch wie die vergrößerte, schwielige Schale einer Apfelsine aus. Auf der Feuerstelle hingen ein mit Salz gefüllter Holzschuh, eine Bratpfanne und ein Kessel. Den Hintergrund des Raumes füllte ein Bett mit ausgezacktem Betthimmel. Ferner standen hier und da ein paar dreibeinige Schemel aus drei in ein Stück Buchenbrett gerammten Stöcken, ein Backtrog, eine große hölzerne Kelle zum Wasserschöpfen, ein Eimer

und irdene Töpfe für die Milch, ein Spinnrad auf dem Backtrog, ein paar Käsehürden, schwarze Wände, eine wurmsti-
chige Tür mit einem durchbrochenen oberen Querbalken;
das bildete den Schmuck und die Einrichtung dieser armseligen Behausung. Und nun erlebte der Offizier, der sich damit vergnügte, den Erdboden mit seiner Reitpeitsche zu fegen, folgende Begebenheit, die, ohne daß er es ahnte, sich
zu einem kleinen Schauspiel entwickelte. Sobald die von ihrem grindigen Benjamin gefolgte Alte durch eine zur Milch-
kammer führende Tür verschwunden war, jagten die vier
Knirpse, nachdem sie den Offizier ausgiebig gemustert hatten, zunächst das Schwein weg. Das Tier, für gewöhnlich
ihr Spielgefährte, war auf die Türschwelle gekommen; die
Bälger stürzten sich vehement darüber her und verabreich-
ten ihm so unmißverständliche Püffe, daß es sich schleu-
nigst zurückziehen mußte. Den Feind einmal draußen, un-
ternahmen die Kinder nun einen Angriff auf eine Tür,
deren Riegel ihren Bemühungen nachgab und aus dem ihn
haltenden abgenutzten Mauerring brach; nun stürzten sie
sich in eine Art Obstkammer, wo der über diesen Auftritt
höchst vergnügte Major sie baldigst eifrig beschäftigt sah,
getrocknete Pflaumen zu futtern. In diesem Augenblick trat
die Alte mit ihrem schrumpligen Gesicht und ihren schmie-
rigen Lumpen wieder herein, in der Hand einen Topf Milch
für ihren Gast.

»O diese Nichtsnutze!« rief sie. Sie lief auf die Kleinen
zu, packte einen nach dem anderen am Arm, stieß sie aus
der Kammer, aber ohne ihnen die Pflaumen abzunehmen,
und schloß sorgfältig die Tür zu ihren Vorräten wieder ab.
»Na, na, ihr Kerlchen, nun seid doch mal brav. – Wenn
man nicht aufpaßte, würden sie alle Pflaumen aufessen, die
Tollköpfe!« sagte sie mit einem Blick auf Genestas. Dann
setzte sie sich auf einen Schemel, nahm den Grindkopf zwischen die Knie und fing an, ihm mit weiblicher Geschicklichkeit und mütterlicher Sorgfalt den Kopf zu waschen und
zu kämmen. Die vier kleinen Diebe standen herum, lehn-

ten sich gegen den Backtrog oder das Bett, alle rotznasig oder schmutzig, aber im übrigen gesund, kauten stumm ihre Pflaumen und betrachteten den Fremden mit argwöhnisch pfiffiger Miene.

»Sind das Eure Kinder«? fragte der Soldat die Alte.

»Entschuldigen Sie, Monsieur, das sind die Anstaltskinder. Ich kriege für jedes drei Francs und ein Pfund Seife im Monat.«

»Aber, gute Frau, sie müssen Euch doch mindestens doppelt soviel kosten.«

»Ach Monsieur, das sagt uns Monsieur Benassis auch; aber wenn andere die Kinder zum selben Preis nehmen, dann muß man wohl damit zufrieden sein. Es gibt nicht so viele, die Kinder nehmen! Mit Kreuz und Banner muß man außerdem noch kommen, um welche zu kriegen. Wenn wir ihnen unsere Milch umsonst geben, kostet es uns ja kaum was. Drei Francs sind übrigens doch auch eine schöne Summe, Monsieur. Da hat man schon so nebenbei fünfzehn Francs, ohne die fünf Pfund Seife. In unseren Kantonen hier, was muß man sich da abrackern, ehe man zehn Sous am Tage verdient.«

»Habt Ihr denn auch Land?« fragte der Major.

»Nein, Monsieur. Ich hatte welches zu Zeiten meines seligen Mannes, aber seit seinem Tode habe ich so viel Pech gehabt, daß ich es verkaufen mußte.«

»Na«, begann Genestas wieder, »wie könnt Ihr denn aber bis zum Jahresende kommen, ohne Schulden zu machen, wenn Ihr die Kinder für zwei Sous den Tag füttern, sauberhalten und aufziehen müßt?«

»Aber lieber Monsieur«, fuhr sie fort, wobei sie ihren kleinen Grindkopf unentwegt weiterkämmte, »wir kommen auch gar nicht ohne Schulden bis Silvester. Was soll man machen? Der liebe Gott hilft uns schon. Ich habe zwei Kühe. Während der Ernte lesen meine Tochter und ich Ähren, im Winter gehen wir ins Holz, und abends spinnen wir. Na ja, der Winter braucht ja nicht immer so zu sein wie der letzte! Ich schulde dem Müller fünfundsiebzig Francs für Mehl. Zum Glück ist's der Müller von Monsieur Benassis. Monsieur Benassis, das ist ein Freund der armen Leute! Noch nie hat er irgend jemandem seine Schulden abgefordert, mit uns wird er schon gar nicht anfangen. Übrigens hat unsere Kuh ein Kalb, das wirft uns auch noch einen Brokken ab.«

Die vier Waisen, für die aller menschliche Schutz in der Liebe dieser alten Bauersfrau bestand, hatten ihre Pflaumen vertilgt. Sie machten sich die Aufmerksamkeit zunutze, mit der ihre Ziehmutter während ihrer Plauderei den Offizier betrachtete, um sich dicht zusammengedrängt zu einem neuen Angriff auf den Riegel der Tür zu vereinigen, die sie von dem schönen Haufen Pflaumen trennte. Sie zogen drauflos, doch nicht wie französische Soldaten zum Angriff stürmen, sondern lautlos wie die Deutschen, getrieben von ihrer kindlich rohen Naschsucht.

»O ihr kleinen Unholde! Wollt ihr wohl aufhören?«

Die Alte stand auf, nahm den stärksten der vier beim Wickel, gab ihm einen leichten Klaps hinten drauf und warf ihn hinaus; er weinte nicht, und die andern blieben ganz verdutzt stehen.

»Sie machen Euch wohl viel Ärger?«

»Ach Monsieur, sie riechen nur meine Pflaumen, die Schlingel. Ließe ich sie einen Augenblick allein, sie würden daran platzen.«

»Habt Ihr sie lieb?«

Bei dieser Frage hob die Alte den Kopf, sah den Soldaten mit leicht spöttischer Miene an und erwiderte: »Und ob ich sie lieb habe! Drei mußte ich schon wieder abgeben«, fügte sie mit einem Seufzer hinzu, »ich behalte sie ja nur bis zum sechsten Jahr.«

»Aber habt Ihr keinen Sohn?«

»Den habe ich verloren.«

»Wie alt seid Ihr denn?« fragte Genestas, um die Wirkung seiner vorhergehenden Frage zu zerstören.

»Achtunddreißig, Monsieur. Nächsten Johanni sind's zwei Jahre, daß mein Mann tot ist.«

Sie zog den kränklichen Kleinen, der ihr mit einem blassen, zärtlichen Blick zu danken schien, nun fertig an.

›Was für ein Leben voller Selbstverleugnung und Arbeit!‹ dachte der Reiter.

Unter diesem Dach, würdig des Stalles, in dem Jesus Christus geboren wurde, wurden fröhlich und ohne jeden Stolz die schwierigsten Mutterpflichten erfüllt. Welche Herzen, in ewiges Vergessen gesunken! Welcher Reichtum und welche Armut! Ein Soldat weiß besser als jeder andere Mensch die Großartigkeit zu schätzen, die die Erhabenheit in Holzschuhen birgt, das Evangelium in Lumpen. Anderswo findet sich wohl Gottes Wort mit Bildern verziert, ausgeschmückt und gegliedert in einem Einband aus Moiré, aus Tabin, aus Atlas; hier jedoch lebte gewiß der Geist der Heiligen Schrift. Man konnte nicht umhin, an eine göttliche Fügung des Himmels zu glauben, wenn man diese Frau sah, die sich zur Mutter gemacht hatte, wie Jesus Christus sich zum Menschen, die, um dieser verlassenen Kinder willen, Ähren las, litt, Schulden machte und sich in ihren Berechnungen täuschte, ohne wahrhaben zu wollen, daß sie sich mit ihrem Muttersein zugrunde richtete. Beim Anblick dieser Frau mußte man wohl gewisse geheime Wechselbeziehungen zwischen den Gutherzigen dieser Welt und dem Allwissenden dort oben zugeben; Major Genestas betrachtete sie denn auch mit Kopfschütteln.

»Ist Monsieur Benassis ein guter Arzt?« fragte er endlich.

»Das weiß ich nicht, Monsieur, aber er heilt die Armen umsonst.«

»Es scheint«, sagte er in ein Selbstgespräch übergehend, »dieser Mann ist entschieden ein Mensch.«

»O ja, Monsieur! ein rechtschaffener Mensch! Es gibt hier herum auch kaum eine Menschenseele, die ihn nicht abends und morgens in ihr Gebet einschließt!«

»Das ist für Euch, Mutter!« sagte der Soldat und reichte ihr ein paar Geldstücke. »Und das für die Kinder!« fuhr er fort und gab ihr noch einen Taler. »Habe ich's noch weit bis zu Monsieur Benassis?« fragte er, als er wieder zu Pferde saß.

»O nein, lieber Monsieur, höchstens eine kleine Meile!«
Der Major verabschiedete sich, fest überzeugt, daß er noch zwei Meilen zu machen habe. Nichtsdestoweniger bemerkte er bald durch ein paar Bäume hindurch eine erste Häusergruppe, dann die Dächer des Fleckens, um einen sich kegelförmig erhebenden Kirchturm geschart, dessen Schiefer auf den Kanten des Dachstuhls durch im Sonnenschein glitzernde Weißblechstreifen festgehalten wurden. Diese Bedachung, von ganz eigenartiger Wirkung, kündigt die Grenze Savoyens an, wo sie gang und gäbe ist. An dieser Stelle ist das Tal breit. Mehrere reizend in der kleinen Ebene oder am Wildbach entlang gelegene Häuser beleben das wohlbestellte Land, das ringsum durch die Berge geschützt wird und keinen wahrnehmbaren Ausgang besitzt. Ein paar Schritte vor diesem in halber Höhe am Südhang gelegenen Flecken hielt Genestas sein Pferd in einer Ulmenallee vor einer Schar Kinder an und fragte sie nach dem Haus von Monsieur Benassis. Die Kinder sahen einander erst an und musterten dann den Fremden mit einer Miene, wie Kinder sie stets annehmen, sobald sich etwas ihren Blicken zum ersten Male darbietet: so viele Gesichter, soviel Neugierde, so viele verschiedene Gedanken. Dann wiederholte der Dreisteste, der Lustigste der kleinen Bande, ein kleiner Kerl mit lebhaften Augen, bloßen, schmutzstarrenden Füßen, nach Kinderart: »Das Haus von Monsieur Benassis, Monsieur?« Und fügte dann hinzu: »Ich werde Sie hinbringen.« Er marschierte vor dem Pferde her, sowohl um sich durch die Begleitung des Fremden ein gewisses Ansehen zu geben als auch aus kindlicher Gefälligkeit, oder vielleicht auch aus dem gebieterischen Drang nach Bewegung heraus, der in diesem Alter Körper und Geist beherrscht.

Der Offizier ritt die ganze steinige, gewundene Hauptstraße des Fleckens entlang, die zu beiden Seiten Häuser begrenzten, die je nach dem Geschmack der Eigentümer errichtet waren. Hier schiebt sich ein Backofen bis mitten in die Hauptstraße vor, da bietet sich ein Giebel von der Seite dar und versperrt sie teilweise, dann durchschneidet ein von den Bergen herunterkommender Bach sie mit seinen Rinnsalen. Genestas bemerkte mehrere Dächer aus schwarzen Schindeln, dann noch mehr aus Stroh, ein paar aus Ziegeln, sieben oder acht aus Schiefer, zweifellos die des Pfarrers, des Friedensrichters und der wohlhabenden Bürger des Ortes. Es war die ganze Nachlässigkeit eines Dorfes, hinter dem die Welt ein Ende zu haben, das ins Nichts auszulaufen und ans Nichts anzugrenzen schien; seine Einwohner schienen eine einzige, außerhalb jeder Gesellschaft stehende Familie zu bilden und mit ihr nur durch den Zolleinnehmer oder unsichtbare Verästelungen verbunden zu sein. Als Genestas noch ein Stück weitergeritten war, bemerkte er am Berghang eine breite, oberhalb des Dorfes gelegene Straße. Es bestand also ohne Zweifel eine alte und eine neue Ansiedlung. Tatsächlich konnte der Major durch eine schmale, baumfreie Stelle, wo er die Gangart seines Pferdes mäßigte, mit Leichtigkeit ein paar wohlgebaute Häuser bemerken, deren neue Dächer das alte Dorf aufhellten. Aus diesen neuen Häusern, von einer Allee junger Bäume umkränzt, hörte er jene Lieder, die Handwerker bei der Arbeit singen, er hörte den Lärm einiger Werkstätten, das Schrappen von Raspeln, Hammerschläge, die wirren Geräusche verschiedener Gewerke. Er nahm die spärlichen Rauchsäulen aus Küchenschornsteinen und die üppigeren aus den Schmieden des Stellmachers, des Schlossers, des Hufschmiedes wahr. Schließlich bemerkte Genestas am Ende des Dorfes, zu dem sein Führer ihn hinbrachte, inmitten wohlbestellter Felder zerstreute Gehöfte, sehr wohldurchdachte Pflanzungen wie ein kleines, in dieser mächtigen Geländefalte verlorenes Eckchen des Brie, dessen

Dasein zwischen dem Dorf und den das Land umschließenden Bergen man beim ersten Blick gar nicht vermutet hätte. Bald blieb der Junge stehen. »Da ist das Tor zu ›seinem‹ Haus«, sagte er. Der Offizier stieg vom Pferd und nahm den Zügel über den Arm; dann zog er, da er meinte, daß jede Bemühung ihren Lohn verdiene, ein paar Sous aus der Hosentasche und gab sie dem Kind, das sie mit erstaunter Miene hinnahm, große Augen machte, aber nicht ›Danke‹ sagte, sondern stehenblieb, um ihm zuzusehen.

›In dieser Gegend ist die Zivilisation nur wenig entwickelt, die Arbeit wird als heilige Pflicht betrachtet und die Bettelei ist noch nicht bis hierher vorgedrungen‹, dachte Genestas.

Mehr neugierig als innerlich beteiligt, lehnte der Führer des Soldaten sich auf eine brusthohe Mauer, die den Hof des Hauses umschloß und in die zu beiden Seiten der Torpfeiler ein Gitter aus altersgeschwärztem Holz eingelassen war.

Das Tor, mit vollen Füllungen im unteren Teil und ehemals grau angestrichen, endete in gelbgestrichenen, lanzenförmig zugeschnittenen Eisenstäben. Diese Zierate, deren Farbe verblichen war, beschrieben über jedem Flügel einen Halbmond und vereinigten sich zu einem großen, von den Stabspitzen gebildeten Tannenzapfen, sobald die Tür geschlossen war. Dieses von Würmern zerfressene, von samtenen Moosflecken überzogene Portal war durch die wechselnde Wirkung der Sonnenstrahlen und des Regens fast gänzlich zerstört. Die Pfeiler, auf denen ein paar Aloen und vom Wind herbeigewehtes Mauerkraut wucherten, verdeckten die Stämme der beiden im Hofe gepflanzten dornlosen Akazien, deren grüne Kronen sich wie Puderquasten aufbauschten. Der Zustand dieses Eingangstores verriet eine Unbekümmertheit seines Eigentümers, die dem Offizier zu mißfallen schien; er runzelte die Brauen wie jemand, der einer schönen Täuschung entsagen muß. Wir sind gewohnt, andere nach uns selbst zu beurteilen; und wenn wir sie auch gern von unseren eigenen Fehlern lossprechen, so verdammen wir sie doch streng, falls sie unsere guten Eigenschaften nicht besitzen. Wenn der Major in Monsieur Benassis einen sorgfältigen oder ordnungsliebenden Mann zu sehen wünschte, gewiß, dann kündigte der Zustand dieses Haustores gänzliche Unbekümmertheit hinsichtlich seines Eigentums an. Ein Soldat, der eine sparsame Haushaltsführung so liebte wie Genestas, mußte also sofort vom Toreingang auf Leben und Charakter des Unbekannten schließen; was er denn trotz aller Umsicht auch nicht zu tun verfehlte. Das Tor stand halb offen, wieder eine neue Achtlosigkeit! Eine gewisse bäuerliche Vertrauensseligkeit voraussetzend, führte der Offizier sich ohne weiteres selbst in den Hof ein, band sein Pferd an die Gitterstäbe, und während er noch die Zügel verknotete, erscholl ein Wiehern aus einem Stall, nach dem nun Pferd und Reiter unwillkürlich die Augen richteten. Ein alter Knecht machte gerade die Tür auf und zeigte seinen Kopf mit rotwollener Mütze, wie sie hierzulande üblich ist und die durchaus der phrygischen Mütze gleicht, mit der man die Freiheit vermummt. Da Platz für mehrere Pferde vorhanden war, bot der gute Mann, nachdem er Genestas gefragt hatte, ob er Monsieur Benassis besuchen wolle, seinem Pferd die Gastfreundschaft des Stalles an, wobei er mit einem Ausdruck zärtlicher Bewunderung das herrliche Tier ansah. Der Major folgte seinem Pferd, um zu sehen, wie es untergebracht wäre. Der Stall war sauber, die Streu reichlich, und beide Pferde von Benassis zeigten jenen Ausdruck von Wohlbehagen, an dem man unter allen Pferden sofort das eines Geistlichen erkennen kann. Eine aus dem Innern des Hauses auf die Freitreppe gekommene Dienerin schien mit Amtsmiene die Fragen des Fremden zu erwarten, dem der Stallknecht bereits mitgeteilt hatte, Monsieur Benassis sei ausgegangen.

»Unser Herr ist zur Kornmühle gegangen«, sagte er. »Wenn Sie ihn dort treffen wollen, brauchen Sie nur dem Pfad zur Wiese zu folgen, die Mühle liegt am Ende.«

Genestas wollte lieber das Land sehen, als ungewisse Zeit auf die Rückkehr von Benassis zu warten, und machte sich daher auf den Weg zur Mühle. Als er die ungleichmäßige Linie hinter sich gelassen hatte, die der Marktflecken am Berghang abzeichnet, überblickte er das Tal, die Mühle und eine der hübschesten Landschaften, die er bisher gesehen hatte.

Am Fuße des Berges gestaut, bildet der Bergbach einen kleinen See, über dem die Gipfel einer über dem anderen aufsteigen und ihre zahlreichen Täler durch verschiedenartige Töne des Lichts oder durch die mehr oder weniger klaren Umrisse ihrer ganz mit schwarzen Tannen bestandenen Grate ahnen lassen. Die erst kürzlich erbaute Mühle liegt an dem Wasserfall, mit dem der Bergbach in den kleinen See stürzt, und besitzt den ganzen Reiz eines einsamen, von Wasser umgebenen Hauses, das sich unter den Wipfeln der an Gewässern heimischen Bäume birgt. Auf der andern Seite des Baches, am Fuße eines Berges, dessen Gipfel nur noch schwach von den roten Strahlen der untergehenden Sonne beleuchtet war, unterschied Genestas undeutlich etwa ein Dutzend verlassener, tür- und fensterloser Hütten; ihre schadhaften Dächer zeigten große Löcher, das Land um sie herum bestand indessen aus wohlgepflügten und bestellten Feldern; ihre einstigen, zu Wiesen umgewandelten Gärten wurden von Bewässerungsanlagen getränkt, die so kunstvoll wie im Limousin angelegt waren. Wie von selbst blieb der Major stehen, um die Überreste dieses Dorfes zu betrachten.

Warum können die Menschen keine Ruinen, selbst die kleinsten nicht, ohne Rührung ansehen? Zweifellos sind sie ihnen ein Abbild des Elends, dessen Lasten sie auf verschiedenartige Weise erfahren; Friedhöfe erinnern uns an den Tod, ein verlassenes Dorf läßt uns über die Mühen des Lebens nachsinnen; der Tod ist ein vorhergesehenes Übel, die Mühsal des Lebens ist ohne Ende. Ist die Unendlichkeit nicht das Geheimnis aller großen Schwermut? Der Offizier hatte den steinigen Zugang zur Mühle erreicht, ohne sich die Verwahrlosung dieses Dorfes erklären zu können; er fragte einen Müllergesellen, der auf den Getreidesäcken neben der Haustür saß, nach Benassis.

»Monsieur Benassis ist dahin gegangen«, sagte der Müller und wies auf eine der verlassenen Hütten.

»Ist das Dorf abgebrannt?« fragte der Major.

»Nein, Monsieur.«

»Warum sieht es denn so aus?« fragte Genestas.

»Warum?« erwiderte der Müller und trat achselzuckend ins Haus zurück, »das wird Monsieur Benassis Ihnen wohl sagen können.«

Der Offizier überschritt eine Art Brücke aus großen Felsblöcken, durch die das Wildwasser dahinschoß, und gelangte bald zu dem ihm bezeichneten Haus. Das Strohdach dieser Behausung war noch heil, moosbedeckt, aber ohne Löcher, auch schienen Fenster und Haustür in gutem Zustand. Beim Eintritt bemerkte Genestas Feuer im Herd, bei dem eine alte Frau vor einem im Stuhl sitzenden Kranken kniete; daneben stand ein Mann, der das Gesicht dem Feuer zugewandt hatte. Das Innere dieses Hauses bildete einen einzigen, von einem schlechten Fenster mit Leinenvorhang erhellten Raum. Der Fußboden bestand aus festgestampfter Erde. Ein Tisch, der Stuhl und ein schlechtes Bett bildeten die ganze Einrichtung. Nie hatte der Major etwas so Kahles, so Einfaches gesehen, selbst nicht in Rußland, wo die Hütten der Muschiks Höhlen gleichen. Hier zeugte nichts von den Dingen des täglichen Lebens, es fand sich nicht das geringste Gerät, das für die Bereitung auch der allereinfachsten Mahlzeit nötig gewesen wäre. Man hätte sagen mögen: eine Hundehütte ohne Napf. Wären nicht das Bett, ein an einem Nagel hängender alter Kittel und ein Paar strohgefütterte Holzschuhe gewesen, die einzigen Kleidungsstücke des Kranken, wäre diese Hütte genauso verlassen erschienen wie die andern. Die auf den Knien liegende Frau, eine sehr alte Bäuerin, bemühte sich, die Füße des Kranken in ein mit braunem Wasser angefülltes Becken zu halten. Sowie der Mann einen Schritt vernahm, den der Sporenklang seinen an die eintönige Gangart der Landleute gewöhnten Ohren ungewöhnlich vorkommen ließ, wandte er sich nach Genestas um und bezeigte eine gewisse, von der Alten geteilte Überraschung.

»Ich brauche wohl nicht zu fragen«, sagte der Soldat, »ob Sie Monsieur Benassis sind. Als Fremder und voller Ungeduld, Sie zu sehen, werden Sie mich entschuldigen, Monsieur, wenn ich Sie auf Ihrem Schlachtfeld aufsuche, anstatt Sie zu Hause zu erwarten. Lassen Sie sich nicht stören, tun Sie, was nötig ist. Sobald Sie fertig sind, werde ich Ihnen den Grund meines Besuches mitteilen.«

Genestas setzte sich halb auf den Rand des Tisches und bewahrte Stillschweigen. Das Feuer verbreitete in der Hütte eine lebhaftere Helle als die Sonne, deren von den Gipfeln der Berge gebrochene Strahlen niemals in diesen Teil des Tales gelangten. Beim Schein dieses Feuers aus harzigen Fichtenzweigen, die eine leuchtende Flamme unterhielten, beobachtete der Soldat das Gesicht dieses Mannes, den ihn eine geheime Anteilnahme aufzusuchen, zu prüfen, genau kennenzulernen zwang. Monsieur Benassis, der Kantonsarzt, blieb mit gekreuzten Armen sitzen, hörte Genestas kühl an, erwiderte seinen Gruß und wandte sich dann dem Kranken wieder zu, ohne zu wissen, daß er Gegenstand einer so ernsten Prüfung sei, wie es die des Soldaten tatsächlich war.

Benassis war ein Mann von normaler Größe, aber breit in Schultern und Brust. Ein weiter, grüner, bis zum Kinn zugeknöpfter Rock hinderte den Offizier, die charakteristischen Einzelheiten dieser Persönlichkeit oder ihrer Haltung zu gewahren; aber der Schatten und die Unbeweglichkeit, in der der Körper verharrte, ließen das Gesicht hervortreten, das jetzt hell vom Widerschein der Flammen beleuchtet wurde. Der Mann hatte ein Gesicht wie ein Satyr: dieselbe leicht gewölbte, aber an mehr oder weniger be-

deutsamen Vorsprüngen reiche Stirn; die gleiche aufgestülpte, am Ende geistreich gespaltene Nase; dieselben
vorspringenden Backenknochen. Der Mund war geschwun-
gen, die Lippen üppig und rot. Das Kinn sprang scharf vor.
Die braunen, von einem lebhaften Blick beseelten Augen,
denen der perlmutterartig gefärbte Augapfel großen Glanz
verlieh, trugen den Ausdruck erstorbener Leidenschaft. Das
ehemals schwarze, jetzt graue Haar, die tiefen Falten des
Gesichtes und die dichten, bereits weiß gewordenen
Brauen, die knollige und von Adern durchzogene Nase,
seine gelbe, mit roten Flecken gesprenkelte Gesichtsfarbe,
alles deutete auf ein Alter von fünfzig Jahren und kündete
von der Härte seiner Berufsarbeit. Form und Umfang seines
Kopfes konnte der Offizier nur schätzen, da dieser jetzt
von einer Mütze bedeckt war; aber wenn auch durch diese
Kopfbedeckung verhüllt, erschien er ihm doch als einer der
sprichwörtlichen ›Dickköpfe‹. Durch seine ehemaligen Beziehungen zu den tatkräftigen Männern, die Napoleon auf-
spürte, war er gewohnt, die Züge eines Menschen, der zu
Großem bestimmt war, richtig zu erkennen, und so ahnte
Genestas hinter diesem verborgenen Leben ein Geheimnis
und sagte sich beim Anblick dieses so ungewöhnlichen Gesichtes: ›Durch welchen Zufall ist der Landarzt geblieben?‹
Nach ernsthafter Prüfung dieses Gesichtes, das trotz aller
Ähnlichkeit mit anderen menschlichen Gesichtern ein zu
seinem augenscheinlich gewöhnlichen Äußeren in Miß-
klang stehendes geheimes Wesen verriet, begann er notge-
drungen die Aufmerksamkeit zu teilen, die der Arzt dem
Kranken schenkte; und der Anblick dieses Kranken lenkte
den Gang seiner Überlegungen vollkommen ab.

Trotz der unzähligen Erlebnisse seines Soldatenlebens
empfand der alte Reiter eine Regung mit Abscheu gemisch-
ter Überraschung beim Anblick eines Menschengesichtes,
auf dem ein Gedanke niemals aufgeblitzt sein konnte, eines
leichenblassen Gesichtes, auf dem das Leiden harmlos und
stumm auftrat wie auf dem eines Kindes, das noch nicht

sprechen und nicht mehr schreien kann, kurz, des völlig tierischen Gesichtes eines alten sterbenden Blödsinnigen. Der Blödsinnige war die einzige Spielart des Menschengeschlechtes, die der Schwadronsführer noch nicht gesehen hatte. Beim Anblick einer Stirn, deren Haut eine dicke runde Wulst bildete, zweier Augen, vergleichbar denen eines gekochten Fisches, eines Kopfes mit kurzem, verkümmertem Haar, dem es an Nahrung fehlte, eines völlig eingedrückten und aller Sinnesorgane ermangelnden Kopfes – wer hätte da nicht gleich Genestas ein Gefühl unwillkürlichen Abscheus gegen ein Wesen empfunden, das weder die Anmut des Tieres noch die Vorrechte des Menschen besaß, das nie weder Verstand noch Instinkt besessen, das nie irgendwelche Art von Sprache vernommen oder gesprochen hatte? Jedem, der dies armselige Wesen am Ende eines Weges hätte anlangen sehen, den man Leben nicht nennen konnte, wäre es schwierig erschienen, ihm Mitleid entgegenzubringen; die alte Frau indessen blickte ihn mit rührender Unruhe an und führte ihre Hand über die Stellen seiner Beine, die das heiße Wasser nicht gebadet hatte, ebenso hingebungsvoll, als wäre er ihr Gatte gewesen. Benassis selbst nahm, nachdem er das erstorbene Gesicht und die lichtlosen Augen durchforscht hatte, sacht die Hand des Blödsinnigen und fühlte ihm den Puls.

»Das Bad treibt nicht mehr«, sagte er, den Kopf schüttelnd, »wir wollen ihn wieder ins Bett legen.«

Er nahm selbst diesen Fleischklumpen auf, trug ihn zu dem Bett, aus dem er ihn zweifellos vorher herausgehoben hatte, streckte ihn sorgfältig aus, sogar die schon fast erkalteten Beine, und legte ihm Kopf und Hand mit einer Aufmerksamkeit zurecht, die wohl eine Mutter für ihren Sohn haben könnte.

»Alles umsonst, er stirbt«, fügte Benassis hinzu und blieb neben dem Bett stehen.

Die alte Frau, die Hände auf den Hüften, sah den Sterbenden an, wobei sie einige Tränen vergoß. Selbst Genestas blieb stumm, ohne sich erklären zu können, wie der Tod eines so wenig Teilnahme erheischenden Wesens ihm bereits einen so starken Eindruck verursachen konnte. Rein gefühlsmäßig teilte er schon das grenzenlose Mitleid, das diese unglückseligen Geschöpfe in jenen des Sonnenlichts beraubten Tälern einflößen, in die die Natur sie hineingeschleudert hat. Leitet sich dies in den Familien, denen die Blödsinnigen angehören, zu frommem Aberglauben entartete Gefühl nicht von der schönsten aller christlichen Tugenden her, von der Mildtätigkeit, und von dem für jede soziale Ordnung sicherlich nutzbringendsten Glauben, dem Gedanken an zukünftige Belohnung, der allein uns unser Elend hienieden ertragen läßt? Die Hoffnung, sich ewige Glückseligkeit zu verdienen, hilft den Eltern dieser armen Geschöpfe und ihrer Umgebung, die Lasten der Mutterschaft in ihrer erhabenen Fürsorge großzügig und unaufhörlich einem Wesen ohne jede geistige Lebensäußerung angedeihen zu lassen, das sie zunächst gar nicht versteht und sie später wieder vergißt. Bewundernswerte Religion, die die Hilfe blinder Wohltätigkeit neben ein blindes Leid gesetzt hat! Wo man diese Blödsinnigen findet, glaubt die Bevölkerung, die Anwesenheit eines solchen bringe den Angehörigen Glück. Dieser Glaube versüßt ein Leben, das in den Städten den Härten falscher Menschfreundlichkeit ausgeliefert und zur Anstaltszucht des Siechenhauses verdammt wäre. Im oberen Tal der Isère, wo sie häufig vorkommen, leben die Blödsinnigen im Freien mit den Herden, die man sie zu hüten gelehrt hat. So sind sie wenigstens frei und geachtet, wie das Unglück es sein sollte.

Seit einigen Augenblicken ließ die Glocke des Dorfes ihre fernen Schläge in gleichmäßigen Abständen erschallen, um den Gläubigen zu verkünden, daß einer der Ihrigen gestorben sei. Aus der Ferne herüberklingend, gelangte diese fromme Botschaft abgeschwächt in diese Hütte, wo sie doppelte Trauer zu verbreiten schien. Zahlreiche Schritte ertönten auf dem Weg und kündigten eine Menge an, aber eine schweigende Menge. Dann erschollen plötzlich Kirchengesänge und erweckten verworrene Gedanken, die auch die ungläubigsten Seelen ergriffen und sie zwangen, sich den herzbewegenden Tönen der menschlichen Stimme hinzugeben. Die Kirche eilte diesem Wesen hier zu Hilfe, das sie gar nicht gekannt hatte. Der Pfarrer erschien unter Vorantritt des von einem Chorknaben getragenen Kreuzes und gefolgt vom Mesner mit dem Weihwasserkessel und etwa fünfzig Frauen, Greisen und Kindern, die alle kamen, um ihre Gebete mit denen der Kirche zu vereinen. Der Arzt und der Soldat sahen sich schweigend an und zogen sich in eine Ecke zurück, um der Menschenmenge Platz zu machen, die vor und in der Hütte niederkniete. Während der trostreichen Zeremonie der heiligen Wegzehrung, abgehalten für dies Geschöpf, das niemals gesündigt hatte, dem aber die Christenheit Lebewohl sagte, zeigten die meisten dieser groben Gesichter ehrliche Trauer. Tränen liefen über rauhe, von der Sonne gefurchte und der Arbeit im Freien gebräunte Wangen. Dieses Gefühl freiwilliger Verwandtschaft war ganz einfach zu verstehen. Gab es in der ganzen Gemeinde doch keinen Menschen, der diese arme Kreatur nicht bedauert, ihr nicht sein täglich Brot gegeben hätte; war ihr nicht in jedem Knaben ein Vater, im fröhlichsten kleinen Mädchen eine Mutter begegnet?

»Er ist tot«, sagte der Pfarrer.

Dies Wort erregte aufrichtige Erschütterung. Die Kerzen wurden angezündet. Mehrere Leute wollten die Nacht bei dem Toten wachen. Benassis und der Soldat verabschiedeten sich. In der Tür hielten ein paar Bauern den Arzt fest, um ihm zu sagen: »Ach, Monsieur le Maire, wenn Sie ihn nicht mehr retten konnten, dann hat Gott ihn sicher zu sich rufen wollen.«

»Ich habe mein Bestes getan, Kinder«, antwortete der Arzt. »Sie glauben nicht, Monsieur«, sagte er zu Genestas, als sie ein paar Schritte vor dem verlassenen Dorfe waren, dessen letzter Einwohner soeben gestorben war, »wieviel wahren Trost das Wort dieser Leute für mich bedeutet. Vor zehn Jahren bin ich in diesem Dorf, das nun verlassen ist, damals aber von dreißig Familien bewohnt wurde, fast gesteinigt worden.«

Genestas legte eine so sichtbare Frage in seinen Gesichtsausdruck und seine Haltung, daß der Arzt ihm, während sie weitergingen, die durch diese Einleitung angekündigte Geschichte erzählte.

»Als ich mich hier niedergelassen hatte, Monsieur, fand ich in diesem Teil des Kantons etwa ein Dutzend Geistesgestörte vor«, sagte der Arzt, indem er sich zurückwandte, um auf die verfallenen Häuser zu weisen. »Die Lage des Weilers in einem Grund ohne jeden Luftzug, dicht an dem Bergbach hier, dessen Wasser aus der Schneeschmelze stammt, jeder Wohltat der Sonne beraubt, die nur die Gipfel der Berge bescheint, all das begünstigte die Ausbreitung dieser schrecklichen Krankheit. Die Gesetze verhindern das eheliche Zusammenleben dieser Unglücklichen nicht, die hier von einem mir damals in seiner ganzen Macht noch unbekannten Aberglauben geschützt werden, den ich zunächst verurteilte, dann bewunderte. Die Geistesgestörtheit hätte sich also von hier aus über das ganze Tal hin fortgepflanzt. Hieß es da nicht dem Land einen großen Dienst erweisen, wenn man dieser körperlichen und geistigen Verseuchung Einhalt gebot? Trotz ihrer ernsten Dringlichkeit konnte diese Wohltat dem, der sie durchführen wollte, das Leben kosten. Hier wie in andern sozialen Bereichen mußte man, um das Gute zu vollbringen, nicht etwa selbstsüchtige Interessen verletzen, sondern – was viel gefährlicher ist – religiöse, in Aberglauben verkehrte Vorstellungen, die wohl am schwersten zerstörbare Form menschlicher Überzeugung. Ich schreckte vor nichts zurück. Zunächst bewarb ich mich um die Stelle des Amtsvorstehers des Kantons und erhielt sie; dann ließ ich nach Einholung der mündlichen Zustimmung des Präfekten nächtlicherweise ein paar dieser

Unglücklichen für teures Geld nach Aiguebelle in Savoyen hinüberbringen, wo es viele von ihnen gibt und wo sie sehr gut behandelt werden sollen. Sofort nach Bekanntwerden dieser Tat der Menschlichkeit wurde ich der ganzen Bevölkerung zum Abscheu. Der Pfarrer predigte gegen mich. Trotz aller Bemühungen, den klügeren Köpfen des Ortes zu erklären, wie wichtig die Ausrottung dieser Blödsinnigen sei, trotz kostenloser Behandlung, die ich den Kranken der Umgebung angedeihen ließ, wurde ich in einem Waldstück angeschossen. Ich suchte den Bischof von Grenoble auf und bat ihn, den Pfarrer zu versetzen. Hochwürden waren so gütig gegen mich, mir die Auswahl eines Priesters zu gestatten, der an meinem Werke teilnehmen würde, und ich hatte das Glück, eins jener Wesen zu finden, die wie vom Himmel gefallen scheinen. Ich setzte mein Unternehmen fort. Nachdem ich weiter auf die Leute eingeredet hatte, brachte ich nachts weitere sechs Blödsinnige fort. Bei diesem zweiten Versuch fand ich Verteidiger in ein paar Leuten, die mir persönlich verpflichtet waren, und in den Mitgliedern des Gemeinderates, deren Geiz ich durch den Nachweis wachgerufen hatte, wie teuer der Unterhalt dieser armen Geschöpfe für die Gemeinde sei und wie nützlich es für den Ort sein würde, die von ihnen ohne jeden Rechtsanspruch besessenen Güter in Gemeindeland zu verwandeln, an dem es dem Dorf fehlte. Ich hatte die Reichen auf meiner Seite, die Armen jedoch, die alten Frauen, die Kinder und einige Starrköpfe blieben mir feindlich gesinnt. Unglücklicherweise vollzog meine letzte Ausmusterung sich nur unvollkommen. Der Blödsinnige, den Sie soeben gesehen haben, war nicht nach Hause gekommen, wurde auch nirgends eingefangen und fand sich am nächsten Morgen als einziger seiner Gattung wieder im Dorfe ein, wo noch ein paar Familien wohnten, deren Mitglieder, wenn auch geistesschwach, doch bisher frei von Blödsinn geblieben waren. Ich wollte mein Werk vollenden und kam am Tag in Amtstracht her, um den Unglücklichen aus seinem Haus zu holen. Meine Absicht wurde bekannt, sowie ich mein Haus verließ; die Freunde des Geistesgestörten kamen mir zuvor, und ich fand vor seiner Hütte eine Ansammlung von Kindern, Frauen und Greisen, die mich unter Schmähungen mit einem Steinhagel begrüßten. In diesem Aufruhr, in dem ich möglicherweise dem Rausch zum Opfer gefallen wäre, in den eine durch Geschrei und gemeinsame Gefühlserregung aufgestachelte Menge verfällt, wurde ich durch den Blödsinnigen selbst gerettet! Dies arme Wesen trat aus seiner Hütte hervor, ließ sein Gestammel hören und schien wie das oberste Haupt dieser Wahnsinnigen. Bei seinem Erscheinen hörte das Geschrei auf. Ich kam auf den Gedanken, einen Kompromiß vorzuschlagen, und konnte ihn auch dank der glücklicherweise eingetretenen Stille auseinandersetzen. Die mir beifällig Gesinnten hätten mir unter diesen Umständen sicher nicht beizustehen gewagt, ihre Hilfe wäre eine rein passive gewesen, die abergläubischen Fanatiker hätten mit äußerster Aufmerksamkeit über die Erhaltung ihres letzten Götzen gewacht; es schien mir unmöglich, ihnen diesen zu entreißen. Ich versprach also, den Geisteskranken in seiner Hütte in Ruhe zu lassen unter der Bedingung, daß niemand ihr nahe käme, daß die Familien dieses Dorfes sich drüben überm Wasser in neuen Häusern ansiedelten, deren Errichtung ich auf mich nähme und noch Land dazu gäbe, dessen Preis mir später aus der Gemeindekasse zurückgezahlt werden sollte. Ja, Monsieur, sechs Monate hatte ich nötig, um den Widerstand zu besiegen, auf den die Durchführung dieses Handels stieß, so vorteilhaft er auch für die Familien des Dorfes war. Die Verbundenheit des Bauern mit seinen vier Wänden ist eine unerklärliche Tatsache. So ungesund seine Hütte auch ist, ein Bauer hängt viel mehr an ihr als ein Bankier an seinem Palast. Warum? Ich weiß nicht. Vielleicht besitzt die Kraft eines Gefühls ihren Ursprung in seiner Seltenheit. Vielleicht lebt der Mensch, der wenig im Geistigen lebt, mehr in seiner toten Umgebung? Und je we-

niger er besitzt, desto mehr hängt er daran. Vielleicht geht's
dem Bauern wie dem Gefangenen? Er verzettelt seine See-
lenkräfte nie, er konzentriert sie in einem Gedanken und
gelangt dadurch zu einer so großen Stärke seines Gefühls.
Verzeihen Sie diese Überlegungen einem Menschen, der
seine Gedanken nur selten austauscht. Und glauben Sie im
übrigen nicht, Monsieur, daß ich mich viel mit Phantaste-
reien abgebe. Hier muß alles praktisch und tatkräftig sein.
Ach, je weniger diese armen Leute denken, desto schwieri-
ger ist es, sie ihren wahren Vorteil erkennen zu lassen. So
war ich auch auf all die Kleinigkeiten meines Unternehmens gefaßt. Jeder von denen gab mir ganz dieselbe Antwort, eine jener Antworten voll gesunden Menschenver-
standes, die keiner Erwiderung bedürfen. – ›Ach Monsieur,
Ihre Häuser sind ja noch gar nicht gebaut!‹ Schön, sagte ich,
versprecht mir, daß ihr sie bewohnen wollt, sobald sie fertig
sind. Zum Glück, Monsieur, hatte ich einen Beschluß
durchgesetzt, wonach unser Ort Eigentümer des ganzen
Berges ist, an dessen Fuß sich das jetzt verlassene Dorf befindet. Der Wert der auf den Höhen gelegenen Wälder genügte, um den Preis der Ländereien und der versprochen-
nen, geplanten Häuser zu bezahlen. War nur erst einmal
eine meiner widerspenstigen Familien dort eingezogen, so
würden die andern ihr schon folgen. Der aus diesem Wechsel sich ergebende Wohlstand war zu augenscheinlich, um
nicht auch von denen gewürdigt zu werden, die am aber-
gläubischsten an ihrem Dorf ohne Sonnenschein, das heißt
soviel wie ohne Seele, hingen. Der Abschluß dieser Angelegenheit, die Erwerbung des Gemeindegutes, dessen Besitz
uns vom Staatsrat bestätigt wurde, ließen mich eine große
Bedeutung im Kanton erlangen. Aber, Monsieur, auch was
für Sorgen!« sagte der Arzt; er blieb stehen, hob eine
Hand und ließ sie dann mit einer vielsagenden Bewegung
wieder sinken. »Ich allein kenne die Entfernung vom
Marktflecken bis zur Präfektur, aus der nichts wieder her-
auskommt, und von der Präfektur bis zum Staatsrat, in den

nichts hineingelangt. Indessen«, fuhr er fort, »Friede den Mächtigen dieser Erde, sie haben meinen hartnäckigen Gesuchen stattgegeben, und das ist schon viel. Wenn Sie wüßten, wieviel Gutes eine gedankenlos gegebene Unterschrift erzeugen kann! ... Monsieur, zwei Jahre später, nachdem ich diese so großen kleinen Dinge angefangen und zu Ende geführt hatte, besaßen alle die armen Haushaltungen meiner Gemeinde mindestens zwei Kühe, die sie zur Weide auf den Berg trieben, wo ich, ohne auf die Genehmigung des Staatsrates zu warten, Querbewässerungen eingeführt hatte, ähnlich wie in der Schweiz, in der Auvergne und im Limousin. Zu ihrer großen Überraschung sahen die Leute des Dorfes dort prächtige Wiesen entstehen und bekamen, dank der besseren Qualität der Weiden, eine größere Menge Milch. Die Folgen dieser Eroberung waren gewaltig. Jeder ahmte mein Bewässerungssystem nach. Die Wiesen, die Tiere, alle Erzeugnisse vervielfältigten sich. Seitdem konnte ich furchtlos diesen vernachlässigten Erdenwinkel weiter verbessern und seine bisher noch jeder Vernunft baren Bewohner erziehen. Im Grunde genommen, Monsieur, sind wir Einsiedler doch immer recht geschwätzig; stellt man uns eine Frage, weiß man nie, wo die Antwort aufhören wird; als ich in dies Tal kam, betrug die Bevölkerung siebenhundert Seelen; jetzt zählt sie zweitausend. Die Geschichte mit dem letzten Geisteskranken trug mir die Wertschätzung aller ein. Da ich den meiner Verwaltung Unterstellten stets zu gleicher Zeit sowohl Milde wie Festigkeit gezeigt hatte, wurde ich zum Orakel des Kantons. Ich tat alles, um ihr Vertrauen zu verdienen, ohne es zu fordern oder es offenkundig anzustreben; ich versuchte hingegen, allen größte Hochachtung vor meiner Person einzuflößen durch die Gewissenhaftigkeit, mit der ich jede übernommene Verpflichtung, auch die unbedeutendste, zu erfüllen wußte. Nachdem ich versprochen hatte, für die arme Kreatur Sorge zu tragen, die Sie eben haben sterben sehen, wachte ich besser über sie als ihre früheren Beschützer.

Der Geisteskranke wurde ernährt und gepflegt wie ein Adoptivkind der Gemeinde. Später haben die Einwohner dann endlich verstanden, welchen Dienst ich ihnen wider ihren Willen geleistet hatte. Trotzdem hielten sie noch einen Rest ihres alten Aberglaubens aufrecht; ich würde sie deswegen keinesfalls tadeln, hat mir nicht ihre Verehrung für den Geisteskranken oft zum Vorwand gedient, die Verständigen zur Hilfeleistung für Unglückliche zu gewinnen? Aber da sind wir«, sagte Benassis nach einer Pause, als er das Dach seines Hauses erblickte.

Weit davon entfernt, nach der Erzählung dieser Episode aus seiner Verwaltungstätigkeit von seinem Zuhörer die geringste lobende oder dankende Redensart zu erwarten, schien er vielmehr nur einem urwüchsigen Mitteilungsbedürfnis nachzugeben, wie es zurückgezogen lebende Menschen tun.

»Monsieur«, sagte der Major zu ihm, »ich habe mir die Freiheit genommen, mein Pferd in Ihrem Stall unterzustellen, und Sie werden so gütig sein, mir zu verzeihen, wenn Sie den Zweck meiner Reise erfahren haben.«

»Ach, und der ist?« fragte Benassis mit einer Miene, als gäbe er eine Hoffnung auf und erinnere sich, daß sein Begleiter ein Fremder sei.

Bei seinem freien und mitteilungsbedürftigen Wesen hatte er Genestas wie einen alten Bekannten empfangen.

»Monsieur«, erwiderte der Soldat, »ich habe von der fast wunderbaren Heilung des Monsieur Gravier aus Grenoble reden gehört, den Sie zu sich genommen hatten. Ich komme in der Hoffnung, dieselbe Fürsorge zu erfahren, wenn ich auch nicht denselben Anspruch auf eine solche Wohltat besitze; indessen verdiene ich sie vielleicht doch! Ich bin ein alter Soldat, dem seine alten Wunden keine Ruhe lassen. Sie werden wenigstens acht Tage brauchen, um meinen augenblicklichen Zustand festzustellen, denn meine Schmerzen leben nur von Zeit zu Zeit wieder auf, und ...«

»Schön, Monsieur«, unterbrach ihn Benassis, »Monsieur Graviers Kammer ist immer bereit; kommen Sie ...« Sie traten ins Haus, dessen Tür nun von dem Arzt mit einer Lebhaftigkeit aufgestoßen wurde, die Genestas der Freude zuschrieb, wieder einen Kostgänger zu haben. »Jacquotte«, rief Benassis, »der Monsieur ißt hier zu Abend.«

»Aber Monsieur Benassis«, fing der Soldat wieder an, »wäre es nicht ratsam, wenn wir uns erst über den Preis ...«

»Den Preis, wofür?« fragte der Arzt.

»Für meine Beköstigung. Sie können mich und mein Pferd doch nicht beköstigen, ohne ...«

»Wenn Sie reich sind«, antwortete Benassis, »können Sie mich gut bezahlen; wenn nicht, nehme ich nichts.«

»Nichts«, meinte Genestas, »kommt mir zu teuer vor. Aber reich oder arm, zehn Francs täglich ohne Ihre Behandlung, würde Ihnen das recht sein?«

»Mir ist nichts unangenehmer, als irgendein Entgelt, so hoch es auch sei, für das Vergnügen anzunehmen, Gastfreundschaft zu üben«, erwiderte der Arzt mit gerunzelten Brauen. »Und meine Behandlung wird Ihnen nur zuteil, wenn Sie mir gefallen. Reiche können meine Zeit nicht erkaufen, die gehört den Leuten hier im Tal. Ich will weder Ruhm noch Reichtum, ich verlange von meinen Kranken weder Lob noch Erkenntlichkeit. Das Geld, das Sie mir geben werden, geht zu den Apothekern in Grenoble, um für die Armen des Kantons die unumgänglich nötigen Arzneien zu bezahlen.«

Wer diese schroff, aber ohne Bitterkeit hervorgestoßenen Worte gehört hätte, würde sich wohl ebenso wie Genestas im Innern gesagt haben: ›Das ist eine ehrliche Haut!‹

»Ich gebe Ihnen zehn Francs für den Tag, Monsieur«, antwortete der Soldat mit gewohnter Hartnäckigkeit, »und Sie können damit machen, was Sie wollen. Wenn das abgemacht ist, werden wir uns besser verstehen«, fügte er hinzu, indem er die Hand des Arztes ergriff und sie mit eindringlicher Herzlichkeit drückte. »Sie werden sehen, trotz meiner zehn Francs bin ich kein Beutelschneider.«

Nach diesem Wortgefecht, in dessen Verlauf Benassis nicht den mindesten Wunsch zeigte, edelmütig oder menschenfreundlich zu erscheinen, trat der angebliche Kranke in das Haus seines Arztes ein, wo alles sich im Einklang mit der Verwahrlosung des Eingangstores und der Kleidung des Eigentümers befand. Auch die geringsten Dinge bezeugten tiefste Unbekümmertheit um alles, was nicht von wesentlichem Nutzen war. Benassis ließ Genestas durch die Küche eintreten, den kürzesten Weg, um zum Eßzimmer zu gelangen. Wenn diese Küche, verräuchert wie die eines Gasthauses, mit Haushaltsgeräten in genügender Anzahl ausgestattet war, so war dieser Luxus das Werk Jacquottes, der ehemaligen Magd des Pfarrers, die ›wir‹ sagte und selbstherrlich über den Haushalt des Arztes herrschte. Hing auf dem Kaminmantel eine blank geputzte Wärmpfanne, so weil Jacquotte im Winter wahrscheinlich gern warm zu Bett ging und nun insgeheim auch die Laken ihres Herrn wärmte, der, wie sie sagte, ja doch nie an etwas dachte; Benassis aber hatte sie gerade wegen eines jedem andern unerträglichen Fehlers eingestellt. Jacquotte wollte im Hause herrschen, und der Arzt wünschte eine Frau zu finden, die bei ihm herrschte. Jacquotte kaufte ein, verkaufte, besserte aus, änderte ab, stellte die Sachen hierhin und dorthin, ordnete an und wieder um, ganz nach ihrem Belieben; nie machte ihr Herr ihr auch nur den geringsten Vorwurf. So waltete Jacquotte ohne jede Einschränkung über den Hof, den Stall, den Knecht, die Küche, das Haus, den Garten und den Herrn. Eigenmächtig wechselte sie die Wäsche, wusch sie und schaffte Vorräte an. Sie entschied, wer ins Haus kam oder wann ein Schwein geschlachtet werden sollte, schalt den Gärtner aus, setzte die Speisenfolge für die Mahlzeiten fest, lief vom Keller auf den Boden, vom Boden wieder in den Keller und fegte nach Herzenslust überall aus, ohne je etwas zu finden, was ihr widerstanden hätte.

Benassis hatte nur zweierlei gewünscht: um sechs Uhr zu Abend zu essen und monatlich nicht mehr als eine bestimmte Summe auszugeben. Eine Frau, der alles gehorcht, singt immerzu; und Jacquotte lachte und nachtigallte denn auch auf den Treppen, sie trällerte, wenn sie nicht sang, und sang, wenn sie nicht trällerte. Von Natur sauber, hielt sie auch das Haus sauber. Wäre sie anders gewesen, wäre Monsieur Benassis recht unglücklich geworden, meinte sie, denn der arme Mann gab so wenig auf sich acht, daß man ihm Kohl statt Rebhühner vorsetzen konnte; ohne sie hätte er oft ein und dasselbe Hemd acht Tage lang anbehalten. Aber Jacquotte konnte unermüdlich Wäsche legen, polierte mit Lust die Möbel, liebte eine wahrhaft geistliche Sauberkeit, die sorgfältigste, strahlendste und wohlgefälligste Art von Sauberkeit. Feindin jeden Staubes, putzte, wusch und bleichte sie ohne Unterlaß. Der Zustand der Hofpforte verursachte ihr lebhafte Qual. Seit zehn Jahren nahm sie ihrem Herrn an jedem Monatsersten das Versprechen ab, das Tor erneuern zu lassen, die Farben der Hauswände wieder aufzufrischen und alles wieder ›nett‹ herrichten zu lassen, und der Herr hatte noch nie Wort gehalten. Indessen ließ sie, wenn sie sich auch gerade über Benassis' allzugroße Achtlosigkeit beklagt hatte, selten folgenden feierlichen Satz aus, mit dem sie jede Lobrede auf den Herrn abschloß: ›Man kann nicht gerade sagen, daß er dumm ist, weil er ja doch hier am Orte gleichsam Wunder vollbringt; aber manchmal ist er doch dumm, und zwar so dumm, daß man ihm alles in die Hand stecken muß, wie einem Kinde!‹ Jacquotte liebte das Haus, als wäre es ihr eigenes. Aber hatte sie, nachdem sie zweiundzwanzig Jahre dort gewohnt hatte, vielleicht nicht auch das Recht, sich Illusionen zu machen? Als Benassis in diese Gegend kam und das Haus infolge des Todes des Pfarrers verkäuflich fand, hatte er es im ganzen erworben: Haus und Land, Ausstattung, Kücheneinrichtung, Wein, Hühner, die alte Wanduhr mit den Figurinen, das Pferd und die Haushälterin. Jacquotte, ein Musterbild der

Gattung Köchin, hatte eine mollige Figur und war stets und ständig in braunen, mit roten Punkten übersäten Kattun gehüllt, so geschnürt und eingepreßt, daß man befürchten mußte, der Stoff werde bei der geringsten Bewegung platzen. Sie trug eine runde, gefältete Haube, unter der ihr an sich schon bleiches Gesicht mit seinem Doppelkinn noch weißer erschien, als es wirklich war. Klein, geschäftig, mit gewandter, rundlicher Hand, sprach Jacquotte laut und unaufhörlich. Schwieg sie einen Augenblick und nahm eine Ecke ihrer Schürze auf, um sie zu einem Dreieck zusammenzulegen, kündete diese Geste eine lange, an Herrn oder Knecht gerichtete Ermahnung an. Von allen Köchinnen des Königreiches war Jacquotte zweifellos die glücklichste. Um ihr Glück so vollkommen zu machen, wie es hienieden nur sein kann, fand sich ihre Eitelkeit unaufhörlich neu befriedigt: der Flecken sah in ihr eine mittlere, etwa zwischen dem Amtsvorsteher und dem Feldhüter stehende Behörde.

Beim Eintritt in seine Küche fand der Herr niemand dort vor. »Wo zum Teufel stecken sie denn alle wieder?« sagte er. »Entschuldigen Sie«, fuhr er zu Genestas gewandt fort, »daß ich Sie hier durchführe. Der Besuchereingang ist durch den Garten, aber ich bin so wenig daran gewöhnt, jemand bei mir zu empfangen, daß … Jacquotte!«

Bei diesem fast gebieterisch hervorgestoßenen Namen antwortete eine weibliche Stimme aus dem Innern des Hauses. Einen Augenblick später ging Jacquotte zum Gegenangriff über, indem sie nun ihrerseits Benassis rief, der auch sofort folgsam ins Eßzimmer ging.

»Also da sind Sie, Monsieur! Sie werden auch nie anders«, sagte sie. »Immerzu laden Sie Leute ein, ohne mir vorher ein Wort zu sagen, und denken dann, alles ist fix und fertig, wenn Sie nur ›Jacquotte!‹ rufen. Wollen Sie den Monsieur da etwa in der Küche empfangen? Hätten wir nicht den Salon lüften und Feuer anmachen müssen? Nicolle ist schon drin und bringt alles in Ordnung. Jetzt gehen Sie noch mal 'nen Augenblick mit Ihrem Monsieur im Garten spazieren; das wird dem Mann schon Spaß machen; wenn er gern was Nettes sieht, zeigen Sie ihm mal den Hainbuchengang des verstorbenen Herrn, dann habe ich Zeit, alles vorzubereiten, Essen, Tisch und Salon.«

»Ja. Aber, Jacquotte«, fuhr Benassis dann fort, »Monsieur bleibt unser Gast. Vergiß nicht, einmal einen Blick in Monsieur Graviers Zimmer zu werfen, um nach Laken und alledem zu sehen und …«

»Wollen Sie sich jetzt vielleicht auch noch um die Laken kümmern?« erwiderte Jacquotte. »Wenn er hier schläft, dann weiß ich wohl, was ich zu tun habe. Sie sind ja seit zehn Monaten nicht in Monsieur Graviers Zimmer gewesen. Da gibt's überhaupt nichts zu sehen, das ist so sauber wie mein Augapfel. Monsieur bleibt also hier?« fügte sie, wieder sanfter werdend, hinzu.

»Ja.«

»Lange?«

»Mein Gott, ich weiß nicht. Was geht denn dich das an!«

»Ach so, was denn mich das angeht, Monsieur? Na so etwas, das geht mich wohl etwas an. Das wird doch immer schöner! Und die Einkäufe und alles, und …«

Ohne ihren Wortschwall zu vollenden, mit dem sie sonst über ihren Herrn hergefallen wäre, um ihm seinen Mangel an Vertrauen vorzuwerfen, folgte sie ihm in die Küche. Da sie ahnte, es handle sich um einen Pensionsgast, war sie voller Ungeduld, Genestas zu sehen, dem sie einen ehrerbietigen Knicks machte, wobei sie ihn vom Scheitel bis zur Sohle musterte. Die Miene des Soldaten war jetzt traurig und nachdenklich geworden und verlieh ihm ein rauhes Aussehen, denn die Unterhaltung der Magd mit dem Herrn schien ihm bei dem letzteren eine Nichtigkeit zu enthüllen, welche ihn, wenn auch mit Bedauern, zwang, die hohe Meinung einzuschränken, die er von ihm gefaßt hatte, als er seine Hartnäckigkeit bei der Rettung dieser kleinen Landschaft vom Übel des Blödsinns bewundert hatte.

»Der Kerl paßt mir gar nicht«, meinte Jacquotte.

»Wenn Sie nicht müde sind, Monsieur«, sagte der Arzt zu seinem angeblichen Kranken, »dann wollen wir vorm Essen noch einen Gang durch den Garten machen.«

»Gern«, antwortete der Major.

Sie schritten durch das Eßzimmer und traten in den Garten durch eine Art am Fuße der Treppe gelegenen Vorraum, der das Eßzimmer vom Salon trennte. Dieser Raum war von einer großen Glastür abgeschlossen und führte auf die steinerne Freitreppe, die die Gartenseite des Hauses zierte. Der Garten war durch mit Buchsbaum eingefaßte, über Kreuz laufende Wege in vier gleich große Karrees eingeteilt und endete in einem dichten Hainbuchengang, dem ganzen Stolz des vorherigen Eigentümers. Der Soldat setzte sich auf eine hölzerne, wurmzerfressene Bank, ohne die Reb- und Baumspaliere zu beachten, die die Gemüsebeete, die Jacquotte hegte und pflegte, umstanden den Gewohnheiten des geistlichen Feinschmeckers eingedenk, dem dieser kostbare Garten, der Monsieur Benassis ziemlich gleichgültig ließ, zu verdanken war.

Der Soldat brach die nichtssagende Unterhaltung ab, die er angefangen hatte, und fragte den Arzt: »Wie haben Sie es angefangen, Monsieur, in zehn Jahren die Bevölkerung dieses Tales zu verdreifachen, in dem Sie ungefähr siebenhundert Seelen vorfanden, und die heute, wie Sie sagten, etwas über zweitausend beträgt?«

»Sie sind der erste Mensch, der mir diese Frage stellt«, erwiderte der Arzt. »Wenn ich es mir zum Ziel gesetzt hatte, diesen kleinen Erdenwinkel zu hohen Erträgen zu bringen, so hat mich mein arbeitsreiches Leben mit sich fortgerissen und mir nicht die Muße gelassen, darüber nachzudenken, wie ich im großen eine ›Suppe aus Kieselstein‹ gemacht habe, wie der Bruder Bettelmönch. Selbst Monsieur Gravier, einer unserer Wohltäter, dem ich den Dienst erweisen konnte, ihn zu heilen, dachte nicht an die Theorie, wenn er mit mir durch unsere Berge lief, um das Ergebnis unserer Taten anzusehen.«

Für einen Augenblick schwiegen beide, während Benassis nachsann, ohne zu bemerken, mit welch durchdringenden Blicken sein Gast ihn zu erforschen suchte.

»Wie ich das angefangen habe, Monsieur?« wiederholte er dann; »ganz naturgemäß und auf Grund des sozialen Gesetzes der Wechselwirkung zwischen unseren selbstgeschaffenen Bedürfnissen und den Mitteln zu deren Befriedigung: das ist alles. Völker ohne Bedürfnisse sind arm. Als ich mich in diesem Marktflecken niederließ, gab es hier hundertdreißig Bauernfamilien und im ganzen Tal ungefähr zweihundert. Die Landesbehörden setzten sich im Einklang mit dem allgemeinen Elend aus einem Bürgermeister, der nicht schreiben konnte, und seinem Stellvertreter zusammen, einem Pächter, der weit weg wohnte; dem Friedensrichter, einem armen Teufel, der von seinen Einkünften leben und die Akten des Personenstandsregisters wohl oder übel von seinem Schreiber führen lassen mußte, einem anderen Unglückseligen, der kaum fähig war, seinen Dienst zu begreifen. Der frühere Pfarrer war siebzigjährig gestorben, sein Vikar, ein gänzlich ungebildeter Mensch, war ihm soeben im Amt gefolgt. Diese Leute stellten die Intelligenz des Landes dar und regierten es. Inmitten dieser schönen Natur verkamen die Bewohner im Schmutz und lebten von Kartoffeln und Milchspeisen; der Käse, den die meisten von ihnen in kleinen Körben nach Grenoble oder sonst in die Umgebung schleppten, stellte das einzige Erzeugnis dar, aus dem sie etwas Geld herauszogen. Die Reichsten oder am wenigsten Faulen säten Buchweizen für die Ernährung des Ortes, manchmal auch etwas Gerste oder Hafer, aber keinen Weizen. Der einzige Gewerbetreibende des Landes war der Bürgermeister, der eine Sägemühle besaß und das schlagbare Holz zu niedrigem Preis ankaufte, um es zu verwerten. Da es an Wegen fehlte, schaffte er in der schönen Jahreszeit mühsam die Baumstämme einzeln mittels einer am Geschirr seiner Pferde befestigten Kette heraus, die in einem ins Holz eingetriebenen Haken endigte.

Um nach Grenoble zu kommen, mußte man, ob zu Pferd oder zu Fuß, einen Pfad oben am Berg nutzen, das Tal war unwegsam. Von hier bis zum ersten Dorf, das Sie bei Ihrer Ankunft im Kanton gesehen haben, war statt der hübschen Straße, über die Sie zweifellos gekommen sind, stets ein einziger Morast. Kein politisches Ereignis, keine Revolution war bis in dies unzugängliche, ganz und gar außerhalb jeder gesellschaftlichen Bewegung stehende Ländchen gedrungen. Napoleon allein hatte seinen Namen bis hierher geschleudert, er wird hier förmlich angebetet, da zwei oder drei aus der Gegend stammende Soldaten, zu ihrem heimatlichen Herd zurückgekehrt, an den Spinnabenden den einfältigen Leuten hier fabelhafte Geschichten über die Abenteuer dieses Mannes und seiner Armeen erzählen. Diese Rückkehr ist übrigens eine unerklärliche Geschichte. Vor meiner Ankunft blieben die jungen Leute, die zum Militär gezogen waren, stets dort. Diese Tatsache allein spricht schon genügend von dem Elend hier und erspart mir, es Ihnen auszumalen. So war der Zustand, Monsieur, in dem ich den Kanton übernahm, zu dem aber noch ein paar wohlgepflegte, glückliche und beinahe reiche Gemeinden jenseits der Berge gehören. Ich will Ihnen gar nicht von den einstigen Hütten im Ort erzählen, wahren Ställen, in denen Mensch und Vieh kunterbunt zusammengepfercht waren. Ich kam auf dem Rückweg von der Grande-Chartreuse durch dieses Dorf. Da ich keine Herberge fand, war ich gezwungen, beim Vikar zu übernachten, der dies damals zum Verkauf stehende Haus vorübergehend bewohnte. Aus einer Reihe von Fragen gewann ich eine oberflächliche Kenntnis der beklagenswerten Zustände des Landstrichs, dessen gutes Klima, nahrhafter Boden und natürliche Fruchtbarkeit meine Verwunderung erregt hatten. Ich war damals auf der Suche nach einem neuen, einem andern Leben, Monsieur, als das, dessen Mühseligkeiten mich erschöpft hatten. Einer jener Gedanken, wie Gott sie uns schickt, damit wir unser Unglück tragen lernen, drang mir ins Herz. Ich beschloß, dies Land zu erziehen wie ein Lehrer ein Kind. Danken Sie mir nicht für meine Wohltätigkeit, sie entsprang viel zu sehr einem heftig empfundenen Drang nach Abwechslung. Ich versuchte einfach, den Rest meiner Tage in einem schwer zu bewältigenden Unternehmen zu nutzen. Die erforderlichen Veränderungen in diesem Kanton, den die Natur so reich und der Mensch so arm gemacht hatte, mußten ein ganzes Leben in Anspruch nehmen; sie reizten mich durch die Schwierigkeit, sie durchzuführen. Sobald ich sicher war, das Pfarrhaus und viel Brachland billig kaufen zu können, weihte ich mich gewissenhaft dem Beruf eines Landarztes, dem letzten, den ein Mensch in seiner Heimat wohl je ergreifen würde. Ich wollte der Freund der Armen werden, ohne den geringsten Dank von ihnen zu erwarten. Oh, ich gab mich keinerlei Täuschungen hin, weder über den Charakter der Leute hierzulande, noch über die Widerstände, auf die man bei jedem Versuch, Menschen oder Dinge zu bessern, stößt. Ich habe mir über meine Leute keine Idylle ausgemalt, sondern nahm sie, wie sie sind: als arme Bauern, weder ganz gut noch ganz schlecht, als Leute, denen immerwährende anstrengende Arbeit nicht gestattet, Gefühle zu hegen, die aber zuweilen doch tiefer Empfindungen fähig sind. Kurzum, ich habe vor allem eines begriffen, daß ich bei ihnen nur weiterkommen würde, wenn ich ihren Eigennutz und ihr unmittelbares Wohlergehen in Rechnung zöge. Jeder Bauer ist ein Sohn des heiligen Thomas, des ungläubigen Apostels, er verlangt stets Tatsachen zur Unterstützung eines Wortes.«

»Sie werden vielleicht über meinen Anfang lachen, Monsieur«, fuhr der Arzt nach einer Pause fort. »Ich fing dies schwierige Werk mit einer Korbflechterei an. Die armen Leute hier kauften ihre Käsehürden und die für ihren kärglichen Handel unumgänglich notwendigen Korbwaren in Grenoble. Nun brachte ich einen umsichtigen jungen Menschen auf den Gedanken, ein großes Stück Land am Wasser entlang zu pachten, das jährliche Überschwemmungen anreicherten und wo Weiden sehr gut gedeihen mußten. Nach Schätzung der im Kanton gebrauchten Korbwaren ging ich daran, in Grenoble einen tüchtigen jungen Arbeiter, dem es an Geld fehlte, ausfindig zu machen. Sobald ich den einmal gefunden hatte, überredete ich ihn leicht, sich hier niederzulassen, indem ich ihm den Preis für die zu seiner Arbeit nötigen Weiden vorzuschießen versprach, bis mein Weidenzüchter ihm welche liefern könnte. Ich überredete ihn ferner, seine Körbe unter dem in Grenoble üblichen Preis zu verkaufen und bessere als die dortigen anzufertigen. Er verstand mich. Die Weidenpflanzung und die Korbflechterei bildeten ein gewagtes Geschäftsunternehmen, dessen Ergebnisse sich erst nach vier Jahren einschätzen lassen würden. Sie wissen wohl jedenfalls, Korbweiden lassen sich erst vom dritten Jahr an schneiden. Während seines ersten schwierigen Jahres schlug sich mein Korbmacher durch und konnte dann seinen Handel mit Gewinn betreiben. Er heiratete bald eine Frau aus Saint-Laurent-du-Pont, die etwas Geld hatte. Nun ließ er sich ein gesundes Haus bauen, gut gelüftet, dessen Lage er nach meinem Rat aussuchte und dessen Einteilung ebenso durchgeführt wurde. Was für ein Triumph, Monsieur! Ich hatte hier im Flecken eine Industrie geschaffen, hatte einen Produzenten und mehrere Arbeiter hierhergebracht. Halten Sie meine Freude darüber für kindisch? ... Während der ersten Tage, nachdem mein Korbmacher sich bei uns niedergelassen hatte, ging ich an seiner Werkstatt nie vorüber, ohne daß mein Herzschlag sich beschleunigte. Als ich dann in dem neuen Haus mit seinen grünen Fensterläden, vor dessen Tür eine Bank, ein Weinstock und Weidenbündel standen, eine saubere, hübsch gekleidete Frau sah, wie sie einem dicken, weiß und rosigen Kinde die Brust gab inmitten ihrer vergnügt singenden Arbeiter, die eifrig unter dem Befehl eines vor kurzem noch armen, abgehärmten Mannes an ihren Körben flochten, eines Mannes, der nun vor Glück strahlte; ich gestehe, Monsieur, dann konnte ich dem Vergnügen nicht widerstehen, auch einen Augenblick Korbmacher zu spielen, und trat in die Werkstatt ein, um mich über ihren Geschäftsgang zu unterrichten, und ich gab mich dann einer unbeschreiblichen Zufriedenheit hin. Ich freute mich an der Freude dieser Menschen und an meiner eigenen. Das Haus dieses Mannes, des ersten, der fest an mich glaubte, wurde meine ganze Hoffnung. War das nicht die Hoffnung des armen Landes, Monsieur, die ich am Herzen trug, wie die Frau des Korbmachers ihren ersten Säugling? … Ich hatte vielerlei gleichzeitig durchzuführen und warf viele althergebrachte Vorstellungen über den Haufen. Ich stieß auf heftigen Widerstand, der von dem törichten alten Bürgermeister genährt wurde; ich hatte ihm seine Stelle genommen, und sein Einfluß schwand vor dem meinigen dahin; da kam ich darauf, ihn zu meinem Stellvertreter und zum Teilnehmer an meinem Wohltätigkeitswerk zu machen. Ja, Monsieur, gerade in diesem Schädel, dem härtesten von allen, versuchte ich das erste Licht zu verbreiten. Ich packte meinen Mann bei seiner Eigenliebe und seinem Eigennutz. Sechs Monate lang speisten wir gemeinsam, und ich weihte ihn zur Hälfte in meine Verbesserungspläne ein. Viele Leute würden in dieser notwendigen Freundschaft das grausamste Ärgernis meiner Aufgabe erblicken; aber war denn dieser Mensch nicht ein Werkzeug, und zwar das kostbarste von allen? Wehe dem, der seine Axt verachtet oder sie gar achtlos wegwirft! Wäre es nicht übrigens auch sehr inkonsequent gewesen, wenn ich bei der beabsichtigten Verbesserung eines ganzen Landstrichs vor dem Gedanken zurückgeschreckt wäre, einen Menschen zu bessern? Das dringendste Mittel zum Wohlstand war eine Straße. Wenn wir vom Gemeinderat die Vollmacht erlangten, einen festen Weg von hier bis an die Straße nach Grenoble zu bauen, dann war mein Verbündeter der erste, der Nutzen daraus ziehen würde; denn anstatt seine Bäume mit großen Kosten über schlechte Bergpfade zu schleppen, konnte er sie auf einer guten Kantonsstraße mit Leichtigkeit transportieren, konnte einen großen Handel mit Hölzern aller Art anfangen und würde nicht mehr elende sechshundert Francs im Jahr, sondern erkleckliche Summen gewinnen, die ihm eines Tages ein schönes Vermögen einbringen mußten. Endlich überzeugt, wurde dieser Mann mein eifriger Anhänger. Einen ganzen Winter lang zechte mein ehemaliger Bürgermeister mit seinen Freunden in der Kneipe und machte den Einheimischen klar, daß eine gute Fahrstraße eine wahre Quelle des Reichtums für das ganze Land werden würde, da sie jedermann ermöglichte, mit Grenoble Handel zu treiben. Sobald der Gemeinderat für die Straße gestimmt hatte, erhielt ich vom Präfekten etwas Geld aus den Wohltätigkeitsfonds des Departements, um Transporte zu bezahlen, die die Gemeinde aus Mangel an Fuhrwerk nicht übernehmen konnte. Um schließlich das große Werk rascher zu vollenden und den Unwissenden, die gegen mich murrten und behaupteten, ich wolle die Frondienste wieder einführen, die unmittelbaren Ergebnisse vor Augen zu führen, habe ich alle Sonntage des ersten Jahres meiner Verwaltung ständig die ganze Bevölkerung des Dorfes, ob sie wollte oder nicht, Frauen, Kinder, ja selbst Greise mit auf die Berge geschleppt, wo ich selbst auf dem vorzüglichen Grund den großen von unserem Flecken bis an die Straße nach Grenoble führenden Weg abgesteckt hatte. Baumaterial war glücklicherweise im Überfluß an der ganzen Strecke entlang vorhanden. Dieses langwierige Unternehmen kostete mich eine Riesengeduld. Bald verweigerten die einen aus Unkenntnis der Gesetze die Bereitstellung von Baustoffen; dann konnten wieder andere, die nichts zu essen hatten, wirklich keinen Arbeitstag versäumen; da mußte ich denn diesen hier Getreide zuteilen, dann die anderen durch freundliche Worte besänftigen. Trotzdem hatten die Einwohner, als wir mit zwei Dritteln des insgesamt etwa zwei Meilen messenden Weges fertig waren, seinen Nutzen so klar erfaßt, daß sie das letzte Drittel mit einem mich überraschenden Eifer beendeten. Ich sorgte für den künftigen Reichtum der Gemeinde noch dadurch, daß ich an den beiden Straßengräben entlang eine doppelte Reihe von Pappeln pflanzte. Heute stellen diese Bäume beinahe schon ein Vermögen dar und geben unserer Straße den Anstrich einer großen Landstraße; sie ist auf Grund ihrer Lage immer trocken und im übrigen so gut gebaut, daß sie kaum zweihundert Francs Unterhalt im Jahr kostet. Ich werde sie Ihnen zeigen, denn Sie konnten sie nicht sehen; um hierher zu gelangen, haben Sie sicher den hübschen unteren Weg eingeschlagen, ebenfalls eine neue Straße, die die Einwohner vor drei Jahren selbst in Angriff nahmen, um eine Verbindung mit den sich damals im Tal herausbildenden Werkstätten zu schaffen. So, Monsieur, hat sich in drei Jahren der gesunde Menschenverstand der einstmals so unwissenden Bewohner dieses Fleckens Gedanken angeeignet, was noch vor fünf Jahren einen Reisenden, der sie ihnen einzuprägen suchte, vielleicht schier zur Verzweiflung getrieben hätte. Und weiter! Die Werkstätte meines Korbmachers war für die arme Bevölkerung hier ein lehrreiches Beispiel. Wenn die Straße eine direkte Grundlage künftigen Gedeihens der Gemeinde werden sollte, so mußte man alle wichtigen Gewerbe anregen, um diese beiden Keime des Wohlstandes fruchtbringend zu machen. Indes ich meinem Weidenzüchter und meinem Korbmacher weiterhalf, meine Straße weiterbaute, setzte ich unmerklich mein Werk fort. Ich besaß zwei Pferde, mein Stellvertreter, der Holzhändler, hatte drei, konnte sie aber nur in Grenoble beschlagen lassen, wenn er gerade dorthin ging; ich warb also einen Hufschmied an, der auch ein bißchen von Tierarzneikunde verstand, und versprach ihm ausreichend Arbeit, wenn er hierherkäme. Am selben Tage traf ich einen alten Soldaten, der über sein Schicksal recht verzweifelt war und nicht mehr als hundert Francs Ruhegehalt besaß; er konnte lesen und schreiben, ich gab ihm die Stelle des Schreibers im Amtshaus. Durch einen glücklichen Zufall fand ich eine Frau für ihn, und damit waren alle seine Träume von Glück erfüllt. Ja, Monsieur, nun brauchte es aber auch Häuser für die beiden neuen Haushaltungen, für die meines Korbmachers und die zweiundzwanzig Familien, die das Dorf der Geisteskranken verlassen sollten. So ließen sich denn zwölf andere Familien hier nieder, deren Oberhäupter Arbeiter, Erzeuger und Verbraucher zugleich waren: Maurer, Zimmerleute, Dachdecker, Tischler, Schlosser, Glaser, die auf lange Zeit hinaus zu tun hatten; mußten sie sich nicht auch eigene Häuser bauen, nachdem sie erst die der andern gebaut hatten, und brachten sie nicht auch andere Arbeiter mit? Während des zweiten Jahres meiner Verwaltung entstanden siebzig Häuser in der Gemeinde. Ein Gewerbezweig machte einen andern notwendig. Indem ich den Flecken bevölkerte, schuf ich Lebensbedürfnisse, die die armen Leute bisher gar nicht gekannt hatten. Das Bedürfnis erzeugt ein Gewerbe, das Gewerbe Handel, der Handel Gewinn, der Gewinn Wohlstand und der Wohlstand nutzbringende Gedanken. Alle diese verschiedenen Arbeiter verlangten gut gebackenes Brot, also bekamen wir einen Bäcker. Aber der Buchweizen konnte für diese aus ihrer entwürdigenden Trägheit herausgerissene und nun wirksam tätige Bevölkerung nicht länger als Nahrung dienen; ich hatte sie vorgefunden, wie sie Buchweizen aßen, nun wollte ich sie zunächst einmal Roggen oder Mischkorn kennenlernen lassen und es schließlich so weit bringen, daß ich auch die ärmsten Leute ihr Stück Weißbrot essen sah. Für mich lag jeder geistige Fortschritt durchaus in dem gesundheitlichen begründet. Ein Schlächter im Land kündet von ebensoviel Verstand wie Reichtum. Wer arbeitet, ißt, und wer ißt, denkt. Da ich den Tag vorhersah, an dem der Anbau von Weizen notwendig werden würde, hatte ich die Beschaffenheit der verschiedenen Böden sorgfältig geprüft; ich war sicher, das Dorf zu großen landwirtschaftlichen Erträgen bringen und seine Bevölkerung verdoppeln zu können, sobald sie sich nur erst einmal an die Arbeit gemacht hätte. Der Augenblick war da. Monsieur Gravier aus Grenoble besaß Land in der Gemeinde, aus dem er keinen Nutzen zog, das aber in Getreidefelder umgewandelt werden konnte. Wie Sie wissen, ist er Abteilungsleiter in der Präfektur. Aus Anhänglichkeit an seine Heimat und durch meine Hartnäckigkeit besiegt, hatte er sich bislang meinen Forderungen sehr liebenswürdig geneigt gezeigt; es gelang mir, ihm begreiflich zu machen, daß er, ohne es zu wissen, sehr zu seinem Vorteil gearbeitet habe. Nach mehrtägigen Bitten, Beratungen, Besprechungen von Kostenanschlägen, nachdem ich mein Vermögen eingesetzt hatte, um ihn gegen das Wagnis eines Unternehmens abzusichern, von dem seine engstirnige Frau ihn abzuschrecken versuchte, stimmte er zu, vier Pachthöfe von je hundert Morgen hier anzulegen, und versprach, die notwendigen Summen für Urbarmachung, den Ankauf von Sämereien, Ackergeräten, Vieh und die Ausführung der für den Betrieb nötigen Wege vorzuschießen. Ich meinerseits baute zwei Pachthöfe aus, ebensosehr um mein Ödland zu bebauen als an einem Beispiel die nutzbringenden Methoden moderner Landwirtschaft zu lehren. In sechs Wochen wuchs der Flecken um weitere dreihundert Einwohner an. Sechs Pachtgüter, auf denen mehrere Familien leben sollten, gewaltige Urbarmachungen, die Landbestellung verlangten Arbeiter. Stellmacher, Schachtmeister, Mietarbeiter, Tagelöhner strömten herbei. Der Weg von Grenoble war voller hin- und herfahrender Karren. Allgemeine Bewegung herrschte in der Gegend. Der Geldumlauf ließ bei jedermann den Wunsch entstehen, selbst welches zu erwerben, die Trägheit war dahin, der Flecken war aufgewacht. Ich bringe mit zwei Worten die Geschichte Monsieur Graviers, eines der Wohltäter des Kantons, zu Ende. Trotz seines für einen Provinzler, einen Schreibstubenmenschen nur zu verständlichen Mißtrauens hat er lediglich auf mein Versprechen hin mehr als vierzigtausend Francs vorgeschossen, ohne zu wissen, ob er sie je wiederbekäme. Jeder seiner Höfe wird heute zu tausend Francs verpachtet, seine Pächter haben so gut gewirtschaftet, daß jeder von ihnen heute mindestens hundert Morgen Land besitzt, dazu dreihundert Schafe, zwanzig Kühe, zehn Ochsen, fünf Pferde und über zwanzig Menschen beschäftigt. Ich greife nochmals zurück. Im Laufe des vierten Jahres wurden unsere Höfe fertig. Wir hatten eine den Landleuten wie ein Wunder scheinende Ernte, üppig wie sie ja auf so jungfräulichem Boden sein mußte. Sehr oft habe ich während dieses Jahres um mein Werk gezittert! Regen oder Trockenheit hätten meine Arbeit und das Vertrauen, das ich bereits erworben hatte, zunichte machen können. Der Getreideanbau machte die Mühle notwendig, die Sie gesehen haben; sie bringt mir ungefähr fünfhundert Francs im Jahr ein. Die Bauern sagen in ihrer Mundart auch, ich ›brächte Glück‹, und glauben an mich wie an ihre Reliquien. Diese neuen Einrichtungen, die Pachtgüter, die Mühle, die Anpflanzungen, die Wege, haben all den von mir hierhergezogenen Handwerkern Arbeit verschafft. Obgleich unsere Bauten recht wohl die sechzigtausend Francs verschlungen haben, die wir in das Land hineinsteckten, wurde uns dies Geld reichlich durch die Einkünfte aus dem Absatz der Produkte wiedererstattet. Meine Bemühungen, das aufblühende Gewerbe zu beleben, waren unermüdlich. Auf meinen Rat ließ sich ein Baumgärtner im Flecken nieder, wo ich bereits den Allerärmsten gepredigt hatte, Obstbäume anzupflanzen, um eines Tages in Grenoble das Monopol im Obsthandel erobern zu können. – ›Ihr bringt Käse dorthin‹, sagte ich ihnen, ›warum denn nicht auch Geflügel, Eier, Gemüse, Wildbret, Heu, Stroh und so weiter?‹ Jeder meiner Ratschläge wurde die Quelle eines Vermögens, für diejenigen, die sie befolgten. Es bildete sich also eine Menge kleiner Unternehmungen, deren zunächst langsamer Fortschritt von Tag zu Tag rascher wurde. Jeden Montag fahren jetzt vom Dorf über sechzig Fuhrwerke mit unseren verschiedenen Erzeugnissen beladen nach Grenoble, und wir ernten mehr Buchweizen für Geflügelfutter, als wir früher für menschliche Nahrung aussäten. Der Holzhandel war derart umfangreich geworden, daß er sich in mehrere Zweige aufteilte. Seit dem vierten Jahr unserer gewerblichen Tätigkeit haben wir Händler für Brennholz, Kantholz, Bretter, Schwarten und schließlich die Köhler. Außerdem wurden vier neue Sägemühlen für Bretter und Bohlen gebaut. Der ehemalige Bürgermeister fühlte nun auch, als er sich einige Kenntnisse im Handel erworben hatte, das Bedürfnis, lesen und schreiben zu lernen. Er verglich die Holzpreise an verschiedenen Orten und fand solche Unterschiede zum Vorteil seines Betriebes heraus, daß er sich überall neue Kundschaft verschaffte und jetzt ein Drittel des ganzen Departements beliefert. Unsere Transporte sind so plötzlich in die Höhe geschnellt, daß wir jetzt drei Stellmacher und zwei Sattler beschäftigen, und jeder von ihnen hat nicht weniger als drei Gehilfen. Wir verbrauchen auch so viel Eisen, daß ein Schmied in den Flecken gezogen ist und hier sein gutes Auskommen hat. Das Gewinnstreben hat einen derartigen Ehrgeiz entwickelt, daß er seither meine Gewerbetreibenden dazu gebracht hat, ihre Geschäfte vom Flecken auf den Kanton und vom Kanton auf das ganze Departement auszuweiten, um ihren Gewinn durch Erhöhung des Absatzes zu vermehren. Ich brauchte nur ein Wort zu sagen, das ihnen eine neue Absatzmöglichkeit andeutete, und ihr gesunder Menschenverstand tat sofort das übrige. Vier Jahre genügten, um das Aussehen des Dorfes total zu verändern. Als ich damals hier durchkam, hörte ich nicht den geringsten Laut; bei Beginn des fünften Jahres aber war alles voller Leben und Treiben. Fröhliche Lieder, der Lärm der Werkstätten und die dumpfen oder schrillen Geräusche der Werkzeuge hallten mir angenehm in den Ohren wider. Ich sah eine zahlreiche, tätige Bevölkerung in einem neuen, gesunden, sauberen, mit Bäumen bepflanzten Flecken kommen und gehen. Jeder Einwohner war sich seines Wohlstandes bewußt, und alle Gesichter strahlten die Zufriedenheit aus, die ein nutzbringend angewandtes Leben verleiht.

Diese fünf Jahre bilden in meinen Augen die erste Phase des Aufschwungs unseres Ortes«, fing der Arzt nach einer Pause wieder an. »Während dieser Zeit hatte ich in den Köpfen und im Boden alles ausgerodet und neue Keime gesetzt. Die fortschreitende Entwicklung der Bevölkerung und des Gewerbes konnte nicht mehr aufgehalten werden. Ein zweiter Abschnitt bereitete sich vor. Bald wünschte diese kleine Welt sich besser zu kleiden. Ein Kurzwarenhändler kam zu uns und mit ihm ein Schuhmacher, ein Schneider, ein Hutmacher. Dieser Anfang von Luxus brachte uns einen Fleischer, dann einen Krämer; schließlich eine Hebamme, die ich notwendig brauchte, da ich viel Zeit mit Entbindungen verlor. Das Neuland brachte ausgezeichnete Ernten. Auch wurde die bessere Qualität unserer landwirtschaftlichen Erzeugnisse durch den Dung und den Mist aufrechterhalten, den wir der Zunahme unserer Bevölkerung verdankten. Mein Unternehmen konnte sich also mit all seinen Auswirkungen entwickeln. Nachdem ich die Häuser gesünder gemacht und die Einwohner schrittweise dazu gebracht hatte, sich besser zu ernähren und zu kleiden, wünschte ich nun, daß auch die Tiere den Beginn der Zivilisation verspürten. Von der Pflege der Tiere hängt die Schönheit der ganzen Rasse wie die des einzelnen Tieres ab, demgemäß auch die der tierischen Produkte; also predigte ich die Sanierung der Ställe. Durch Vergleich des Gewinns, den ein gut untergebrachtes, wohlgepflegtes Tier abwirft, mit dem mageren Nutzen eines schlecht gepflegten bewirkte ich einen unmerklichen Wechsel in der Tierhaltung der Gemeinde: kein Tier litt mehr. Kühe und Ochsen wurden gestriegelt wie in der Schweiz und der Auvergne. Schaf-, Pferde-, Kuhställe, Milchkammern und Scheunen wurden nach dem Vorbild der Gebäude auf meinen und Monsieur Graviers Pachtgütern umgebaut, die weitläufig, gut gelüftet und infolgedessen gesund sind. Unsere Pächter waren meine Apostel, sie bekehrten die Ungläubigen rasch, indem sie ihnen die Richtigkeit meiner Vorschriften durch baldige Ergebnisse bewiesen. Und solchen, die kein Geld hatten, gab ich es als Darlehen, wobei ich arme, fleißige Leute bevorzugte; sie dienten mir wiederum als Beispiele. Auf meinen Rat wurden gebrechliche, kränkliche oder mittelmäßige Tiere sofort verkauft und durch Prachtexemplare ersetzt. So trugen in gegebener Zeit unsere Erzeugnisse auf den Märkten den Sieg über die aller anderen Gemeinden des Kantons davon. Wir hatten prachtvolle Herden und infolgedessen auch gute Häute. Dieser Fortschritt war aus folgendem Grund von großer Wichtigkeit. In der Landwirtschaft ist nichts wertlos. Früher verkaufte man unsere Lohe zu einem Spottpreis, und unsere Häute besaßen keinen großen Wert; sobald aber unsere Lohe und unsere Häute besser wurden, konnten wir am Fluß Lohmühlen bauen, und nun kamen Lohgerber, deren Handel rasch anwuchs. Wein, früher etwas Unbekanntes im Flecken, wo man höchstens Trester getrunken hatte, wurde nun natürlich ein Bedürfnis: es wurden Schenken eingerichtet. Außerdem wandelte sich das älteste Wirtshaus in ein Gasthaus um und stellt jetzt auch die Maultiere für die Reisenden, die anfangen, unsern Weg nach der Grande-Chartreuse hinauf zu benutzen. Seit zwei Jahren ist der Handelsverkehr bedeutend genug, daß zwei Herbergen davon bestehen können. Zu Beginn des zweiten Abschnitts unseres Wohlstandes starb der Friedensrichter. Zum Glück für uns war sein Nachfolger ein ehemaliger Notar aus Grenoble, der sich durch eine falsche Spekulation zugrunde gerichtet, indessen Geld genug übrigbehalten hatte, um im Dorf ein wohlhabender Mann zu sein. Monsieur Gravier konnte ihn dahin bringen hierherzuziehen. Er hat sich ein hübsches Haus gebaut und meine Bestrebungen unterstützt, indem er die seinigen mit ihnen verband; er hat einen Pachthof gebaut und Heideland urbar gemacht, so daß er jetzt drei Häuschen am Berge besitzt. Seine Angehörigen sind zahlreich. Er schickte den früheren Gerichtsschreiber und den alten Gerichtsvollzieher weg und ersetzte sie durch besser unterrichtete und vor allen

Dingen fleißigere Leute als ihre Vorgänger. Diese beiden neuen Haushalte schufen eine Kartoffelbrennerei und eine Wollwäscherei, zwei sehr nützliche Einrichtungen, die die Oberhäupter dieser beiden Familien nebenberuflich betreiben. Sobald ich der Gemeinde Einkünfte verschafft hatte, verwendete ich sie, ohne daß jemand dagegen Einspruch erhoben hätte, zum Bau eines Amtshauses, in dem ich eine kostenlose Schule und Unterkunft für einen Elementarlehrer einrichtete. Für diese wichtige Stelle wählte ich einen armen, vereidigten Priester, der im ganzen Departement zurückgewiesen wurde und der nun bei uns eine Zuflucht für seine alten Tage gefunden hat. Die Lehrerin ist eine würdige Frau, die Hab und Gut verloren hatte und nicht wußte, wo sie ihr Haupt betten sollte, und der wir ein kleines Vermögen ausgesetzt haben; sie hat jetzt ein Pensionat für junge Mädchen eingerichtet, in das reiche Pächter aus der Umgegend bereits ihre Töchter schicken. Wenn ich bis hierher das Recht hatte, Monsieur, Ihnen die Geschichte dieses kleinen Erdenwinkels in meinem eigenen Namen zu erzählen, dann kommt jetzt der Augenblick, von dem an Monsieur Janvier, der neue Pfarrer, ein wahrer, auf die Verhältnisse einer Pfarrei beschränkter Fénélon, einen halben Anteil an diesem Erneuerungswerk hat: er hat den Sitten des Ortes einen milden, brüderlichen Geist aufzuprägen verstanden, der das ganze Völkchen hier wie eine einzige große Familie scheinen läßt. Wenn auch später gekommen, verdient Monsieur Dufau, der Friedensrichter, den Dank der Einwohner in gleicher Weise. Um Ihnen unsere Lage in Zahlen auszudrücken, die mehr aussagen als meine Reden, so besitzt die Gemeinde heute zweihundert Morgen Wald und hundertsechzig Morgen Wiesen. Ohne einen Centime zusätzlich zu erheben, zahlt sie dem Pfarrer hundert Taler Zuschuß, zweihundert Francs dem Feldhüter, ebensoviel dem Lehrer und der Lehrerin; sie hat fünfhundert Francs für ihre Wege, ebensoviel für Instandhaltung des Amtshauses, der Pfarrwohnung, der Kirche und ein paar anderer

Dinge. In fünfzehn Jahren von heute an wird sie für hunderttausend Francs Schlagholz besitzen und kann ihre Abgaben bezahlen, ohne daß es die Einwohner einen Centime kostet; sie wird sicher eine der reichsten Gemeinden Frankreichs sein. Aber ich langweile Sie vielleicht, Monsieur«, sagte Benassis zu Genestas, als er seinen Zuhörer in einer so nachdenklichen Haltung sah, daß er sie wohl für Unaufmerksamkeit halten konnte.

»O nein!« sagte der Major.

»Sehen Sie, Monsieur, Handel, Gewerbe, Landwirtschaft und unser Absatz waren doch örtlich begrenzt. Auf einer gewissen Stufe mußte deswegen unser Wohlstand einhalten. Sicher, ich verlangte ein Postamt, einen Tabakladen, einen für Pulver und für Spielkarten; ich konnte durch die Annehmlichkeiten des Aufenthalts und unserer neuen Gesellschaft den Zolleinnehmer bewegen, die Gemeinde zu verlassen, in der er bisher lieber gewohnt hatte als im Hauptort unseres Kantons; ich konnte zu gegebener Zeit und am rechten Ort jeden Gewerbezweig entstehen lassen, für den ich ein Bedürfnis erweckt hatte. Ich ließ Familien und fleißige Leute hierherkommen und konnte ihnen allen das Gefühl des Wohlstandes verschaffen; sowie sie zu Geld kamen, wurde auch neues Land urbar gemacht; die Kleinbebauung, die kleinen Eigentümer eroberten die Berge und ließen allmählich ihren Wert steigen. Die Unglücklichen, die ich hier am Orte vorfand, wie sie ein paar Käse zu Fuß nach Grenoble schleppten, fuhren jetzt wohl auf ihren Karren dorthin mit Obst, Eiern, Hühnern, Puten. Alle hatten sich unmerklich vergrößert. Am schlechtesten war noch der dran, der nur seinen Garten zu bestellen hatte, sein Gemüse, sein Obst, sein Frühgemüse. Schließlich, auch ein Zeichen von Wohlstand, kein Mensch wollte mehr Zeit damit verlieren, sein Brot selbst zu backen, und die Kinder hüteten die Herden. Aber, Monsieur, dieses Feuer des Aufschwungs mußte unaufhörlich weitergeschürt und mit neuer Nahrung gespeist werden. Der Ort besaß noch kei-

nen aufstrebenden Industriezweig, der diese Handelspro-
duktion stützte und große Transaktionen, ein Warenlager,
einen Markt erforderlich machte. Es genügt nicht für ein
Land, daß es nichts von der Menge Geldes verliert, die es
besitzt und die sein Kapital bildet; Sie werden nie sein Vermögen mehren, wenn Sie diese Summe nur mit mehr oder
weniger Geschick in dem Spiel von Erzeugung und Ver-
brauch durch möglichst viele Hände gehen lassen. Da liegt
die Lösung des Problems nicht. Wenn ein Land rentabel
wirtschaftet und Produktion und Konsumtion das Gleichgewicht halten, dann muß man, um neues Vermögen zu schaffen und den allgemeinen Wohlstand zu steigern, ein aus-
wärts gelegenes Handelsgebiet gewinnen, das seiner
Jahresabrechnung einen beständigen Aktivposten zuführt.
Dieser Gedanke hat immer Staaten ohne Hinterland, wie
Tyrus, Karthago, Venedig, Holland und England, dazu bestimmt, sich des Transporthandels zu bemächtigen. Ich
suchte für unser kleines Gebiet nach einem gleichwertigen
Gedanken, um eine dritte Periode des Handels einzuleiten.
Unser den Augen eines Durchreisenden noch kaum sicht-
barer Wohlstand, denn unser Hauptort des Kantons gleicht
allen anderen, war nur für mich so erstaunlich. Die allmählich immer zahlreicher gewordenen Einwohner konnten
über das Gesamtergebnis nicht urteilen, weil sie selbst ein
Teil der Bewegung bildeten. Nach sieben Jahren fand ich
zwei Fremde, die wirklichen Wohltäter des Fleckens, die
ihn vielleicht auch noch einmal in eine Stadt umwandeln
werden. Der eine ist ein Tiroler von unglaublicher Geschicklichkeit, der Schuhe für das Landvolk macht und Stiefel für die Vornehmen in Grenoble, wie kein Pariser Schuhmacher sie herstellen könnte. Ein armer Wandermusikant,
einer dieser kunstreichen Deutschen, die sich Werkzeug
und Werk, Musik und Musikinstrument selber schaffen; er
machte auf der Rückkehr von Italien, das er singend und ar-
beitend durchzogen hatte, hier im Ort halt. Er fragte, ob
niemand Schuhe brauche, man schickte ihn zu mir, und ich

bestellte zwei Paar Stiefel bei ihm, deren Form von ihm gestaltet wurde. Überrascht von der Geschicklichkeit dieses Fremden, fragte ich ihn aus, fand seine Antworten präzise; sein Benehmen, sein Aussehen, alles bestärkte mich in der guten Meinung, die ich bereits von ihm gefaßt hatte. Ich schlug ihm vor, sich hier niederzulassen, und versprach ihm, sein Gewerbe mit allen mir zu Gebote stehenden Mitteln zu unterstützen, ja ich stellte ihm tatsächlich eine recht bedeutende Geldsumme zur Verfügung. Er nahm an. Ich hatte so meine Pläne. Unser Leder war besser geworden, wir würden es nach einer gewissen Zeitspanne selbst verwerten können, indem wir Schuhwaren zu mäßigen Preisen herstellten. Ich fing die Geschichte mit den Körben auf einer weitaus höheren Stufe wieder von vorn an. Der Zufall bot mir hier einen ungewöhnlich geschickten und tüchtigen Menschen, den ich gewinnen mußte, um im Ort einen gewinnbringenden und stabilen Handelszweig zu gründen. Schuhzeug ist einer derjenigen Verbrauchsgegenstände, die nie unnötig werden und deren geringster Vorteil sofort vom Verbraucher geschätzt wird. Ich hatte das Glück, mich nicht getäuscht zu haben, Monsieur. Heute haben wir fünf Gerbereien, sie verwerten die Häute des ganzen Departements, ja sie holen sich zuweilen welche bis aus der Provence; und jede besitzt ihre eigene Lohmühle. Und nun, Monsieur, nun reichen diese Gerbereien nicht aus, dem Tiroler das nötige Leder zu beschaffen, denn er beschäftigt nicht weniger als vierzig Arbeiter! ... Der andere Mann, dessen Abenteuer nicht weniger sonderbar ist, für Sie aber wohl langweilig anzuhören wäre, ist ein einfacher Bauer, der ein Mittel gefunden hat, um billiger als irgendwo sonst die breitrandigen Hüte herzustellen, wie sie auf dem Lande gebräuchlich sind; er führt sie in alle benachbarten Departements aus, ja bis in die Schweiz und nach Savoyen. Diese beiden Gewerbe, unversiegbare Quellen des Reichtums, solange der Kanton die Qualität der Erzeugnisse und ihren billigen Preis aufrechtzuhalten vermag, gaben mir den Gedanken ein, hier drei große Messen im Jahr abzuhalten. Der Präfekt, ganz erstaunt über den gewerblichen Aufschwung des Kantons, hat mir geholfen, die königliche Genehmigung für sie zu bekommen. Voriges Jahr haben unsere drei großen Messen stattgefunden; sie sind bereits bis nach Savoyen unter dem Namen Schuh- und Hutmesse bekannt. Als der erste Gehilfe eines Grenobler Notars, ein armer, aber wohlunterrichteter und fleißiger junger Mann, der mit Mademoiselle Gravier verlobt ist, von diesem Umschwung hörte, hat er in Paris um die Genehmigung zur Einrichtung eines Notariats hier nachgesucht; sein Antrag wurde genehmigt. Da seine Stelle ihn nichts kostete, hat er sich ein Haus gegenüber dem des Friedensrichters auf dem Marktplatz des neuen Dorfteiles bauen können. Wir haben jetzt wöchentlich einen Markt hier, es werden beträchtliche Geschäfte in Vieh und Getreide abgeschlossen. Nächstes Jahr wird sicher ein Apotheker zu uns kommen, dann ein Uhrmacher, ein Möbel- und ein Buchhändler, kurz, die notwendigen Überflüssigkeiten des Lebens. Vielleicht erlangen wir noch das Aussehen einer kleinen Stadt mit Bürgerhäusern. Die Bildung hat derartig zugenommen, daß ich im Gemeinderat nicht den geringsten Widerstand antraf, als ich vorschlug, die Kirche ausbessern und ausschmücken zu lassen, ein Pfarrhaus zu bauen, einen schönen Marktplatz abzustecken, ihn mit Bäumen zu bepflanzen und den Straßenverlauf festzulegen, um später gesunde, luftige und gut angelegte Straßen zu bekommen. Sehen Sie, Monsieur, so sind wir dahin gelangt, neunzehnhundert Haushalte am Ort zu zählen anstatt hundertsiebenunddreißig, dreitausend Stück Hornvieh statt achthundert zu besitzen und statt siebenhundert Seelen zweitausend im Flecken zu haben, ja, dreitausend, wenn wir die Einwohner des ganzen Tales rechnen. In der Gemeinde gibt es zwölf reiche Häuser, hundert wohlhabende Familien und zweihundert, denen es gut geht. Der Rest arbeitet. Jedermann kann lesen und schreiben. Dann haben wir siebzehn Abonnements auf verschiedene Tageszeitungen. Sie werden zwar wohl immer noch Unglückliche in unserm Kanton antreffen, sicher noch viel zu viele; aber niemand bettelt, es gibt Arbeit für alle. Ich brauche jetzt täglich zwei Pferde, um meine Kranken zu besuchen; ich kann jetzt ohne jede Gefahr zu jeder Zeit in einem Umkreis von fünf Meilen spazierengehen, und wer auf mich schießen wollte, bliebe keine zehn Minuten länger am Leben. Die schweigende Zuneigung der Einwohner ist alles, was ich bei all diesen Veränderungen persönlich gewonnen habe, außer dem Vergnügen, daß ich von aller Welt auf meinen Gängen mit fröhlicher Stimme gegrüßt werde: ›Guten Morgen, Monsieur Benassis!‹ Sie begreifen wohl, das durch meine Musterhöfe unfreiwillig erworbene Vermögen ist nur ein Mittel, kein Ergebnis.«

»Wenn es allerorten jedermann Ihnen gleichtäte, Monsieur Benassis, dann wäre Frankreich groß und brauchte sich um Europa nicht zu kümmern!« rief Genestas begeistert aus.

»Aber da halte ich Sie nun schon eine halbe Stunde fest«, sagte Benassis, »es ist fast schon dunkel, wir wollen uns zu Tische setzen.«

Nach der Gartenseite hin wies das Haus des Arztes fünf Fenster in jedem Stock auf. Es bestand aus einem vom ersten Stock überragten Erdgeschoß und war von einem Ziegeldach mit vorspringenden Mansarden bedeckt. Die grünen Fensterläden hoben sich von dem fast grauen Ton der Mauern ab, an dem sich als Zierat zwischen beiden Geschossen von einem Ende zum andern friesartig ein Weinstock hinzog. Unten an der Mauer entlang fristeten ein paar bengalische Rosen ein kümmerliches Dasein, halb ertränkt vom Regenwasser, da das Dach keine Traufe hatte. Trat man über den großen, eine Art Vorzimmer bildenden Flur ein, befand sich rechts ein Salon mit vier Fenstern, von denen zwei auf den Hof und zwei auf den Garten hinausgingen. Dieser Salon, offenbar das Ziel mancher Ersparnisse und vieler Hoffnungen des armen Verstorbenen, war gedielt, un-

ten herum mit Holz getäfelt und mit Tapeten aus dem vor-
letzten Jahrhundert bespannt. Die großen, breiten, mit ge-
blümter Seide bezogenen Lehnstühle, die alten, vergoldeten, den Kaminsims schmückenden Armleuchter und die
Vorhänge mit ihren großen Quasten kündeten von dem
Prunk, an dem der Pfarrer sich ergötzt hatte. Benassis hatte
diese Einrichtung, die durchaus Stil zeigte, noch durch
zwei hölzerne Konsolen mit geschnitzten Blumengewinden
vervollkommnet, die einander gegenüber zwischen den
Fenstern standen, und durch eine Schildpattuhr mit kupfer-
ner Einlegearbeit auf dem Kaminsims. Der Arzt hielt sich
selten in diesem Zimmer auf, das den feuchten Geruch
stets geschlossener Räume ausströmte. Man spürte hier
noch den verstorbenen Pfarrer, der eigentümliche Geruch
seines Tabaks schien sogar noch aus der Kaminecke hervor-
zudringen, in der er immer gesessen hatte. Die beiden großen Bergèren standen in gleichem Abstand zu beiden Seiten der seit Monsieur Graviers Aufenthalt erkalteten
Feuerstelle, auf der nun aber helle Flammen aus den Fich-
tenscheiten loderten.

»Es ist abends noch kalt«, sagte Benassis, »man sieht das
Feuer doch mit Vergnügen.«

Genestas war nachdenklich geworden, er begann die Unbekümmertheit des Arztes um die gewöhnlichen Dinge des
Lebens zu begreifen.

»Monsieur«, sagte er zu ihm, »Sie haben wahrhaftig die
Seele eines echten Staatsbürgers, und ich wundere mich,
daß Sie, nachdem Sie so viel fertiggebracht, nicht versucht
haben, die Regierung aufzuklären.«

Benassis fing an zu lachen, aber leise und ein wenig traurig.

»Eine Denkschrift über die Mittel zur Zivilisierung
Frankreichs schreiben, nicht wahr? Das hat mir Monsieur
Gravier auch schon gesagt. Ach! einer Regierung kann man
nichts erklären, aber von allen Regierungen ist die für Auf-
klärung am wenigsten zugänglich, die sie selbst zu verbrei-

ten glaubt. Zweifellos müßten das, was wir für unsern Kanton getan haben, alle Bürgermeister für den ihrigen auch tun, der Stadtrat für die Stadt, der Unterpräfekt für das Arrondissement, der Präfekt für das Departement, der Minister für ganz Frankreich. Jeder in dem Bereich, in dem er wirkt. Dort, wo ich durch meine Überredung einen Weg von zwei Meilen anlegen ließ, könnte der eine eine Landstraße vollenden, der andere einen Kanal; wo ich die Herstellung von Bauernhüten ermutigte, könnte der Minister Frankreich vom industriellen Joch des Auslands befreien, indem er etwa einige Uhrenmanufakturen unterstützte oder unserm Eisen, unserm Stahl, unseren Feilen oder unseren Tiegeln aufhülfe, der Seidenweberei oder der Pastellfarbenherstellung. Beim Handel heißt Ermutigung noch nicht Protektion. Die wahre Politik eines Landes muß darauf hinausgehen, es von jeder Abgabe an das Ausland zu befreien, aber ohne die beschämende Hilfe von Zöllen und Ein- und Ausfuhrverboten. Die Industrie kann nur durch sich selbst gerettet werden, Konkurrenz ist ihr Leben. Bei Protektion stagniert sie, Monopolbildung und Zölle bringen ihr den Tod. Das Land, das alle anderen tributpflichtig macht, wird auch die Handelsfreiheit verkünden, es wird sich wirtschaftlich so stark fühlen, die eigenen Produkte billiger anzubieten als seine Konkurrenten. Frankreich kann dieses Ziel viel leichter erlangen als England, denn es besitzt als einziges genügend Boden, um seine landwirtschaftlichen Erzeugnisse auf einer Preisstufe zu halten, die eine Senkung der gewerblichen Löhne ermöglicht: darauf müßte jede Verwaltung in Frankreich hinauslaufen, denn hier liegt das ganze Problem der Zeit. Lieber Monsieur, diese Studie war nicht mein Lebenszweck; die Aufgabe, die ich mir nur zögernd gestellt habe, war eine rein zufällige. Und dann sind diese Sachen auch zu einfach, als daß man eine Wissenschaft daraus zusammenbauen könnte, sie haben nichts Aufsehenerregendes noch Theoretisches, sie haben das Pech, schlechthin nützlich zu sein. Außerdem gedeiht das

Werk auch nur langsam. Um zu einem Erfolg auf diesem Gebiet zu gelangen, muß man in sich jeden Morgen die gleiche Dosis Mut vorfinden, und zwar den seltensten und scheinbar leicht zu erringenden Mut, den Mut eines Lehrers, der unaufhörlich dieselben Sätze wiederkäut, einen wenig belohnten Mut. Wenn wir einen Mann mit Hochachtung grüßen, der wie Sie sein Blut auf dem Schlachtfeld vergossen hat, so machen wir uns über einen andern lustig, der das Feuer seines Lebens langsam damit aufzehrt, daß er Kindern gleichen Alters stets dieselben Worte predigt. Eine gute Tat im Dunkel vollbringen reizt niemanden. Es fehlt uns ganz wesentlich an jener Bürgertugend, mit der die großen Männer von einst ihrem Vaterland so große Dienste leisteten, daß sie sich nämlich selbst hintenan stellten, wenn sie nicht zu befehlen hatten. Die Krankheit unserer Zeit ist das Hervorkehren von Überlegenheit. Es gibt mehr Heilige als Nischen für sie. Und zwar deshalb. Mit der Monarchie haben wir ›die Ehre‹ verloren, mit dem Glauben unserer Väter ›die christliche Tugend‹, mit den eigenen unfruchtbaren Regierungsversuchen ›die Vaterlandsliebe‹. Diese Grundsätze bestehen nur noch hier und dort, denn Ideen gehen nie unter, aber sie beseelen die Massen nicht mehr. Jetzt haben wir zur Festigung der Gesellschaft kein anderes Mittel als ›den Egoismus‹. Der einzelne glaubt nur an sich selbst. Die Zukunft ist der soziale Mensch; darüber hinaus sehen wir nichts mehr. Der große Mann, der uns aus dem Schiffbruch retten wird, dem wir entgegensteuern, wird sich zweifellos des Individualismus bedienen, um die Nation zu erneuern; aber während wir auf diese Wiedergeburt warten, befinden wir uns im Jahrhundert der materiellen Interessen und des Positiven. Dies letztere Wort ist jetzt in aller Welt Munde. Wir sind alle mit Nummern versehen, nicht unserm wirklichen Wert nach, sondern nach unserer Gewichtigkeit. Der tatkräftige Mann zieht kaum einen Blick auf sich, wenn er in einfacher Kleidung auftritt. Dieses Verhalten ist auch auf die Regierung übergegangen.

Der Minister schickt dem braven Seemann, der mit eigener Lebensgefahr einem Dutzend Menschen das Leben rettet, eine armselige Medaille, das Kreuz der Ehrenlegion indessen verleiht er dem Abgeordneten, der ihm seine Stimme verkauft. Wehe dem Lande, das eine solche Verfassung hat! Völker verdanken ihre Tatkraft genauso wie der einzelne großen Gefühlen. Die Gefühle eines Volkes sind seine Glaubensgrundsätze. Anstatt etwas zu glauben, laufen wir unseren Vorteilen nach. Wo jeder nur an sich denkt und an nichts glaubt als an sich selbst, wie soll man da noch Zivilcourage finden, eine Tugend, die in der Selbstverleugnung besteht? Die Zivilcourage des Bürgers und der militärische Mut des Soldaten entspringen aus demselben Prinzip. Sie werden aufgerufen, ihr Leben auf einen Schlag herzugeben, unseres fließt tropfenweise dahin. Auf beiden Seiten die gleichen Kämpfe, nur unter anderen Formen. Es genügt nicht, ein guter Mensch zu sein, um auch nur den bescheidensten Erdenwinkel zu zivilisieren, man muß auch das Wissen dazu besitzen; Wissen, Rechtschaffenheit, Liebe zum Vaterland sind indes alles nichts ohne den festen Willen, mit dem man sich von jedem persönlichen Vorteil losreißen muß, um sich einer sozialen Idee zu widmen. Gewiß, Frankreich besitzt mehr als einen gebildeten Mann, mehr als einen Patrioten in jeder Gemeinde; aber ich bin ganz sicher, daß nicht in jedem Kanton auch nur ein Mensch lebt, der mit diesen wertvollen Eigenschaften auch den unbändigen Willen, die Hartnäckigkeit des Schmiedes verbindet, der sein Eisen hämmert. Der zerstörende und der aufbauende Mensch sind zwei verschiedene Erscheinungen des Willens; der eine bereitet das Werk vor, der andere vollendet es. Der erste erscheint wie der Geist des Bösen, der zweite wie der des Guten. Dem einen Ruhm, dem andern Vergessenheit. Das Böse besitzt ein aufsehenerregendes, strahlendes Wesen, das gemeine Seelen aufreizt und mit Bewunderung erfüllt, während das Gute lange stumm bleibt. Menschliche Eigenliebe hat schon oft die allerglänzendste Rolle gespielt. Jedes ohne irgendwelchen persönlichen Hintergedanken vollbrachte Friedenswerk wird daher stets nur ein Werk des Zufalls bleiben, solange die Bildung in Frankreich nicht andere Sitten hervorgebracht hat. Wenn einstmals diese Sitten sich verändert haben und wir alle große Staatsbürger sind, werden wir dann nicht trotz aller Bequemlichkeiten unseres täglichen Lebens das langweiligste und gelangweilteste aller Völker werden, das unkünstlerischste und unglücklichste Volk der Erde? Diese großen Fragen unterliegen nicht meiner Entscheidung, ich stehe nicht an der Spitze des Landes. Abgesehen von diesen Betrachtungen stehen aber dem, was die Regierung an exakten Grundsätzen besitzt, noch andere Schwierigkeiten entgegen. In bezug auf Zivilisation gibt es nichts Absolutes, Monsieur. Ideen, die für eine Gegend zutreffen, können für eine andere tödlich sein, und mit den Menschen ist es wie mit den einzelnen Gegenden. Wir haben so viele unfähige Verwaltungsleute, weil die Fähigkeit des Regierens ebenso wie der gute Geschmack von einem erhabenen, sehr reinen Gefühl ausgeht. Hier entspringt eine geniale Leistung nicht aus dem Fachwissen, sondern aus einer seelischen Haltung. Kein Mensch kann die Handlungen oder die Gedanken des Verwaltungsmenschen richtig einschätzen, seine wirklichen Richter stehen ihm ganz fern, die Ergebnisse seines Tuns noch ferner. Deshalb kann sich jeder ganz gefahrlos Verwaltungsmann nennen. Und hier in Frankreich flößt das Verführerische des Geistes große Wertschätzung für alle Leute mit Ideen ein; aber Ideen sind wenig wert, wo es nur eines Willens bedarf. Und schließlich ist eine Regierung nicht dazu da, den Massen mehr oder weniger gute Ideen oder Methoden beizubringen, sondern vielmehr dazu, den schlechten oder guten Ideen der Massen eine nützliche Richtung zu geben, die sie mit dem Gemeinwohl in Einklang bringt. Wenn überkommene Denkweisen oder Gewohnheiten einer Gegend auf einen schlechten Weg führen, geben die Einwohner schon von selbst ihren Irrtum auf. Bildet nicht jeder Fehler in der Landwirtschaft, in der Politik oder im häuslichen Bereich einen Verlust, den das Vorteilsdenken schließlich wieder berichtigt? Ich habe hier glücklicherweise reinen Tisch vorgefunden. Nach meinen Ratschlägen wird der Boden hier gut bestellt; aber es wurden auch keine Fehler in der Bebauung gemacht, und das Land war gut: es war daher ein leichtes, fünffachen Fruchtwechsel, künstliche Weiden und Kartoffelanbau einzuführen. Mein landwirtschaftliches System verletzte kein Vorurteil. Man verwendete hier noch nicht die schlechten Pflugeisen wie in manchen andern Teilen Frankreichs, und die Hacke genügte für die wenigen Arbeiten, die hier verrichtet wurden. Der Stellmacher fand selbst seinen Vorteil dabei, wenn er meine Räderpflüge rühmte, um seine Stellmacherei in Schwung zu bringen; an dem fand ich also einen Helfer. Aber hier wie in andern Fällen habe ich versucht, die Vorteile des einzelnen mit denen der andern in Einklang zu bringen. Dann bin ich von den Produktionen, die den Armen unmittelbar nutzten, zu denen übergegangen, die ihren Wohlstand vermehren sollten. Ich habe nichts von draußen nach hier eingeführt, ich habe lediglich die Exporte unterstützt, die die Leute hier bereichern mußten und deren Gewinn auf der Hand lag. Diese Leute wurden durch ihre Arbeit meine Apostel, ohne es zu ahnen. Ein anderer Gesichtspunkt. Wir befinden uns hier nur fünf Meilen von Grenoble, und so dicht bei einer großen Stadt finden sich viele Absatzmärkte für die Landeserzeugnisse. Doch nicht alle Gemeinden liegen vor den Toren einer Großstadt. Bei allen derartigen Angelegenheiten soll man den Geist des Landes in Betracht ziehen, seine Lage, seine natürlichen Vorkommen; man muß den Boden, Menschen und Dinge prüfen und nicht Weinstöcke in der Normandie pflanzen wollen. Nichts muß also so variabel sein wie die Verwaltung, denn sie besitzt nur wenig allgemeine Grundregeln. Das Gesetz ist überall gleich, die Sitten, die Böden, die Menschen nicht; demnach ist Verwaltung die Kunst, die Gesetze anzuwenden, ohne einzelne Interessen zu verletzen, alles dabei ist örtlich bedingt. Auf der andern Seite des Berges, an dessen Fuße unser verlassenes Dorf ruht, ist es unmöglich, mit Räderpflügen zu arbeiten, der Boden ist dort nicht tief genug; nun, wenn der Bürgermeister dieser Gemeinde uns nachahmte, würde er die ihm Anbefohlenen zugrunde richten. Ich habe ihm also geraten, Weinberge anzulegen; und voriges Jahr hat das kleine Ländchen auch prächtige Ernten gehabt, es tauscht seinen Wein gegen unser Getreide ein. Kurzum, ich habe das Vertrauen der Leute erworben, denen ich predige, wir standen fortwährend miteinander in Verbindung. Ich heilte meine Bauern von ihren so leichten Krankheiten, meistens kommt es nur darauf an, ihnen durch gehaltvolle Kost neue Kräfte zu verschaffen. Ob nun aus Sparsamkeit oder aus Armut, die Landbewohner ernähren sich so schlecht, daß ihre Krankheiten meist von Unterernährung herrühren, aber im allgemeinen geht es ihnen recht gut. Als ich mich entschieden hatte, dieses Leben ruhmloser Entsagung gewissenhaft auf mich zu nehmen, habe ich lange geschwankt, ob ich Landarzt, Pfarrer oder Friedensrichter werden sollte. Nicht ohne Grund, mein Lieber, wirft das Sprichwort die drei Schwarzröcke zusammen, den Priester, den Mann des Gesetzes und den Arzt: der eine sorgt für die Wunden der Seele, der andere für die des Geldsacks, der letzte für die des Leibes; sie stellen die drei Grundfesten der Existenz der Gesellschaft dar: das Gewissen, den Besitz, die Gesundheit. Früher war der erste, dann der zweite ganz allein der Staat. Unsere Vorgänger auf Erden dachten vielleicht mit Recht, der Priester, der das Denken beherrschte, müsse auch Herrscher im Ganzen sein: daher wurde er König, Hohepriester und Richter in einem; aber damals geschah alles noch auf Treu und Glauben. Heute ist alles anders geworden, wenn wir unsere Zeit auffassen, wie sie ist. Gut! ich glaube also, der Fortschritt der Zivilisation und der Wohlstand der Massen hängt von den Vertretern dieser drei Berufe ab. Sie sind die drei Mächte, die das Volk unmittelbar das Wirken der Tatsachen, Interessen und Prinzipien empfinden lassen, jener drei großen Entwicklungsergebnisse, die durch historische Ereignisse, durch Eigentumsverhältnisse und Ideen bei einem Volk hervorgebracht werden. Die Zeit schreitet fort und führt Änderungen herbei, das Eigentum vermehrt oder vermindert sich, alles muß diesen Umwandlungen entsprechend geregelt werden: daraus folgern die Prinzipien jeder Ordnung. Um Zivilisation durchzusetzen, um Produktionen zu schaffen, muß man den Massen begreiflich machen, worin der persönliche Vorteil sich mit den nationalen Interessen, die sich je nach den Realitäten, den Interessen und den Prinzipien richten, deckt. Diese drei Berufe, die notwendigerweise mit diesen Ergebnissen menschlicher Entwicklung in Berührung stehen, scheinen mir heute die größten Hebel der Zivilisation zu sein; sie allein können einem wohlmeinenden Mann auf lange Sicht wirksame Mittel zur Verbesserung des Schicksals der armen Klassen bieten, mit denen sie in ständiger Beziehung stehen. Aber der Bauer hört lieber auf jemand, der ihm etwas verschreibt, um den Leib zu retten, als auf den Priester, der mit ihm über das Seelenheil disputiert: der eine kann mit ihm über den Boden sprechen, den er bestellt, der andere muß mit ihm über den Himmel reden, aus dem er sich unglücklicherweise heutzutage recht wenig macht; ich sage unglücklicherweise, denn die Lehre vom zukünftigen Leben ist nicht allein ein Trost, sondern eigentlich ein Mittel zum Regieren. Ist die Religion nicht die einzige Macht, die unsere sozialen Gesetze sanktioniert? Wir haben Gott neuerdings gerechtfertigt. Als die Religion fehlte, war die Regierung gezwungen, den Terror zu erfinden, um ihre Gesetze rechtskräftig machen zu können; aber es war nur eine menschliche Schreckensherrschaft, sie ist vorüber. Wissen Sie, Monsieur, wenn der Bauer krank darniederliegt, an seinen Strohsack gefesselt, oder auf dem Weg der Besserung ist, dann muß er vernünftigen Argumenten wohl Gehör schenken, und er begreift sie auch, wenn sie ihm nur klar dargelegt werden. Aus dieser Überlegung wurde ich Arzt. Ich rechnete mit meinen Bauern und für sie; ich gab ihnen nur Ratschläge, die des Erfolges gewiß waren und sie zwangen, die Richtigkeit meiner Ansichten anzuerkennen. Beim Volk muß man immer unfehlbar sein. Die Unfehlbarkeit hat Napoleon geschaffen, sie hätte einen Gott aus ihm gemacht, hätte die Welt ihn nicht bei Waterloo fallen sehen. Wenn Mohammed eine Religion schuf, nachdem er ein Drittel des Erdballs erobert hatte, so war das nur möglich, weil er die Welt um das Schauspiel seines Todes brachte. Für den Bürgermeister eines Dorfes wie für einen Eroberer gelten die gleichen Prinzipien: Nation und Gemeinde sind ein und dieselbe Herde. Die Masse ist überall gleich. Schließlich bin ich auch gegen alle die immer streng gewesen, die ich meinem Geldbeutel verpflichtet hatte. Ohne diese Strenge hätten alle sich über mich lustig gemacht. Die Bauern wie die Leute von Welt verachten schließlich und endlich denjenigen, den sie betrügen. Ist betrogen zu werden nicht auch ein Beweis von Schwäche? Nur die Kraft herrscht. Ich habe nie von irgend jemand für meine Behandlung einen Centime verlangt, ausgenommen von solchen, die offenkundig reich sind; aber ich habe sie nie über den Wert meiner Behandlung im unklaren gelassen. Ich mache aus meinen Arzneien nie ein Almosen, nur im Fall großer Bedürftigkeit des Kranken. Wenn meine Bauern mich auch nicht bezahlen, so wissen sie doch, was sie mir schuldig sind; zuweilen beruhigen sie ihr Gewissen durch eine Lieferung Hafer für meine Pferde oder Weizen, wenn er nicht teuer ist. Böte aber der Müller mir als Preis für meine Bemühungen nur ein paar Aale an, so würde ich ihm sagen, für eine solche Kleinigkeit wäre er doch viel zu großzügig; meine Höflichkeit trägt schon ihre Früchte: im Winter bekomme ich ein paar Sack Mehl für die Armen. Sehen Sie, Monsieur, diese Leute haben auch ein Herz, man muß es ihnen nur nicht brechen. Ich denke heute viel besser von ihnen als früher.«

»Sie haben sich wohl recht abgeschunden mit ihnen?« fragte Genestas.

»Aber nein!« erwiderte Benassis. »Es kostete mich nicht mehr, etwas Nützliches zu sagen, als eine Albernheit. Im Vorübergehen plaudernd und scherzend sprach ich mit ihnen über ihre Angelegenheiten. Zuerst hörten die Leute nicht auf mich, ich hatte mit großer Abneigung zu kämpfen: ich war ja ein Bürger, und der Bürger ist der Feind. Dieser Kampf machte mir Spaß. Zwischen Wohl- oder Übeltun besteht kein anderer Unterschied als Ruhe oder Unruhe des Gewissens, die Mühe ist dieselbe. Wollten alle Schufte sich gut aufführen, so würden sie vielleicht Millionäre, statt aufgehängt zu werden, das ist alles.«

»Monsieur«, rief Jacquotte hereintretend, »das Essen wird ja kalt.«

»Monsieur«, sagte Genestas und hielt den Arzt am Ärmel fest, »ich möchte nur gern noch etwas zu dem bemerken, was ich da eben gehört habe. Ich habe keine Ahnung von Mohammeds Kriegen, so daß ich seine kriegerischen Fähigkeiten nicht beurteilen kann; aber hätten Sie den Kaiser während des Feldzugs in Frankreich manövrieren sehen, Sie hätten ihn leicht für einen Gott gehalten; und wenn er bei Waterloo besiegt wurde, so geschah es, weil er mehr als ein Mensch war, er wurde der Erde zu schwer, und deshalb hat sie sich unter ihm aufgebäumt, so war das. Im übrigen bin ich völlig Ihrer Meinung, und Gottesdonnerwetter noch mal! die Frau, die Sie geboren hat, hat ihre Zeit nicht verloren.«

»Vorwärts!« rief Benassis lächelnd, »wir wollen uns zu Tische setzen.«

Das Eßzimmer war vollständig getäfelt und grau gestrichen. Die Einrichtung bestand nur aus ein paar Korbstühlen, einer Anrichte, ein paar Schränken, einem Ofen und der berühmten Uhr des verstorbenen Pfarrers sowie weißen

Vorhängen vor den Fenstern. Der weißgedeckte Tisch hatte nichts Luxuriöses an sich. Das Geschirr war irden. Die Suppe bestand, nach dem Geschmack des verstorbenen Pfarrers, aus einer kräftigeren Fleischbrühe, als je eine Köchin sie hatte ziehen und brodeln lassen. Kaum hatten der Arzt und sein Gast die Suppe gegessen, als ein Mann rasch in die Küche trat und Jacquotte zum Trotz plötzlich bis ins Eßzimmer vordrang.

»Nanu, was ist denn los?« fragte der Arzt.

»Oh, Monsieur, unsere Madame Vigneau wurde mit einem Male ganz weiß, so käseweiß, daß wir alle ganz erschrocken sind.«

»Nun denn!« rief Benassis fröhlich, »da muß ich wohl vom Tisch aufstehen.«

Er erhob sich. Trotz allem Drängen seines Wirtes schwor Genestas nach Soldatenart, während er seine Serviette hinwarf, ohne seinen Gastgeber werde er nicht bei Tische sitzen bleiben. Und er ging tatsächlich wieder in den Salon zurück, um sich zu wärmen, wobei er über das unvermeidliche Elend nachdachte, das man in jedem Zustand vorfindet, dem der Mensch hienieden unterworfen ist.

Benassis kam bald wieder, und die beiden zukünftigen Freunde setzten sich wieder zu Tisch.

»Taboureau war gerade hier, um mit Ihnen zu sprechen«, sagte Jacquotte, als sie ihrem Herrn die Gerichte wieder auftrug, die sie warm gestellt hatte.

»Wer ist denn bei ihm krank?« fragte er.

»Niemand, Monsieur, er wollte Sie bloß mal so seinetwegen um Rat fragen, wie er sagte, und er kommt wieder.«

»Gut. Dieser Taboureau«, fuhr Benassis zu Genestas gewandt fort, »ist für mich ein ganzes philosophisches Traktat; beobachten Sie ihn recht aufmerksam, wenn er kommt, er wird Ihnen sicher Spaß machen. Er war Tagelöhner, ein ordentlicher Kerl, sparsam, aß wenig und arbeitete viel. Sowie der Schlingel ein paar Taler hinter sich hatte, fing seine

Intelligenz an sich zu entwickeln; er verfolgte die Entwicklung, die ich diesem armen Kanton aufzwang, und versuchte sie sich zunutze zu machen, um reich dabei zu werden. In acht Jahren hat er sich ein für hiesige Verhältnisse beachtliches Vermögen erworben. Zur Zeit besitzt er vielleicht etwa vierzigtausend Francs. Aber ich möchte Sie wohl unter tausend verschiedenen das Mittel raten lassen, durch das er diese Summe erwerben konnte, Sie würden es sicher nicht herausfinden. Er ist ein Wucherer, ein eingefleischter Wucherer, der so geschickt die Interessen der Einwohner des Kantons einkalkuliert hat, daß ich nur meine Zeit verlöre, wollte ich versuchen, die Leute über die Vorteile, die sie aus ihrem Handel mit Taboureau zu ziehen glauben, eines Besseren zu belehren. Sobald dieser Teufelskerl alle Welt die Äcker bearbeiten sah, lief er überall umher, um Korn zu kaufen und den armen Leuten das für ihr Land nötige Saatgetreide zu liefern. Hier wie überall besaßen die Bauern und sogar auch ein paar Pächter nicht das nötige Geld zur Bezahlung ihres Saatgutes. Den einen lieh Meister Taboureau einen Sack Gerste, für den sie ihm nach der Ernte einen Sack Roggen wiedergeben sollten; den andern ein Maß Getreide gegen einen Sack Mehl. Heute hat dieser Mann jenen sonderbaren Handel auf das ganze Departement ausgedehnt. Hält ihn auf seinem Wege nichts auf, wird er am Ende noch Millionär. Na schön, mein Lieber, der Tagelöhner Taboureau war ein guter Kerl, gefällig, umgänglich, half jedem, der es wünschte; aber entsprechend dem Anwachsen seines Vermögens ist Monsieur Taboureau zanksüchtig, spitzfindig und hochnäsig. Je reicher er wurde, desto schlechter wurde er. Sobald der Bauer aus seinem rein arbeitsamen Leben zu einer gewissen Wohlhabenheit oder zu Landbesitz gelangt, wird er unerträglich. Er bildet eine Klasse, die halb tugendhaft, halb verdorben, halb gebildet, halb unwissend stets die Verzweiflung jeder Regierung sein wird. Etwas vom Geiste dieser Klasse werden Sie bei Taboureau bemerken, einem scheinbar ganz einfachen, ja sogar unwissenden Mann, aber zutiefst gewitzt, sowie es sich um seinen Vorteil handelt.«

Das Geräusch schwerer Schritte verkündete die Ankunft des Getreideverleihers.

»Herein, Taboureau!« rief Benassis.

So von dem Arzt vorbereitet, prüfte der Major den Bauern aufmerksam und fand in ihm einen mageren, etwas krummen Mann mit gewölbter, faltenreicher Stirn. Das magere Gesicht schien von kleinen grauen, mit schwarzen Pünktchen übersäten Augen durchbohrt. Der Wucherer hatte einen zusammengekniffenen Mund, und sein spitzes Kinn strebte einer spöttisch gekrümmten Nase entgegen. Die vorspringenden Backenknochen zeigten sternförmige Krähenfüße, die herumziehendes Leben und Roßtäuscherkniffe bekundeten. Sein Haar begann bereits grau zu werden. Er trug eine recht reine blaue Jacke, deren viereckige Taschen an den Hüften abstanden und deren offene Schöße eine weiße, geblümte Unterweste sehen ließen. Wie angewurzelt blieb er stehen und stützte sich auf einen Stock mit dickem Ende. Jacquotte zum Trotz war ein kleiner Hund, ein Spaniel, dem Getreidehändler nachgelaufen und legte sich neben ihm nieder.

»Na, was ist denn los?« fragte Benassis ihn.

Taboureau blickte mißtrauisch auf den Unbekannten, den er mit dem Arzt am Tische fand, und sagte: »Es ist kein Krankheitsfall, Monsieur le Maire; aber Sie verstehen ja geradesogut die Krankheiten des Geldbeutels zu heilen wie die des Leibes, und ich möchte Sie gern in einer kleinen Schwierigkeit um Rat fragen, die ich da mit einem Mann aus Saint-Laurent habe.«

»Warum gehst du denn nicht zum Friedensrichter oder zu seinem Schreiber?«

»Ach, weil Sie ja viel gescheiter sind, und wenn ich nur Ihre Zustimmung habe, dann bin ich meiner Sache viel sicherer.«

»Mein lieber Taboureau, Armen gebe ich meinen ärztlichen Rat gern umsonst, aber die Rechtsstreitigkeiten eines so reichen Mannes wie du kann ich nicht umsonst nachprüfen. Wissen kostet Geld.«

Taboureau fing an, seinen Hut herumzudrehen.

»Wenn du meinen Rat willst, um dabei dicke Sous zu sparen, die du sonst den Leuten bei Gericht in Grenoble bezahlen müßtest, so mußt du der Madame Martin, die die Anstaltskinder aufzieht, ein Säckchen Roggen schicken.«

»Gewiß, Monsieur, wenn Sie das für nötig halten, will ich es von Herzen gern tun. Kann ich meine Geschichte vorbringen, ohne den Monsieur da zu stören?« fügte er hinzu, indem er auf Genestas wies. »Also dann, Monsieur«, fuhr er auf ein Kopfnicken des Arztes fort, »da kam so vor zwei Monaten ein Mann aus Saint-Laurent zu mir und fragte: ›Taboureau‹, fragt er mich, ›könnten Sie mir wohl hundertsiebenunddreißig Sester Gerste verkaufen?‹ – ›Warum denn nicht?‹ sage ich, ›das ist doch mein Geschäft. Muß das denn gleich sein?‹ – ›Nein‹, sagt er, ›so Anfang Frühling, gegen März.‹ Gut! Und dann handeln wir über den Preis; und nachdem wir einen drauf genommen hatten, machen wir aus, er sollte mir die Gerste nach dem letzten Marktpreis in Grenoble bezahlen, und ich sollte im März liefern, ohne Lagerverluste, wohlverstanden. Aber, lieber Monsieur, die Gerste steigt und steigt; sie geht weg wie frische Brötchen. Ich habe Geld nötig und verkaufe meine Gerste. Das ist doch ganz natürlich, nicht wahr, Monsieur?«

»Nein«, erwiderte Benassis, »die Gerste gehörte dir gar nicht mehr, du hattest sie bloß noch aufzubewahren. Und wenn nun die Gerste gefallen wäre, hättest du dann nicht deinen Käufer gezwungen, sie zum festgesetzten Preis zu kaufen?«

»Aber Monsieur, vielleicht hätte er mich ja gar nicht bezahlt, der Kerl. Im Krieg gilt Kriegsbrauch! Der Händler muß doch zugreifen, wenn er ein Geschäft machen kann. Schließlich gehört einem doch eine Ware erst, wenn man sie bezahlt hat, nicht wahr, Monsieur l'Officier? Denn das sieht man ja, daß Monsieur gedient haben.«

»Taboureau«, sagte Benassis ernst, »das nimmt ein schlimmes Ende. Gott straft jede böse Tat früher oder später. Wie kann ein so fähiger Mensch, ein so gebildeter Mensch wie du, der sonst seine Geschäfte ehrlich abmacht, dem Kanton ein solches Beispiel von Unredlichkeit geben? Wenn du schon solche Geschichten machst, wie soll dann ein armer Teufel ehrlich bleiben und dich nicht bestehlen! Deine Arbeiter werden dich um einen Teil der Zeit bringen, die sie dir schulden, und die Sitten hier werden schlechter werden. Du hast unrecht. Deine Gerste gilt als geliefert. Wäre sie schon von dem Mann in Saint-Laurent abgeholt worden, du hättest sie nie wiedergekriegt; du hast also über etwas verfügt, was dir gar nicht mehr gehörte, deine Gerste hatte sich nach euren Vereinbarungen bereits in zahlungsfähiges Geld verwandelt. Aber fahre nur fort!«

Genestas warf dem Arzt einen vielsagenden Blick zu, um ihn auf die reglose Haltung Taboureaus aufmerksam zu machen. Keine Fiber hatte während dieser Gardinenpredigt im Gesicht des Wucherers gezuckt, seine Stirn hatte sich nicht gerötet, seine kleinen Augen waren ganz ruhig geblieben.

»Schön denn, Monsieur, ich bin also dem Buchstaben nach verpflichtet, die Gerste zum Winterpreis zu liefern; aber ich bin der Ansicht, ich brauche das nicht.«

»Höre mal, Taboureau, liefere deine Gerste auf der Stelle, oder rechne nicht darauf, daß dich noch irgend jemand achtet. Selbst wenn du einen solchen Streit gewinnst, wirst du überall für einen Menschen ohne Treu und Glauben gelten, ohne Wort, ohne Ehre …«

»Man zu, seien Sie bloß nicht zimperlich, sagen Sie nur, ich bin ein Spitzbube, ein Lump, ein Dieb. Bei Geschäften ist das gang und gäbe, Monsieur le Maire, das trifft niemanden. Beim Geschäft, sehen Sie, da denkt jeder nur an sich.«

»Na schön; was bringst du dich denn freiwillig in eine Lage, daß du derartige Ausdrücke verdienst?«

»Aber Monsieur, wenn das Gesetz doch für mich ist ...«

»Das Gesetz wird aber keinesfalls für dich sein.«

»Sind Sie ganz sicher, Monsieur? ganz, ganz sicher? Denn sehen Sie, die Geschichte ist sehr wichtig.«

»Natürlich bin ich mir ganz sicher. Säße ich nicht bei Tisch, ich würde dir das Gesetzbuch zu lesen geben. Aber wenn ein Prozeß stattfindet, verlierst du ihn und dann wirst du mir den Fuß nicht wieder über die Schwelle setzen. Ich will keinen Menschen bei mir sehen, den ich nicht mehr achten kann. Hörst du? Deinen Prozeß wirst du verlieren.«

»O bewahre, Monsieur«, sagte Taboureau, »den verliere ich niemals. Sehen Sie, Monsieur le Maire, eigentlich schuldet der Mann aus Saint-Laurent mir die Gerste; ich habe sie ihm abgekauft, und er weigert sich, sie mir zu liefern. Ich wollte man bloß ganz sicher sein, daß ich auch gewinne, ehe ich zum Gerichtsvollzieher gehe und mir Kosten aufsacke.«

Genestas und der Arzt sahen einander an und verbargen die Überraschung über den Schwindel, den dieser Mann ausgeklügelt hatte, um den Rechtsstandpunkt in seinem Streitfall zu erfahren.

»Na gut, Taboureau, dein Mann ist ein unglaubwürdiger Kerl, und mit solchen Leuten sollte man gar keine Geschäfte machen.«

»Ach, Monsieur, solche Leute verstehen schon ihr Geschäft.«

»Auf Wiedersehen, Taboureau.«

»Ihr Diener, Messieurs.«

»Na«, sagte Benassis, als der Wucherer draußen war, »glauben Sie nicht auch, der Mann würde in Paris bald Millionär sein?«

Nach dem Essen gingen der Arzt und sein Gast wieder in den Salon hinüber, wo sie bis zum Schlafengehen über Krieg und Politik redeten, eine Unterhaltung, in der Genestas die heftigste Abneigung gegen die Engländer zu erkennen gab.

»Monsieur«, fragte der Arzt, »darf ich wissen, wen ich als meinen Gast zu betrachten die Ehre habe?«

»Ich heiße Pierre Bluteau«, antwortete Genestas, »und bin Rittmeister in Grenoble.«

»Schön, Monsieur. Wollen Sie denselben Anordnungen folgen wie Monsieur Gravier? Morgens nach dem Frühstück begleitete er mich gern auf meinen Gängen in die Umgegend. Es ist zwar durchaus nicht sicher, daß Sie an den Dingen, mit denen ich mich beschäftige, Vergnügen finden werden, so gewöhnlich sind sie. Sie sind ja weder Landbesitzer noch Bürgermeister im Ort, und Sie werden im Kanton nichts sehen, was Sie anderswo nicht auch schon gesehen haben, alle Hütten sind einander ähnlich; aber schließlich schöpfen Sie doch frische Luft und haben ein Ziel bei Ihrem Spaziergang.«

»Nichts gefällt mir besser als dieser Vorschlag, ich wagte nur nicht, ihn selbst vorzubringen, aus Furcht, Ihnen lästig zu sein.«

Major Genestas, dessen Name trotz seines wohlberechneten Pseudonyms weiterhin beibehalten wird, wurde von seinem Gastgeber in seine im ersten Stock über dem Salon gelegene Kammer geführt.

»Gut«, sagte Benassis, »Jacquotte hat Feuer gemacht. Sollte Ihnen etwas fehlen, hier haben Sie einen Klingelzug neben Ihrem Kopfkissen.«

»Ich glaube nicht, daß mir auch nur das geringste fehlen wird«, rief Genestas. »Da ist ja sogar ein Stiefelknecht. Man muß schon ein alter Kommißhengst sein, um den Wert eines solchen Stückes richtig zu schätzen! Im Krieg, Monsieur, kommt öfter mal ein Augenblick, wo man ein Haus abbrennen möchte, um so einen lumpigen Stiefelknecht zu besitzen. Nach langen Märschen oder vor allem nach einer Schlacht kommt es vor, daß man die geschwollenen Füße aus dem naß gewordenen Leder einfach nicht herauskriegen kann; so habe ich auch mehr als einmal in Stiefeln schlafen müssen. Solange man allein schläft, ist das Unglück ja noch zu ertragen.«

Der Major zwinkerte mit den Augen, um diesen letzten Worten eine gewisse tiefere Bedeutung zu geben; dann begann er nicht ohne Überraschung die Kammer zu betrachten, in der alles bequem, sauber und fast luxuriös war.

»Was für eine Pracht!« sagte er, »Sie müssen ja herrlich wohnen.«

»Sehen Sie es sich an«, sagte der Arzt, »ich bin Ihr Nachbar, wir sind nur durch die Treppe voneinander getrennt.«

Genestas war ziemlich erstaunt, bei dem Arzt eintretend, eine fast kahle Kammer vorzufinden, deren Wände als einzigen Schmuck eine vergilbte, stellenweise ganz ausgeblichene Tapete mit braunen Rosetten aufwies. Das Bett aus grob lackiertem Eisen, überragt von einer hölzernen Bettstange, von der zwei Vorhänge aus grauer Baumwolle herabhingen und vor dem ein schmaler, fadenscheiniger, häßlicher Teppich lag, glich einem Krankenhausbett. Neben dem Kopfende stand einer jener vierbeinigen Nachttische, deren Vorderseite sich mit einem Geräusch wie Kastagnettengeklapper auf- und zurollen läßt. Drei Stühle, zwei Korbsessel, eine Nußbaumkommode, auf der ein Waschbecken und ein altertümlicher Wasserkrug standen, dessen Deckel auf dem Krug durch eine bleierne Einfassung festgehalten wurde, vervollständigten die Einrichtung. Die Feuerstelle war kalt, und alle zum Rasieren nötigen Gegenstände lagen auf dem bemalten steinernen Sims vor einem alten Spiegel, der an einem Stück Bindfaden aufgehängt war. Der Steinfußboden fand sich an verschiedenen Stellen ausgetreten, zersprungen, abgeplatzt, war aber gut gefegt. Graue, mit grünen Fransen eingefaßte Baumwollvorhänge schmückten die beiden Fenster. Alles, von dem runden Tisch an, auf dem ein paar Papiere, Schreibzeug und Federn verstreut lagen, alles in diesem einfachen Bilde, in dem nur die durch Jacquotte aufrechterhaltene peinliche Sauberkeit etwas wie eine Korrektur bildete, flößte den Gedanken an ein beinahe klösterliches Leben ein, das, nach innen gewandt, äußeren Dingen gegenüber gleichgültig ist. Eine offene Tür ließ den Major in ein kleines Arbeitszimmer hineinsehen, in dem sich der Arzt offenbar nur sehr selten aufhielt. Dieser Raum befand sich in einem dem der Kammer vergleichbaren Zustand. Ein paar staubige Bücher ruhten in staubigen Regalen, und Querbretter voller beschrifteter Flaschen ließen ahnen, die Apotheke nehme hier mehr Raum ein als die Wissenschaft.

»Sie fragen mich vielleicht: weshalb dieser Unterschied zwischen Ihrer und meiner Kammer«, fing Benassis wieder an. »Hören Sie, ich habe mich stets für Leute geschämt, die ihre Gäste unter das Dach verfrachten und ihnen Spiegel hinhängen, die derart verzerren, daß man beim Hineinsehen sich für viel größer oder viel kleiner als in Wirklichkeit, daß man sich für krank oder vom Schlaganfall getroffen halten möchte. Soll man sich nicht bemühen, Freunden ihre zeitweilige Bleibe so angenehm wie möglich zu gestalten? Gastfreundschaft ist, so finde ich, Tugend, Glück und Luxus zugleich: aber von welchem Gesichtspunkt aus Sie sie auch betrachten mögen, ohne den Fall auszuschließen, wo sie ein Geschäft ist, muß man nicht für seinen Gast alle Annehmlichkeiten und Schmeicheleien des Lebens entfalten? Daher bei Ihnen die schönen Möbel, der warme Teppich, die Vorhänge, die Uhr, die Armleuchter und das Nachtlicht; für Sie eine Kerze, für Sie Jacquottes Fürsorge, die Ihnen ganz sicher schon neue Pantoffeln hingestellt hat, Milch und ihre Wärmpfanne. Ich hoffe, Sie haben noch nie besser gesessen als in dem molligen Lehnstuhl, den der selige Pfarrer noch ergattert hat, wo, weiß ich nicht; aber es ist jedenfalls wahr, daß man die Kirche in Hinterhand haben muß, wenn man besonders Gutes, Schönes oder Bequemes auftreiben will. Ich hoffe also, es wird Ihnen in Ihrer Kammer alles recht sein. Sie werden gute Rasiermesser vorfinden, eine ausgezeichnete Seife und alle die Kleinigkeiten, die einem das Heim so angenehm machen. Aber, lieber Monsieur Bluteau, wenn selbst meine Darlegung über die Gastfreundschaft Ihnen den Unterschied zwischen Ihrer und meiner Kammer noch nicht genügend klargemacht hat, dann werden Sie die Nacktheit und die Unordnung meines Arbeitszimmers um so besser verstehen, wenn Sie morgen Zeuge des Kommens und Gehens sein werden, das sich bei mir abspielt. Übrigens führe ich nicht das Leben eines Stubenhockers, ich bin dauernd unterwegs. Bleibe ich zu Hause, so kommen die Bauern alle Augenblicke zu mir und wollen mich sprechen; ich gehöre ihnen mit Leib, Seele und Zimmer. Kann ich da Wert auf Etikette legen oder mich um den unvermeidlichen Schaden kümmern, den die guten Leute unwillkürlich anrichten? Luxus paßt nur in Paläste, in Schlösser, in die Zimmer vornehmer Damen oder die unserer Freunde. Schließlich halte ich mich ja fast nur zum Schlafen hier auf, was schert mich da der Plunder des Reichtums? Und überdies wissen Sie gar nicht, wie gleichgültig mir alles hier auf Erden ist.«

Sie wünschten sich freundschaftlich gute Nacht, schüttelten sich herzlich die Hände und legten sich dann nieder. Der Major schlief nicht ein, ohne noch über diesen Mann nachzusinnen, der ihm in seinen Gedanken von Stunde zu Stunde größer erschien.

Zweites Kapitel

Über Land

Die Liebe, die jeder Reiter für sein Pferd empfindet, trieb Genestas schon am frühen Morgen in den Stall, und er war sehr zufrieden, sein Tier von Nicolle wohlversorgt zu finden.

»Schon auf, Capitaine Bluteau?« rief Benassis, seinem Gast entgegengehend. »Sie sind ein echter Soldat! Sie hören die Reveille überall, selbst auf dem Dorfe.«

»Geht's gut?« antwortete Genestas und hielt ihm freundschaftlich die Hand hin.

»Wirklich gut geht es mir eigentlich nie«, erwiderte Benassis halb traurig, halb fröhlich.

»Haben Monsieur gut geschlafen?« fragte Jacquotte Genestas.

»Herrje! Schönste, Sie haben mir ja ein Bett gemacht wie einer jung Verheirateten!«

Jacquotte ging lächelnd hinter ihrem Herrn und dem Soldaten her. Sobald sie sie bei Tisch sah, sagte sie zu Nicolle: »Ist doch ein guter Kerl, der Offizier.«

»Das glaub ich wohl, er hat mir schon vierzig Sous gegeben!«

»Wir werden zuerst zwei Tote besuchen«, sagte Benassis zu seinem Gast beim Verlassen des Eßzimmers. »Obgleich wir Ärzte uns ungern Angesicht zu Angesicht mit unsern angeblichen Opfern befinden, werde ich Sie doch in zwei Häuser führen, wo Sie recht merkwürdige Beobachtungen über die menschliche Natur anstellen können. Sie werden hier zwei Bilder sehen, die Ihnen zeigen sollen, wie verschieden die Bergbewohner und die Bewohner des Tieflands im Ausdruck ihrer Gefühle sind. Der auf den Höhen gelegene Teil unseres Kantons bewahrt noch Bräuche von ganz altertümlicher Färbung, die entfernt an Szenen aus der Bibel erinnern. Auf unserer Bergkette besteht eine von der Natur gezogene Scheidelinie, jenseits der alles das Aussehen ändert: über ihr Kraft, unter ihr Gewandtheit; über ihr allumfassendes Gefühl, unter ihr ständiges Streben nach den Vorteilen des materiellen Lebens. Mit Ausnahme des Val d'Ajou, dessen Nordhang von Einfaltspinseln, der Südhang hingegen von recht intelligenten Menschen bewohnt wird, zweierlei Bevölkerungen, die, nur durch einen Bach getrennt, in allem voneinander verschieden sind, in Wuchs, Gang, Physiognomie, in Sitten wie Beschäftigung, mit dieser Ausnahme also habe ich nirgends einen offensichtlicheren Gegensatz gefunden als hier. Eine solche Tatsache sollte eigentlich die Regierenden eines Landes zu großen Lokalstudien hinsichtlich der Anwendung der Gesetze auf die Massen veranlassen. Aber die Pferde sind bereit, lassen Sie uns aufbrechen!«

Die beiden Reiter gelangten in kurzer Zeit zu einem in dem Teile des Fleckens gelegenen Haus, der nach den Bergen der Grande-Chartreuse gerichtet ist. An der Tür des recht sauber gehaltenen Gebäudes erblickten sie einen mit schwarzem Tuch bedeckten Sarg, zwischen vier Kerzen auf zwei Stühle gestellt, ferner auf einem Schemel ein kupfernes Becken, worin ein Buchsbaumzweig in Weihwasser stand. Jeder Vorübergehende trat in den Hof ein, kniete neben dem Sarg nieder, sprach ein Paternoster und sprengte ein paar Tropfen Weihwasser auf die Bahre. Über dem schwarzen Tuch leuchteten die grünen Büsche des den Eingang entlang gepflanzten Jasmins, und über dem Türsims rankte die gewundene Rebe eines schon Blätter treibenden Weinstocks entlang. Ein junges Mädchen war eben mit dem Fegen des Platzes vor dem Hause fertig, dem unbewußten Drang nach Verschönerung gehorchend, den jede Feierlichkeit, selbst die allertraurigste, verlangt. Der älteste Sohn des Toten, ein junger Bauer von zweiundzwanzig Jahren, stand unbeweglich an den Türpfosten gelehnt da. Tränen standen ihm in den Augen, sie rollten herab, ohne niederzufallen, oder vielleicht wischte er sie hin und wieder verstohlen ab. Im selben Augenblick, als Benassis und Genestas den Hof betraten, nachdem sie ihre Pferde an einer der Pappeln festgebunden hatten, die entlang einer kleinen, brusthohen Mauer gepflanzt waren, über die hinweg sie all dies beobachtet hatten, trat die Witwe, begleitet von einer Frau, die einen Topf Milch trug, aus ihrem Stall.

»Nur Mut, meine arme Pelletier!« sagte diese.

»Ach, liebe Frau! Wenn man fünfundzwanzig Jahre mit einem Mann zusammen gelebt hat, dann ist es hart, sich zu trennen!« Und ihre Augen füllten sich mit Tränen. »Zahlt Ihr die zwei Sous?« fügte sie nach einer Pause hinzu und hielt der Nachbarin die offene Hand hin.

»Ach sieh! das hatte ich ganz vergessen«, meinte die andere und reichte ihr das Geldstück. »Nun kommt, tröstet Euch, Nachbarin. Ah, da ist Monsieur Benassis!«

»Na? Mutter, geht es besser?« fragte der Arzt.

»Gewiß, Monsieur«, sagte sie weinend, »es muß ja trotz allem gehen. Ich sage mir, mein Mann braucht nun nicht mehr zu leiden. Er hat ja so sehr gelitten! Aber kommen Sie doch herein, Messieurs. Jacques, bring mal Stühle! Vorwärts, tummle dich! Mein Gott, vorwärts! Du bringst deinen armen Vater doch nicht wieder ins Leben zurück, und wenn du da hundert Jahre stehen bleibst! Und du hast doch nun für zwei zu arbeiten.«

»Nein, nein, gute Frau, laßt Euren Jungen nur in Ruhe, wir wollen uns nicht setzen; Ihr habt einen Jungen, der schon für Euch Sorge tragen wird und tüchtig genug ist, seines Vaters Platz auszufüllen.«

»Geh und zieh dich an, Jacques«, rief die Witwe, »sie kommen ihn gleich abholen.«

»Na, lebt wohl, Mutter«, sagte Benassis.

»Ihre Dienerin, Messieurs.«

»Sehen Sie«, fuhr der Arzt fort, »hier wird der Tod als ein uns vorbestimmtes Unglück betrachtet, der den Gang des

Familienlebens nicht aufhält, und es wird nicht einmal Trauer angelegt. Hier auf dem Dorfe will sich niemand diese Ausgaben machen, sei es aus Armut, sei es aus Sparsamkeit. Auf dem Lande gibt es also keine Trauer. Nun, Monsieur, das Tragen von Trauerkleidung ist ja auch weder Brauch noch Gesetz, es ist wohl weit mehr, es ist eine Einrichtung, die auf all den Gesetzen basiert, deren Befolgung von ein und demselben Grundsatz abhängt, der Moral nämlich. Trotz all unseren Anstrengungen haben weder Monsieur Janvier noch ich es fertigbringen können, unsern Bauern klarzumachen, von welcher Wichtigkeit solche öffentlichen Bekundungen für die Aufrechterhaltung der sozialen Ordnung sind. Die guten Leute haben zwar das Gestern abgeschüttelt, sind aber noch nicht imstande, diese neuen Beziehungen richtig aufzunehmen, durch die sie erst mit unseren grundlegenden Ideen verbunden sein würden; sie haben erst die erfaßt, die Ordnung und körperliches Wohlbehagen erzeugen; sollte später jemand anders mein Werk fortsetzen, werden sie sich auch die Grundsätze aneignen, die dazu dienen, das öffentliche Recht hochzuhalten. Es genügt tatsächlich nicht, ehrlich zu sein, man muß auch so in Erscheinung treten. Die Gesellschaft lebt nicht nur von Moralvorstellungen, sondern bedarf zu ihrer Festigung ebensogut der Handlungen, die sich aus diesen Ideen ergeben und sie veranschaulichen können. In den meisten ländlichen Gemeinden werden von rund hundert Familien, deren Oberhaupt durch den Tod hinweggerafft wurde, nur einige mit lebhaftem Empfinden begabte Menschen ein langes Gedenken an einen solchen Todesfall bewahren; alle andern haben ihn binnen Jahresfrist vollständig vergessen. Ist dies Vergessen nicht eine tiefe Wunde? Der Glaube ist das Herz eines Volkes, er drückt seine Gefühle aus und steigert sie, indem er ihnen ein Ziel gibt; aber ohne einen vor aller Welt verehrten Gott gibt es keinen Glauben, und demgemäß haben die menschlichen Gesetze auch keine Kraft. Gehört das Gewissen nur Gott allein, so fällt der Körper unter das Gesetz der Gesellschaft; ist es da nun nicht der Beginn der Gottlosigkeit, auf derartige Weise die Zeichen frommen Schmerzes zu verwischen, den Kindern, die noch nicht denken, und allen den Menschen, die ein Vorbild nötig haben, nicht deutlich vor Augen zu halten, daß man sich den Gesetzen unterwerfen muß, und dies durch offensichtliche Ergebung in den Willen der Vorsehung, die Wunden schlägt und tröstet, die die Güter dieser Welt gibt und nimmt. Ich gestehe, daß ich selbst eine lange Zeit meines Lebens in spöttischem Unglauben verharrte und erst hier den Wert dieser frommen Zeremonien, der Familienfeste, die Bedeutung der Bräuche und Feste am häuslichen Herd eingesehen habe. Die Grundlage der Gesellschaft bleibt immer die Familie. Hier beginnt das Wirken der Macht und des Gesetzes, hier wenigstens muß Gehorsam gelernt werden. In allen ihren Konsequenzen gesehen, sind Familiensinn und väterliche Autorität zwei Prinzipien, die in unserer neuen Gesetzgebung noch viel zu wenig entwickelt sind. Und doch macht die Familie, die Gemeinde, das Departement gleichwohl unser ganzes Land aus. Alle Gesetze sollten demnach auf diesen drei großen Einheiten fußen. Nach meiner Auffassung könnte die Heirat der Gatten, die Geburt von Kindern, der Tod der Väter gar nicht von zu viel äußerem Prunk umgeben sein. Was die Kraft des Katholizismus ausmachte, was ihn so tiefe Wurzeln in unsern Sitten hat schlagen lassen, das ist gerade der Glanz, mit dem er alle ernsten Ereignisse des Lebens mit einem so rührend kindlichen, so großartigen Prunk umgibt, wenn der Priester, von der Höhe seiner Sendung erfüllt, sein Meßamt mit der Erhabenheit der christlichen Moral zu vereinen versteht. Früher betrachtete ich den katholischen Glauben als eine Ansammlung von Vorurteilen und geschickt ausgenutzten Aberglaubens, über die ein intelligentes Volk richten sollte; hier habe ich seine politische Notwendigkeit und seinen sittlichen Nutzen erkannt; hier habe ich seine Macht gerade durch die Bedeutung des ihn verkündenden Wortes verstanden. Religion heißt Bindung, und sicher bildet der Kult oder, anders gesagt, die zum Ausdruck gebrachte Religion die einzige Kraft, die die verschiedenen Schichten der Gesellschaft verbinden und ihnen eine dauerhafte Form verleihen kann. Hier endlich habe ich den Balsam verspürt, den die Religion auf die Wunden des Lebens streicht, und ohne sie weiter in Frage zu stellen, habe ich gefühlt, wie bewunderungswürdig sie sich mit den leidenschaftlichen Sitten der Völker des Südens in Einklang setzt.«

»Nehmen Sie den Weg aufwärts«, unterbrach der Arzt seine Rede, »wir müssen zur Hochebene hinauf. Von dort können wir beide Täler übersehen, und Sie werden dort einen herrlichen Ausblick genießen. In einer Höhe von ungefähr dreitausend Fuß über dem Mittelmeer können wir Savoyen und die Dauphiné überblicken, die Berge des Lyonnais und die Rhône. Wir werden in eine andere Gemeinde kommen, eine Berggemeinde, wo Sie auf einem der Höfe Monsieur Graviers das Schauspiel erleben sollen, das ich Ihnen angedeutet habe, diesen naturgemäßen Prunk, der meine Anschauungen über die großen Ereignisse unseres Lebens verwirklicht. In dieser Gemeinde wird Trauer fromm getragen. Die Armen sammeln Almosen, um sich schwarze Kleider kaufen zu können. Unter diesen Umständen versagt ihnen niemand seine Hilfe. Es vergeht kaum ein Tag, an dem eine Witwe nicht weinend ihren Verlust beklagt; zehn Jahre nach ihrem Unglück sind ihre Gefühle noch ebenso stark wie am Tag darauf. Hier sind die Sitten noch ganz patriarchalisch: die Autorität des Vaters ist unbegrenzt, sein Wort maßgebend; er allein ißt, am oberen Ende des Tisches plaziert, seine Frau und seine Kinder bedienen ihn, die Umstehenden reden ihn nur in ganz bestimmten respektvollen Wendungen an, vor ihm bleibt jeder stehen, und zwar barhaupt. So erzogen, bekommen die Männer ein Gefühl der eigenen Größe. Diese Bräuche gewährleisten meiner Meinung nach eine edle Erziehung. Die Leute dieser Gemeinde sind deshalb auch meist gerecht, sparsam und fleißig. Jeder Familienvater teilt seine Güter gleichmäßig unter seine Kinder auf, wenn das Alter ihm weitere Arbeit untersagt; seine Kinder ernähren ihn dann. Im vorigen Jahrhundert lebte ein neunzigjähriger Greis, nachdem er das Seine unter seine vier Kinder verteilt hatte, jeweils drei Monate des Jahres bei jedem von ihnen. Als er den Ältesten verließ, um zum nächst Jüngeren zu gehen, fragte ihn einer seiner Freunde: ›Na, bist du zufrieden?‹ – ›Mein Gott ja, sie haben mich behandelt, als wäre ich ihr Kind.‹ Dieser Ausspruch, Monsieur, kam einem Offizier namens Vauvenargues, einem bekannten Sittenforscher, der damals in Grenoble in Garnison lag, so bemerkenswert vor, daß er in mehreren Pariser Salons darüber sprach, wo dies schöne Wort dann von einem Schriftsteller namens Chamfort aufgegriffen wurde. Ach ja, hier bei uns werden oft noch viel ausdrucksvollere Worte geprägt als dieses, es fehlt bloß an Geschichtsschreibern, die würdig wären, sie zu hören …«

»Ich habe Mährische Brüder gesehen, Lollarden in Böhmen und Ungarn«, sagte Genestas; »es sind Christen, die recht große Ähnlichkeit mit Ihren Bergbewohnern hier haben. Diese guten Menschen ertragen alle Übelstände des Krieges mit engelsgleicher Geduld.«

»Monsieur«, sagte der Arzt, »einfache Sitten müssen in allen Ländern einander fast gleich sein. Das Wahre hat nur *eine* Form. Wohl tötet das Landleben manchen Gedanken, aber es schwächt doch das Laster ab und entwickelt Tugenden. Tatsächlich findet man, je weniger Menschen auf einem Punkt zusammengepfercht sind, um so weniger Verbrechen, Vergehen und böse Gefühle. Die Reinheit der Luft trägt viel zur Unschuld der Sitten bei.«

Die beiden Reiter, die einen steinigen Pfad im Schritt hinanritten, gelangten nun auf jene Hochebene, von der Benassis gesprochen hatte. Dieser Landstreifen windet sich um einen sehr hohen, aber vollständig kahlen, ihn beherrschenden Gipfel, auf dem es keinerlei Vegetation gibt; seine graue Kuppe ist überall zerklüftet, steil und unzu-

gänglich; der fruchtbare, von Felsen gehaltene Landstrich
dehnt sich unterhalb dieses Gipfels aus und säumt ihn un-
gleichmäßig in einer Breite von ungefähr hundert Morgen.
Im Süden umfaßt das Auge durch einen ungeheuren Fel-
seneinschnitt die französische Maurienne, die Dauphiné,
die Felsen Savoyens und die fernen Berge des Lyonnais.
Eben da, als Genestas diese bereits weithin von der Früh-
lingssonne erhellte Aussicht genoß, wurde lautes Klagege-
schrei hörbar.

»Kommen Sie«, sagte Benassis zu ihm, »der ›Gesang‹ hat
begonnen. ›Gesang‹ ist der Name, den man hierzulande
diesem Teil einer Totenfeier gibt.«

Der Soldat bemerkte nun auf dem Westhang des Gipfels
die ein regelmäßiges Viereck bildenden Gebäude eines Hofes von beträchtlichem Umfang. Das gewölbte granitene
Tor strahlte Erhabenheit aus, die die Spuren langsamen Zer-
falls, die es umgebenden uralten Bäume und die Pflanzen,
die seine Kanten überwucherten, noch erhöhten. Das Haupt-
gebäude lag hinten im Hof, zu beiden Seiten reihten sich
Scheunen, Schafställe, Pferdeställe, Kuhställe, Wagenschuppen, und mittendrin der große Pfuhl, in dem der Mist ver-
weste. Dieser wie auf wohlhabenden, gesindereichen Gütern
üblicherweise sonst so belebte Hof lag in diesem Augenblick stumm und traurig da. Da die Tür zum Wirtschaftshof
geschlossen war, blieben die Tiere in ihren Gehegen, aus
denen ihre Laute kaum vernehmbar herüberdrangen. Kuh-
und Pferdeställe waren sorgfältig verschlossen. Der zum
Wohnhaus führende Weg war sorgfältig gesäubert. Diese
vollkommene Ordnung hier, wo gewöhnlich Unordnung
und Getriebe herrschte, diese Bewegungslosigkeit und die
Stille an einem tagtäglich so geräuschvollen Ort, die Lautlo-
sigkeit des Berges, der von seinem Gipfel herübergewor-
fene Schatten, alles dies drang bis in die Seele und erschüt-
terte sie. So gewöhnt Genestas auch an starke Eindrücke
war, konnte er sich doch nicht eines Schauders erwehren
beim Anblick etwa eines Dutzends Männer und Frauen in

Tränen, die vor der Tür der Eingangshalle aufgereiht dastanden und schrien: »Der Meister ist tot!« Und das mit erschreckender Monotonie und zwei variierenden Wiederholungen während der Zeit, die es kostete, um vom Hofeingang zur Wohnung des Pächters zu gelangen. Sowie dieser Klageruf verhallt war, ertönte Jammern aus dem Innern, und die Stimme einer Frau ließ sich durch das Fenster hören.

»Ich wage nicht, mich in einen solchen Schmerz einzudrängen«, sagte Genestas.

»Ich gehe immer und besuche die von einem Todesfall betroffenen Familien«, sagte der Arzt, »teils um zu sehen, ob der Schmerz neues Unglück verursacht hat, oder auch nur um den Totenschein auszustellen; Sie können mich unbedenklich begleiten; übrigens ist das Geschehen so eindrucksvoll, und wir werden so viel Leute vorfinden, daß man Sie gar nicht bemerken wird.«

Hinter dem Arzt hergehend, sah Genestas tatsächlich das erste Zimmer ganz voll von Angehörigen. Sie durchschritten die Menge und blieben an der Tür eines Schlafzimmers stehen, das an den großen, als Küche und Versammlungsort für die ganze Familie dienenden Raum anstieß, man möchte sagen, für diese ganze Kolonie, denn die Länge des Tisches bekundete den gewöhnlichen Aufenthalt von etwa vierzig Menschen. Die Ankunft Benassis' unterbrach die Rede einer hochgewachsenen, schlicht gekleideten Frau, der das Haar aufgelöst herabhing und die mit beredter Gebärde die Hand des Toten in der ihren hielt. Dieser lag in seinen besten Kleidern steif ausgestreckt auf seinem Bett, dessen Vorhänge zurückgeschlagen waren. Das ruhige, himmlischen Frieden atmende Antlitz und vor allem das weiße Haar wirkten wie für die Bühne zurechtgemacht. Zu beiden Seiten des Bettes hielten sich die Kinder und die nächsten Verwandten beider Gatten auf, jede Linie an einer Seite, die der Frau auf der linken, die des Mannes auf der rechten. Frauen und Männer lagen auf den Knien und beteten, die meisten weinten. Brennende Kerzen umstanden das Bett. Der Pfarrer des Kirchspiels und seine Ministranten hatten ihren Platz mitten im Zimmer um den offenen Sarg herum. Ein trauriges Schauspiel war es, das Familienoberhaupt nahe dem offenen Sarge zu sehen, der bereitstand, es auf immer zu verschlingen!

»Ach, mein Gebieter«, sagte die Witwe, auf den Arzt weisend, »wenn das Wissen des Besten aller Menschen hier dich nicht retten konnte, dann stand es dort droben wohl geschrieben, du sollst mir ins Grab vorangehen! Ach, nun ist sie kalt, die Hand, die die meine so liebevoll faßte! Auf immer habe ich meinen lieben Gatten verloren, und unser Haus sein teures Oberhaupt, denn du warst wahrhaft unser Führer. Ach, alle, die dich hier beweinen, haben dein helles Herz und dein edles Wesen gekannt, ich allein aber wußte, wie sanft und geduldig du warst! Ach, mein Gemahl, mein lieber Gatte, muß ich dir denn Lebewohl sagen, dir, unserer Stütze, dir, meinem guten Herrn! Und wir, deine Kinder, denn du hattest uns alle gleich lieb, wir haben alle unsern Vater verloren!«

Sie warf sich über den Leichnam, umarmte ihn, bedeckte ihn mit Tränen, erwärmte ihn mit Küssen, derweilen das Gesinde wiederum schrie: »Der Meister ist tot!«

»Ja, er ist tot«, fuhr die Witwe fort, »dieser liebe, von allen verehrte Mann, der uns unser Brot gab, der für uns säte und erntete und über unser Glück wachte und uns gütig gebietend durchs Leben leitete. Jetzt darf ich es zu seinem Lobe ja sagen, nie hat er mir auch nur den leichtesten Kummer verursacht, gut war er, stark, geduldig; und als wir ihn quälen mußten, weil wir ihm seine teure Gesundheit wiederherstellen wollten, sagte dies liebe Gotteslamm: ›Laßt doch, Kinder, es nützt ja nichts mehr!‹ mit der gleichen Stimme, mit der er uns noch vor ein paar Tagen gesagt hatte: ›Alles geht gut, Freunde!‹ Ja, großer Gott! ein paar Tage haben genügt, die Freude aus diesem Hause zu verbannen und unser Leben zu verdüstern, da der beste

Mensch die Augen schließen mußte, der rechtschaffenste, der meist verehrte, ein Mann, der nicht seinesgleichen hatte hinterm Pfluge, der furchtlos Nacht und Tag durch unsere Berge lief und bei der Rückkehr immer Frau und Kindern zulachte! Ach ja, er war unser aller Liebe! Ging er fort, so ward es düster am heimischen Herd, und lustlos saßen wir bei Tisch. Ach! was wird jetzt werden, nun unser Schutzengel unter der Erde sein wird und wir ihn nie wieder sehen werden! Nie wieder, Freunde! Nie wieder, meine lieben Verwandten! Niemals wieder, Kinder! Ja, meine Kinder haben einen guten Vater verloren, unsere Verwandten haben einen guten Verwandten verloren, unsere Freunde einen guten Freund, und ich habe alles verloren, wie das Haus seinen Meister!«

Sie nahm die Hand des Toten, kniete nieder, um ihr Gesicht darauf zu pressen, und küßte sie. Das Gesinde rief dreimal: »Der Meister ist tot!« In diesem Augenblick trat der älteste Sohn auf die Mutter zu und sagte: »Mutter, die von Saint-Laurent kommen, wir brauchen Wein für sie.«

»Mein Sohn«, sagte sie leise ohne den feierlichen und klagenden Ton, mit dem sie ihre Gefühle ausgedrückt hatte, »nehmt die Schlüssel, Ihr seid von nun an der Herr; sorgt, daß sie die Aufnahme finden, die Euer Vater ihnen bereitet hätte, und daß ihnen nichts verändert vorkommt.

Könnte ich dich doch noch einmal nach Herzenslust ansehen, mein teurer Gemahl!« fuhr sie wieder fort. »Aber ach! du fühlst mich ja nicht mehr, ich kann dich nicht wieder erwärmen! Ach, alles was ich möchte, wäre ja nur, dir den Trost zuzurufen, daß, solange ich lebe, du mir im Herzen verbleiben wirst, das du erfreutest, daß ich glücklich im Andenken an mein Glück sein werde und daß der Gedanke an dich in dieser Kammer weiterleben soll. Ja, solange Gott mich noch darinnen leben lassen wird, soll sie ganz von dir erfüllt bleiben. Höre mich, mein lieber Mann! Ich schwöre, dein Bett so zu lassen, wie es jetzt ist. Nie habe ich ohne dich darin gelegen, nun soll es leer und kalt bleiben. Mit dir habe ich alles verloren, was eine Frau zur Frau macht: den Meister, den Gatten, den Vater, den Freund, den Gefährten, den Mann, kurz alles!«

»Der Meister ist tot!« rief das Gesinde.

Während alle in diesen Klageruf einstimmten, nahm die Witwe eine ihr am Gürtel hängende Schere und schnitt sich die Haare ab, die sie dann ihrem Gatten in die Hand legte. Es wurde totenstill.

»Das bedeutet, daß sie sich nicht wieder verheiraten will«, sagte Benassis zu Genestas, »viele der Verwandten erwarteten einen derartigen Entschluß.«

»Nimm hin, teurer Gebieter«, sagte sie mit bewegter Stimme und überströmendem Herzen, daß es jedermann rührte, »hüte im Grab die Treue, die ich dir schwor. So werden wir ewig miteinander vereint sein, und ich werde unter deinen Kindern bleiben aus Liebe zu diesen Nachkommen, die dir die Seele verjüngten. Könntest du mich doch hören, mein Gatte, mein Geliebter, könntest du doch hören, daß du mich weiterleben läßt, du, der Tote, damit ich deinem heiligen Willen gehorche und dein Andenken ehre?«

Benassis drückte Genestas die Hand zum Zeichen, er möge ihm folgen, und sie gingen hinaus. Der große Vorraum war voller Leute aus einer anderen, auch in den Bergen gelegenen Gemeinde; alle standen schweigend und gefaßt da, als hätten der Schmerz und die Trauer, die über diesem Hause hingen, auch sie bereits durchdrungen. Als Benassis und der Major die Schwelle überschritten, hörten sie, wie einer der neu Angekommenen den Sohn des Toten fragte: »Wann ist er denn gestorben?«

»Ach!« rief der Älteste, ein Mann von fünfundzwanzig Jahren, »ich habe ihn ja nicht sterben sehen! Er hat nach mir gerufen, und ich war nicht da!« Schluchzen unterbrach seine Worte, aber er fuhr fort: »Am Abend vorher sagte er mir: ›Junge, du mußt nach dem Dorf hinunter, um unsere Abgaben zu bezahlen, meine Beerdigungsfeier könnte das vergessen lassen, und dann wären wir im Rückstand, und das ist noch nie vorgekommen.‹ Es ging ihm scheinbar besser; und ich ging fort. Während meiner Abwesenheit ist er gestorben, ohne daß ich seine letzte Umarmung empfing! In seiner letzten Stunde hat er mich nicht bei sich gesehen, wie sonst immer!«

»Der Meister ist tot!« rief es wieder.

»Ach, er ist tot, und ich habe weder seinen letzten Blick noch seinen letzten Seufzer aufgefangen. Und wie konnte man an Steuern denken? Wäre es nicht besser gewesen, all unsere Habe zu verlieren, als aus dem Hause zu gehen? Kann unser Vermögen mir sein letztes Lebewohl ersetzen? Nein, bei Gott! Jean, wenn dein Vater krank ist, verlaß ihn nicht, du machst dir dein ganzes Leben lang Vorwürfe.«

»Mein Freund«, sagte Genestas zu ihm, »ich habe Tausende von Menschen auf dem Schlachtfeld sterben sehen, und der Tod wartete nicht auf ihre Kinder, daß sie ihnen Lebewohl sagten; darum trösten Sie sich, Sie sind der einzige nicht.«

»Mein Vater«, rief er, in Tränen ausbrechend, »mein Vater, Monsieur, war ein so guter Mensch!«

»Diese Leichenrede«, erläuterte Benassis, Genestas auf die Nebengebäude des Hofes zuführend, »dauert bis zu dem Augenblick, wo der Leichnam in den Sarg gelegt wird, und bis dahin wird die Rede der klagenden Frau immer leidenschaftlicher und ausdrucksvoller. Um aber vor einer solchen Ehrfurcht einflößenden Versammlung so sprechen zu dürfen, muß die Frau sich das Recht dazu durch ein makelloses Leben erworben haben. Hätte die Witwe sich auch nur den geringsten Fehltritt vorzuwerfen, so würde sie kein Wort zu sprechen wagen; es hieße sonst sich selbst verurteilen, Anklägerin und Richterin zugleich sein. Ist dieser Brauch, den Toten und den Lebenden zu richten, nicht erhaben? Trauer wird erst acht Tage später angelegt, in einer großen Versammlung. Während dieser Woche bleiben die Verwandten bei der Witwe und den Kindern, um ihnen beim Ordnen ihrer Angelegenheiten zu helfen und sie zu trösten. Diese Versammlung übt einen großen Einfluß auf die Gemüter aus, sie hält böse Leidenschaften im Zaume durch jene Achtung vor dem anderen, die die Menschen ergreift, wenn sie beieinander sind. Am Tag, da sie Trauerkleidung anlegen, findet ein feierliches Mahl statt, dann verabschieden sich die Verwandten. Alles dies wird sehr ernst genommen, und wer es beim Tode eines Familienoberhauptes an Erfüllung seiner Verpflichtungen fehlen lassen würde, hätte niemanden bei seinem ›Gesang‹.«

In diesem Augenblick befand der Arzt sich bei dem Kuhstall, er öffnete die Tür und ließ den Major eintreten, um ihm diesen zu zeigen. »Sehen Sie, Monsieur, alle unsere Ställe sind nach diesem Modell gebaut. Prächtig, nicht wahr?«

Genestas konnte nicht umhin, die weiträumige Stallung zu bewundern, in der Kühe und Ochsen in zwei Reihen standen, den Schwanz der Seitenwand zugekehrt und den Kopf der Stallmitte zu; in ihre Boxen wurden sie durch einen ausreichend breiten Gang, der sich zwischen ihnen und der Mauer befand, getrieben; durch die Gitter der Futterkrippen hindurch konnte man die gehörnten Köpfe und glänzenden Augen sehen. So konnte der Hofherr beim Durchschreiten der Ställe sein Vieh immer leicht überblicken. Das im Dachgebälk auf einer Art Boden untergebrachte Futter rutschte ohne weitere Mühe und Verlust in die Raufen. Zwischen den beiden Krippenreihen befand sich ein breiter, gepflasterter Gang, sauber und vom Luftzug gut durchlüftet.

»Im Winter«, sagte Benassis, indem er mit Genestas in dem Mittelgang auf und ab schritt, »finden Spinnabende und andere gemeinschaftliche Arbeiten hier statt. Man stellt Tische auf, und alle Welt wärmt sich so auf billige Weise. Die Schafställe sind gleichfalls nach diesem Vorbild angelegt. Sie glauben nicht, wie schnell die Tiere sich an Ordnung gewöhnen, ich habe das oft bewundert, wenn sie von der Weide heimkommen. Jedes kennt seine Stelle und läßt erst das eintreten, das vor ihm an der Reihe ist. Sehen Sie? Es besteht genügend Raum zwischen Tier und Wand zum Melken oder zum Pflegen, und der Boden ist abschüssig, damit das Wasser besseren Abfluß hat.«

»Dieser Stall läßt auf alles übrige schließen«, meinte Genestas; »ohne Ihnen schmeicheln zu wollen: das sind schöne Erfolge!«

»Sie sind nicht ohne Mühe errungen«, erwiderte Benassis; »aber was für Tiere sind das auch!«

»Gewiß, prachtvoll sind sie, und Sie hatten ganz recht, als Sie sie rühmten«, antwortete Genestas.

»Jetzt«, fuhr der Arzt nach einer Weile fort, als sie wieder zu Pferde saßen und das Tor passiert hatten, »reiten wir durch unser Neuland und die Weizenfelder, die kleine Ecke meiner Gemeinde, die ich die ›Beauce‹ nenne.«

Etwa eine Stunde lang ritten die beiden Männer nun über Felder, über deren gute Bestellung der Soldat dem Arzt viel Schmeichelhaftes sagte; dann gelangten sie, am Berge entlang reitend, wieder auf das Gebiet des Ortes, bald redend, bald schweigend, je nachdem der Schritt ihrer Pferde es ihnen gestattete zu sprechen oder sie zu schweigen zwang.

»Ich versprach Ihnen gestern«, sagte Benassis zu Genestas, als sie in einer kleinen Schlucht ankamen, durch die sie das große Tal erreichten, »Ihnen einen der beiden Soldaten zu zeigen, die nach Napoleons Sturz aus dem Heer hierher zurückkehrten. Irre ich mich nicht, so treffen wir ihn ein paar Schritte weiter beim Ausschachten eines natürlichen Beckens, in dem sich das Bergwasser sammelt, das jetzt aber durch angespültes Geröll zugeschüttet ist. Um den Mann Ihrer Teilnahme wert zu machen, muß ich Ihnen aber erst sein Leben erzählen. Er heißt Gondrin«, fuhr er fort, »wurde bei der großen Truppenaushebung 1792 im Alter von achtzehn Jahren zur Artillerie eingezogen. Als einfacher Soldat machte er die Feldzüge in Italien unter Napoleon mit, folgte ihm dann nach Ägypten und kehrte nach dem Frieden von Amiens aus dem Orient zurück; unter dem Kaiserreich wurde er dann bei den Brückenbauern der Garde eingestellt und hat lange Zeit in Deutschland gedient. Zuletzt marschierte der arme Bursche nach Rußland.«

»Da sind wir ja fast Brüder«, sagte Genestas, »ich habe dieselben Feldzüge mitgemacht. Man mußte schon eine eiserne Gesundheit haben, um die Launen so vieler verschiedener Klimas zu überstehen. Auf mein Wort, der liebe Gott hat wohl die wenigen, die nach den Zügen durch Italien, Ägypten, Deutschland, Portugal und Rußland noch auf eigenen Beinen herumlaufen, mit einer Art Erfindungspatent zum Überleben ausgerüstet.«

»Na, Sie werden auch einen ordentlichen Klotz von Mann zu sehen kriegen. Sie kennen ja den Rückzug, von dem brauchen wir nicht zu reden. Mein Mann war einer von denen, die die Brücke über die Beresina schlugen, über die das Heer zurückflutete; und um die ersten Pfeiler einzurammen, mußte er bis zum Bauch im Wasser stehen. Der General Eblé, dem die Pioniere unterstanden, konnte nicht mehr als zweiundvierzig Kerle finden, deren Fell dick genug war, wie Gondrin sagt, um dieses Werk anzupacken. Der General ist auch erst selbst ins Wasser gesprungen, er hat ihnen Mut zugesprochen, sie getröstet und ihnen allen tausend Francs Rente und das Kreuz der Ehrenlegion versprochen. Dem ersten, der in die Beresina sprang, wurde von einer großen Eisscholle ein Bein abgerissen, und der Mann ist seinem Bein gleich gefolgt. Aber die Schwierigkeiten des Unternehmens können Sie noch besser aus dem Endergebnis verstehen: von den zweiundvierzig Pionieren ist heute nur noch Gondrin übrig. Neununddreißig kamen beim Übergang über die Beresina um, und die beiden andern gingen elend in polnischen Spitälern zugrunde. Dieser arme Kerl hier kam erst 1814, nach der Wiedereinsetzung der Bourbonen, aus Wilna zurück. General Eblé, von dem Gondrin niemals spricht, ohne daß ihm die Tränen in die

Augen treten, war tot. Der Brückenbauer war taub geworden, kränklich, und da er nicht lesen oder schreiben konnte, fand er weder Unterstützung noch einen Anwalt. Nachdem er sich bettelnd bis Paris durchgeschlagen hatte, unternahm er in den Amtsräumen des Kriegsministeriums die nötigen Schritte, nicht um die versprochenen tausend Francs Rente oder das Legionskreuz zu bekommen, sondern nur das einfache Ruhegehalt, auf das er nach zweiundzwanzig Dienstjahren und ich weiß nicht wie vielen Feldzügen Anspruch hatte; aber er bekam weder den rückständigen Sold, noch seine Reisekosten, noch sein Ruhegehalt. Nach einem Jahr unnützer Antragstellerei, währenddessen er allen denen die hohle Hand hinhalten mußte, die er selbst gerettet hatte, kam der Brückenbauer verzweifelt und in sein Schicksal ergeben hier wieder an. Dieser unbekannte Held hebt nun hier die Gräben aus für zehn Sous das Klafter. Da er an die Arbeit im Morast gewöhnt war, hat er, wie er sagt, hier die Arbeiten übernommen, um die kein anderer sich schert. Er schlämmt hier Tümpel aus, zieht Entwässerungsgräben auf überschwemmten Wiesen und verdient so ungefähr drei Francs am Tage. Seine Taubheit gibt ihm ein trauriges Aussehen; er ist von Hause aus wenig gesprächig, hat aber ein empfindsames Herz. Wir sind gute Freunde. Am Jahrestag der Schlacht von Austerlitz, am Geburtstag des Kaisers und am Tag der Niederlage von Waterloo ißt er bei mir, und beim Nachtisch schenke ich ihm immer einen Napoleon, um ihm seinen Wein für drei Monate zu bezahlen. Das Gefühl von Hochachtung, das ich für den Mann hege, wird übrigens von der ganzen Gemeinde geteilt, die nichts lieber täte, als ganz für seinen Unterhalt aufzukommen. Wenn er arbeitet, so geschieht es aus Stolz. In jedem Haus, in das er kommt, wird er nach meinem Beispiel geehrt und zum Essen eingeladen. Ich konnte ihn zur Annahme meiner zwanzig Francs nur als Bild des Kaisers bewegen. Das ihm angetane Unrecht hat ihn tief getroffen, aber es schmerzt ihn mehr, das Kreuz nicht bekommen zu haben, als seine Pension. Nur eins tröstet ihn. Als der General Eblé Napoleon nach vollbrachtem Werk die heil davongekommenen Brükkenbauer vorstellte, hat der Kaiser unsern armen Gondrin umarmt, und ohne diese Umarmung wäre er vielleicht schon tot; er lebt nur von der Erinnerung hieran und von der Hoffnung auf Napoleons Rückkehr; nichts kann ihn von dessen Tod überzeugen, und aus der festen Überzeugung heraus, daß die Gefangenschaft des Kaisers nur den Engländern zuzuschreiben sei, würde er, glaube ich, unter dem leisesten Vorwand den besten aller Aldermen totschlagen, der hier etwa zum Vergnügen herumreiste.«

»Vorwärts! vorwärts!« rief Genestas und entriß sich der tiefen Aufmerksamkeit, mit der er den Arzt angehört hatte, »schnell vorwärts, den Mann muß ich sehen!«

Und die beiden Reiter ritten in scharfem Trab weiter.

»Der andere Soldat«, fuhr Benassis fort, »ist auch einer jener eisernen Kerle, wie sie die Armee hatte. Er lebte, wie jeder französische Soldat, von Kugeln, von Hieben, von Siegen; er hat viel ausgehalten und doch immer nur die einfachen Achselstücke getragen. Er ist ein fideler Bursche, liebt Napoleon schwärmerisch, der ihm auf dem Schlachtfeld von Valutina das Kreuz verlieh. Als echtes Kind der Dauphiné hat er immer Sorge getragen, mit seinen Angelegenheiten ins reine zu kommen; so hat er denn auch sein Ruhegehalt und seine Bezüge als Legionär. Es ist ein Infanterist namens Goguelat, der 1812 in die Garde eintrat. In gewisser Hinsicht ist er Gondrin wie ein Bruder. Sie wohnen zusammen bei der Witwe eines Hausierers, der sie ihr ganzes Geld geben; die gute Frau gewährt ihnen Unterkunft, ernährt sie, kleidet sie und versorgt sie wie ihre eigenen Kinder. Goguelat ist hier der Postbote. In dieser Eigenschaft ist er der Neuigkeitskrämer des Kantons, und die Angewohnheit des Erzählens hat ihn zum Redner bei den Spinnabenden gemacht, zum anerkannten Erzähler; Gondrin hält ihn auch für sehr geistreich, für einen Schlaukopf. Sobald Goguelat über Napoleon spricht, liest ihm der ehemalige Pionier anscheinend die Worte von den Lippen ab. Wenn sie heute zum Spinnabend gehen, der in einer meiner Scheunen stattfindet, und wir sie unbemerkt beobachten könnten, möchte ich Ihnen dies Schauspiel wohl ermöglichen. Aber hier sind wir bei dem Graben, und ich sehe meinen Freund, den Brückenbauer, nicht.«

Der Arzt und der Major sahen sich aufmerksam um, sahen aber nichts als die Schaufel, die Hacke, die Schubkarre und den Soldatenrock Gondrins neben einem Haufen schwarzen Schlammes; aber keine Spur des Mannes selbst in den verschiedenen steinigen Rinnen, die sich das Wasser gebahnt hatte und die mit ihren heimtückischen Untiefen von kleinen Sträuchern überschattet wurden.

»Er kann nicht weit weg sein. – He! Gondrin!« rief Benassis.

Nun bemerkte Genestas zwischen den Sträuchern einer Geröllhalde den Rauch einer Pfeife und wies den Arzt mit dem Finger darauf hin, der nun seinen Ruf wiederholte. Daraufhin streckte der alte Brückenbauer den Kopf hervor, erkannte den Bürgermeister und kam einen kleinen Pfad herab.

»Heda, mein Alter«, rief Benassis, indem er mit der Hand eine Art Schalltrichter bildete, »hier ist ein Kriegskamerad, ein alter Ägypter, der dich mal besuchen wollte.«

Sofort hob Gondrin den Kopf zu Genestas empor und warf ihm einen tiefen, prüfenden Blick zu, mit dem alle alten Soldaten auf der Stelle die Gefahren abzuschätzen vermögen, die der andere durchgemacht hat. Sowie er das rote Band des Majors bemerkte, hob er stumm die Hand zum Gruß.

»Wenn der kleine Korporal noch lebte«, rief ihm der Offizier zu, »hättest du dein Kreuz und ein schönes Gehalt, denn du hast allen denen das Leben gerettet, die jetzt Epauletten tragen und sich am 1. Oktober 1812 auf der andern Seite des Flusses befanden; aber, mein Freund«, fügte der Major hinzu, indem er vom Pferd sprang und in einer plötzlichen Herzensregung seine Hand ergriff, »ich bin leider nicht Kriegsminister.«

Als der alte Brückenbauer diese Worte hörte, richtete er sich gerade auf, nachdem er vorher sorgfältig seine Pfeife ausgeklopft und weggesteckt hatte; dann sagte er, indem er den Kopf senkte: »Ich habe nur meine Pflicht getan, mon officier, aber die andern haben ihre Pflicht mir gegenüber nicht getan. Nach meinen Papieren fragten sie mich! Meine Papiere? ... sagte ich ihnen, die sind das 29. Bulletin.«

»Wir müssen einen neuen Antrag stellen, Kamerad. Mit etwas Protektion erlangst du heutzutage unbedingt Gerechtigkeit.«

»Gerechtigkeit!« rief der alte Brückenbauer in einem Ton, der den Arzt und den Major zusammenfahren ließ.

Einen Augenblick war alles still, und die beiden Reiter betrachteten diesen Überrest der ehernen Krieger, die Napoleon sich aus drei Generationen ausgewählt hatte. Gondrin war sicherlich ein schönes Musterstück dieser unzerstörbaren Masse, die unterging, ohne zu zerbrechen. Der alte Mann war kaum fünf Fuß hoch, Brust und Schultern waren von gewaltiger Breite, das gegerbte, von Furchen durchzogene, hohle, aber muskulöse Gesicht wies noch immer Spuren kriegerischen Geistes auf. Alles an ihm wirkte schroff; seine Stirn sah aus wie ein Steinblock, das spärliche graue Haar fiel matt herab, als fehle es dem müden Haupte schon an Leben; seine Arme, dicht behaart wie die Brust, die ein Stück aus dem groben Hemd hervorsah, verrieten außergewöhnliche Kraft. Er stand fest auf beiden Beinen, als seien es Säulen auf einem unerschütterlichen Grund.

»Gerechtigkeit?« wiederholte er, »die gibt's doch nicht für unsereinen! Für uns gibt es doch keine Gerichtsvollzieher, die eintreiben könnten, was man uns schuldig ist. Und da man sich doch den Wanst füllen muß«, sagte er und klopfte sich auf den Magen, »hat man keine Zeit zum Warten. Aber da nun mal das Wort der Leute, die sich ein ganzes Leben lang in den Büros warm halten, nicht soviel Kraft hat wie das Gemüse, so beziehe ich mein Gehalt aus den Mitteln der Allgemeinheit«, sagte er und schlug mit seiner Schaufel auf den Dreckhaufen.

»Mein alter Kamerad, so darf das nicht weitergehen!« sagte Genestas. »Ich verdanke dir mein Leben und wäre sehr undankbar, hielte ich dir nun nicht die helfende Hand hin! Ich erinnere mich noch, wie ich über die Beresinabrükken ging; ich kenne auch allerlei alte Hasen, die sich noch genausogut daran erinnern und mir helfen werden, dir den Lohn des Vaterlandes zu verschaffen, den du verdienst.«

»Sie werden Sie einen Bonapartisten nennen! Mischen Sie sich da nicht hinein, mon officier. Ich bin ja auch hinten nachgezockelt und habe hier mein Loch gefunden wie eine tote Kugel. Nur erwartete ich nicht, nachdem ich auf einem Kamel durch die Wüste gereist bin und in Moskau mit meinen Freunden ein Glas Wein getrunken habe, daß ich unter den Bäumen sterben würde, die mein Vater noch gepflanzt hat«, sagte er und ging wieder an seine Arbeit.

»Armer Alter!« sagte Genestas. »Ich würde es an seiner Stelle ebenso machen, wir haben unseren Vater verloren. Monsieur«, sagte er zu Benassis, »die Ergebung dieses Mannes hat mich furchtbar traurig gemacht, er weiß gar nicht, wieviel Teilnahme er mir einflößt, er glaubt sicher, ich wäre auch so ein goldbetreßter Lump, der für das Elend des Soldaten kein Herz hat.« Er wandte sich unvermittelt um, faßte den Brückenbauer bei der Hand und rief ihm ins Ohr: »Bei dem Kreuz, das ich trage und das früher Ehre bedeutete, schwöre ich, alles, was menschenmöglich ist, zu unternehmen, um dir eine Pension zu verschaffen, und sollte ich zehn Ablehnungen des Ministers schlucken und den König, den Dauphin und den ganzen Laden dort deswegen angehen müssen!«

Als der alte Gondrin diese Worte hörte, erbebte er, sah Genestas an und fragte: »Dann sind Sie wohl auch gemeiner Soldat gewesen?«

Der Major nickte. Da wischte der Brückenbauer sich die

Hand ab, erfaßte die von Genestas, drückte sie herzlich und sagte: »General, als ich da unten ins Wasser sprang, habe ich der Armee mein Leben gegeben, also ist es eine Gunst, wenn ich noch auf den Hinterbeinen stehe. Was, Sie wollen der Sache auf den Grund gehen? Was soll's! Seit ›der andere‹ abdanken mußte, habe ich an nichts mehr Spaß. Schließlich haben sie mir hier ja auch zwanzigtausend Francs Rente angewiesen«, fügte er hinzu und klopfte auf den Boden, »und ich bezahle mich nun stückweise, wie ›der andere‹ sagte.«

»Sollst mal sehen, Kamerad«, sagte Genestas, gerührt von der Erhabenheit dieser Verzeihung, »du sollst wenigstens das einzige haben, was du mich nicht hindern kannst, dir zu geben.«

Der Major schlug sich aufs Herz, sah den Brückenbauer einen Augenblick an, stieg wieder aufs Pferd und setzte seinen Weg an Benassis' Seite fort.

»Solche Grausamkeiten der Verwaltung bilden die Keime eines Krieges der Armen gegen die Reichen«, sagte der Arzt. »Die Leute, denen augenblicklich die Macht anvertraut ist, haben nie ernstlich darüber nachgedacht, welche Folgen ein solches gegen einen Mann aus dem Volke begangenes Unrecht unbedingt haben wird. Der Arme, der sein tägliches Brot gewinnen muß, kämpft nicht lange, das ist wahr; aber er redet und findet einen Widerhall in allen andern leidenden Herzen. Jedes Unrecht vervielfältigt sich durch die Zahl derer, die sich mitgetroffen fühlen. Der Sauerteig gärt. Das ist aber noch nichts. Ein noch viel größeres Übel erwächst daraus. Solche Ungerechtigkeiten schüren im Volk einen dumpfen Haß gegen die gesellschaftlich Höherstehenden. Der Bürger ist und bleibt der Feind des Armen, der ihn außerhalb des Gesetzes stellt, ihn betrügt oder bestiehlt. Dem Armen ist dann der Diebstahl gar kein Vergehen oder gar Verbrechen mehr, er ist für ihn einfach Rache. Aber wenn es sich darum handelt, den Kleinen Gerechtigkeit angedeihen zu lassen, und ein Verwaltungsbeamter mißhandelt sie nun und prellt sie um ihre wohlerworbenen Rechte, wie können wir dann von den brotlosen Unglücklichen Ergebung in ihre Mühen und Achtung vor dem Besitz verlangen? ... Ich muß seufzen bei dem Gedanken, daß irgendein Schreiberling, dessen Dienst vielleicht im Abstauben der Akten besteht, die tausend Francs Rente bezieht, die Gondrin versprochen waren. Und dann klagen so manche Leute, die nie das Übermaß des Leides ermessen konnten, über ein Übermaß der Rachetaten des Volkes! Aber von dem Tage an, wo die Regierung mehr persönliches Unglück als Glück schafft, hängt ihr Sturz nur noch von einem Zufall ab; mit dem Umsturz begleicht das Volk seine Rechnung auf seine Weise. Ein Politiker sollte sich die Armen immer nur zu Füßen der Gerechtigkeit ausmalen, nur für diese wurde sie erschaffen.«

Bei ihrer Ankunft auf dem Gelände des Fleckens bemerkte Benassis vor ihnen zwei ihres Weges dahinziehende Leute und sagte zu dem Major, der seit einiger Zeit in tiefes Nachdenken versunken dahinritt: »Sie haben das ergeben ertragene Elend eines Kriegsveteranen gesehen, nun sollen Sie auch das eines alten Landarbeiters sehen. Dort ist ein Mann, der sein ganzes Leben lang für andere gehackt, gepflügt, gesät und geerntet hat.«

Nun bemerkte Genestas einen armen Greis, der neben einer alten Frau den Weg entlangzog. Der Mann schien an Gicht zu leiden, er ging nur mühsam, die Füße in schlechten Holzschuhen. Auf der Schulter trug er einen Rucksack, in dessen Taschen ein paar Werkzeuge hin- und herschlenkerten, deren Handgriffe, geschwärzt von langem Gebrauch und vielem Schweiß, leicht gegeneinanderklapperten; in seiner Gesäßtasche steckten Brot, ein paar rohe Zwiebeln und Nüsse. Seine Beine schienen krumm. Sein durch langgewohnte Arbeit gebeugter Rücken zwang ihn, ganz vornübergeneigt zu gehen; um sich im Gleichgewicht zu halten, mußte er sich auch auf einen langen Stock stützen. Sein schneeweißes Haar wehte unter einem durch die Unbilden der Jahreszeiten rostrot gewordenen und stellenweise mit Zwirnfäden zusammengenähten Hut umher. Seine an zahllosen Stellen geflickte grobleinene Kleidung bot grelle Farbkontraste dar. Es war eine menschliche Ruine, der es an nichts fehlte, was Ruinen so rührend macht. Seine Frau, ein wenig aufrechter noch als er, aber auch in Lumpen, mit einer groben Haube auf dem Haar, trug auf dem Rücken einen runden, abgeplatteten Steinkrug an einem durch die Henkel gezogenen Riemen. Sie hoben die Köpfe, als sie das Getrappel der Pferde hörten, erkannten Benassis und blieben stehen. Es ging einem nahe, diese beiden Alten zu sehen: er lahm von lebenslanger Plackerei, sie, seine treue Gefährtin, ebenfalls zugrunde gerichtet, die Züge in ihren beiden Gesichtern waren von zahllosen Runzeln ausgelöscht, die Haut von der Sonne schwarzgebrannt und den Witterungsunbilden hartgegerbt. Stünde die Geschichte ihres Lebens ihnen nicht im Gesicht geschrieben, ihre Haltung hätte sie erraten lassen. Beide hatten unablässig gearbeitet und gelitten, hatten viel Übel und wenig Freude zu teilen gehabt; sie schienen sich an ihr Unglück gewöhnt zu haben wie der Gefangene an seinen Kerker; alles an ihnen war schlichte Einfachheit. Ihre Gesichter ließen es nicht an einer Art fröhlicher Offenheit fehlen. Prüfte man sie genauer, so konnte ihr eintöniges Leben, das Los so vieler armer Menschen, fast beneidenswert erscheinen. Wohl fand man bei ihnen Spuren von Schmerz, aber nicht von Kummer.

»Na, mein guter Vater Moreau, wollt Ihr denn wirklich immer arbeiten?«

»Jawohl, Monsieur Benassis. Ehe ich draufgehe, will ich Ihnen noch ein oder zwei Stück Heideland ausroden«, antwortete der Alte vergnügt, und seine schwarzen Augen belebten sich.

»Trägt Eure Frau Wein? Wenn Ihr Euch schon nicht ausruhen wollt, solltet Ihr doch wenigstens einen Schluck Wein trinken?«

»Mich ausruhen?! Das würde mich langweilen. Sobald ich

im Freien bin, so beim Roden, machen Sonne und Luft mich wieder mobil. Und was den Wein angeht, jawohl, Monsieur, das ist Wein, und ich weiß wohl, Sie haben ihn uns fast nur für einen Pfifferling beim Bürgermeister von Courteil kriegen lassen. Ach, tun Sie noch so scheinheilig, man kennt Sie doch gleich!«

»Na, denn auf Wiedersehen, Mutter. Ihr geht heute doch sicher noch auf das Stück da bei Champferlu?«

»Ja, Monsieur, sie hat gestern abend schon angefangen.«

»Frisch zu denn!« sagte Benassis. »Ihr müßt doch wahrhaftig zufrieden sein, wenn Ihr diesen Berg da anseht; den habt Ihr doch fast ganz allein gerodet.«

»Ja, gewiß, Monsieur«, antwortete die Alte, »das ist unser Werk! Wir haben unser Brot redlich verdient.«

»Sehen Sie«, sagte Benassis zu Genestas, »die Arbeit, der Acker, das ist das Hauptbuch der Armen. Der gute Kerl würde sich entehrt fühlen, müßte er ins Spital oder betteln gehen; mit der Hacke in der Hand will er sterben, auf freiem Feld, im Sonnenschein. Weiß Gott, er hat einen stolzen Mut! Durch stete Arbeit ist Arbeit ihm zum Leben geworden; aber er hat auch keine Angst vorm Tode, so ist er, ohne es zu ahnen, zutiefst Philosoph. Der alte Vater Moreau hat mich auf den Gedanken gebracht, hier im Kanton ein Altersheim für Landarbeiter, für Handwerker, kurz, für alle die Leute hier einzurichten, die nach einem Leben voller Arbeit ehrenhaft, aber in Armut ergraut sind. Ich hatte gar nicht mit dem Vermögen gerechnet, Monsieur, das ich mir erworben habe und das mir persönlich ganz ohne Nutzen ist. Wer von der Höhe seiner Hoffnungen herabgestürzt ist, braucht so wenig. Nur das Leben der Müßiggänger ist teuer, vielleicht ist es sogar Diebstahl an der Gesellschaft, wenn so jemand verbraucht, ohne etwas zu schaffen. Als Napoleon von den Streitigkeiten hörte, die nach seinem Sturz über seine Pension ausbrachen, sagte er, er brauche für den Tag nur ein Pferd und einen Taler. Als ich hierherkam, hatte ich auf Geld verzichtet. Seitdem habe ich erkannt, daß der Besitz von Geld Fähigkeiten repräsentiert und notwendig wird, um Gutes zu schaffen. Ich habe also mein Haus letztwillig zur Gründung eines Heims für unglückliche, obdachlose Alte bestimmt, die, weniger stolz als Moreau, dort ihre alten Tage verbringen können. Darüber hinaus ist ein Teil der neuntausend Francs, die mir aus meinen Ländereien und meiner Mühle zufließen, dazu bestimmt, in zu strengen Wintern Notleidenden häusliche Hilfe zu bringen. Diese Einrichtung soll unter der Aufsicht des Gemeinderats stehen, zu dem der Pfarrer als Vorsitzender hinzutreten soll. Auf die Weise wird das Vermögen, das der Zufall mich hier im Kanton hat ansammeln lassen, auch darin bleiben. Die Verfügungen für diese Einrichtung sind in meinem Testament bereits niedergelegt; es würde Sie langweilen, wollte ich sie Ihnen darlegen, es genügt zu sagen, daß ich alles darin wohl bedacht habe. Ich habe sogar einen Reservefonds geschaffen, der es der Gemeinde eines Tages gestatten soll, Kindern, die Talent für Kunst oder Wissenschaft zeigen, ein Stipendium auszuzahlen. So wird sich mein Zivilisationswerk auch nach meinem Tode noch fortsetzen. Sehen sie, Capitaine Bluteau, wenn man eine Aufgabe anpackt, dann zwingt uns etwas in uns selbst, sie nicht unvollendet zu lassen. Dieser Drang nach Ordnung und Vollendung ist eins der offensichtlichen Zeichen eines kommenden Schicksals. Nun müssen wir uns aber beeilen, ich muß mit meiner Runde fertig werden und habe noch fünf oder sechs Kranke zu besuchen.«

Nachdem sie eine Zeitlang schweigend dahingetrabt waren, sagte Benassis lachend zu seinem Begleiter: »Na, so etwas, Capitaine Bluteau, da lassen Sie mich nun schwatzen wie eine Elster und erzählen mir nichts aus Ihrem eigenen Leben, das sicher merkwürdig genug sein muß. Ein Soldat in Ihrem Alter hat doch zu viel erlebt, als daß er nicht mehr als ein Abenteuer zu erzählen hätte.«

»Ach«, erwiderte Genestas, »mein Leben war das Leben der Armee. Alle Soldaten gleichen einander. Da ich nie zu befehlen hatte, sondern immer im Rang derer blieb, die Säbelhiebe austeilen oder hinnehmen, hab ich's eben gemacht wie die andern auch. Ich bin hinmarschiert, wohin Napoleon uns führte, und habe bei sämtlichen Schlachten, die die kaiserliche Garde schlug, in Reih und Glied gestanden. Das alles sind recht bekannte Ereignisse. Seine Pferde versorgen, zuweilen Hunger und Durst leiden, sich schlagen, wenn's sein muß, da haben Sie das ganze Soldatenleben. Ist das nicht so klar wie das Tageslicht? Manche Schlachten bestehen für uns nur darin, daß unser Pferd sein Eisen verliert und uns in Verlegenheit stürzt. Insgesamt habe ich so viele Länder gesehen, daß ich mich daran gewöhnt habe, welche zu sehen, und habe so viele Tote gesehen, daß ich mein eigenes Leben für nichts achte.«

»Aber trotzdem müssen Sie doch zuweilen auch persönlich in Gefahr gewesen sein, und es wäre sicher fesselnd, wenn Sie diese besonderen Momente schilderten.«

»Vielleicht«, antwortete der Major.

»Na, dann erzählen Sie mir, was Sie am meisten berührt hat. Vorwärts, nur keine Scheu! Ich weiß, es fehlt Ihnen nicht an Bescheidenheit, selbst wenn Sie mir irgendeine Heldentat zu erzählen hätten. Wenn ein Mensch sicher ist, von denen, die er ins Vertrauen zieht, auch verstanden zu werden, muß es ihm dann nicht eine Art Vergnügen bereiten, wenn er sagt: ›Ich habe dies oder das getan!‹?«

»Na, dann will ich Ihnen eine Geschichte erzählen, über die ich mir zuweilen noch Vorwürfe mache. Während der fünfzehn Jahre, die wir uns geschlagen haben, ist es mir nur einmal vorgekommen, daß ich einen Menschen getötet habe, ohne mich in berechtigter Notwehr zu befinden. Wir stehen in Schlachtordnung, wir greifen an; werfen wir nicht unsere Gegner über den Haufen, dann fragen die uns nicht erst um Erlaubnis, ob sie uns zur Ader lassen dürfen; man muß eben töten, um nicht selbst umgebracht zu werden, das Gewissen bleibt ganz ruhig dabei. Aber, Monsieur, ich habe mal einen Kameraden unter ganz eigentümlichen Umständen ins Jenseits befördern müssen. Wenn ich darüber nachdenke, so hat die Sache mich doch recht belastet, und manches Mal noch habe ich das verzerrte Gesicht dieses Mannes vor Augen. Wollen Sie selbst urteilen? ... Es war während des Rückzuges von Moskau. Wir glichen eher einer Herde erschöpfter Ochsen als der Grande-Armée. Gute Nacht, Mannszucht und Fahnen! Jeder war sich selbst der nächste, und der Kaiser, das darf man wohl sagen, wußte ganz genau, wo seine Macht endete. Als wir nach Studjanka kamen, einem kleinen Dorfe jenseits der Beresina, fanden wir Scheunen, Hütten zum Abbrechen, vergrabene Kartoffeln und rote Rüben. Wir hatten schon eine Zeitlang weder Häuser noch Lebensmittel mehr gefunden, das Heer hatte üppig gelebt. Die zuerst ankamen hatten, wie Sie sich denken können, alles aufgegessen. Ich kam als einer der letzten. Glücklicherweise empfand ich nicht so sehr Hunger als Müdigkeit; ich bemerke eine Scheune, gehe hinein und sehe drin so etwa zwanzig Generäle, höhere Offiziere, alles Leute von Verdienst, ohne ihnen schmeicheln zu wollen: Junot, Narbonne, den Adjutanten des Kaisers, kurz alle führenden Häupter der Armee. Auch ein paar gemeine Soldaten waren da und hätten ihr Strohlager keinem Marschall von Frankreich abgetreten. Die einen schliefen im Stehen, aus Platzmangel an die Wand gelehnt, andere hatten sich auf der Erde ausgestreckt, und alle drängten sich der Wärme wegen so fest wie möglich aneinander, daß ich vergeblich nach einem Eckchen für mich suchte. Und da stieg ich nun so über diesen Fußboden aus Menschen hinweg: die einen grunzten, die andern schwiegen; und niemand ließ sich stören. Sie hätten sich auch nicht vom Fleck gerührt, um einer Kanonenkugel auszuweichen; und unter diesen Umständen sah man sich wohl kaum gezwungen, artige Höflichkeitsformen zu wahren. Schließlich bemerkte ich hinten in der Scheune eine Art inneren Daches, wo hinauf zu klettern noch niemand den Gedanken oder die Kraft gehabt hatte, kletterte hinauf, richtete mich dort ein; und wie ich da so lang ausgestreckt liege, sehe ich mir die wie die Kälber daliegenden Menschen an. Der traurige Anblick machte mich beinahe lachen. Die einen nagten mit fast animalischem Vergnügen an gefrorenen Mohrrüben, und die in zerlumpte Tücher eingemummelten Generäle schnarchten wie Donnergrollen. Ein brennender Kienzweig erhellte die Scheune, und hätte er sie in Brand gesteckt, kein Mensch wäre aufgestanden, um zu löschen. Ich lege mich nun auf den Rücken und richte vorm Einschlafen natürlich die Augen nach oben, und da sehe ich, wie der First, auf dem das ganze Dach ruht, der die Sparren hält, immer von West nach Ost schwankt. Der verdammte Balken tanzte ganz niedlich hin und her. ›Messieurs‹, rufe ich, ›da draußen steckt ein Kamerad, der sich auf unsre Kosten wärmen will.‹ Der Balken drohte in Kürze herabzustürzen. ›Messieurs, Messieurs, die Sache wird gefährlich, sehen Sie mal den Balken da oben!‹ rief ich noch einmal laut genug, um meine Schlafgenossen aufzuwecken. Sie sahen den schwankenden Balken recht wohl, Monsieur; doch die, die schliefen, drehten sich um und schliefen weiter, und die, die kauten, antworteten nicht einmal. Als ich das merkte, mußte ich wohl meinen Platz verlassen, auf die Gefahr hin, ihn nachher besetzt zu finden, denn es handelte sich doch um die Rettung eines ganzen Haufens Gloria. Ich gehe also hinaus und um die Scheune herum und sehe einen Riesenteufel von Württemberger geradezu begeistert an dem Balken herumzerren. – ›Heda! Holla!‹ rufe ich ihn an und mache ihm klar, er müsse seine Arbeit einstellen. – ›Geh mir aus dem Gesicht, oder ich schlage dich tot!‹ rief er. – ›Ach so? Qué mire aous dem guesit!‹ antwortete ich, ›wenn's weiter nichts ist!‹ Ich nehme also sein Gewehr, das er auf der Erde hatte liegenlassen, schieß ihn über den Haufen, gehe wieder hinein und schlafe. Das ist die Geschichte.«

»Aber das war doch ein Fall legitimer Notwehr, gegen einen Menschen zum Nutzen mehrerer, Sie haben sich also gar nichts vorzuwerfen«, sagte Benassis.

»Die andern«, fuhr Genestas fort, »hielten mich für über-geschnappt; aber übergeschnappt oder nicht: eine ganze Menge von den Leuten da leben heute in schönen Palästen, ohne daß Dankbarkeit ihr Herz bedrückt.«

»Hätten Sie das Gute wirklich nur getan, um dafür die ungeheuren Zinsen einzusacken, die man Dankbarkeit nennt?« fragte Benassis lächelnd; »das hieße doch Wucher treiben.«

»Ah! ich weiß wohl«, erwiderte Genestas, »der Lohn ei-ner guten Tat fliegt beim geringsten Nutzen, den man aus ihr zieht, davon; schon sie zu erzählen bedeutet, daß man sich eine Rente aus Eigenliebe verschafft, die die Dankbar-keit aufzuwiegen vermöchte. Indessen, bliebe der Ehrliche immer stumm, würde der Schuldner nie von einer empfan-genen Wohltat sprechen. Nach Ihrer Lehre bedarf das Volk der Vorbilder; wo könnte es diese nun finden, wenn jeder-mann schwiege? Und noch etwas! Wäre unser armer Brük-kenbauer, der das französische Heer rettete, nie in die Lage gekommen, zu seinem Nutzen davon zu erzählen und hätte den Gebrauch seiner Arme nicht behalten –: hätte sein Ge-wissen ihm wohl Brot verschafft? ... antworten Sie mir dar-auf, Sie Philosoph!«

»Vielleicht gibt es in der Moral nichts Absolutes«, erwi-derte Benassis; »aber ein solcher Gedanke ist gefährlich, er läßt den Egoismus einen Gewissensfall zugunsten des per-sönlichen Vorteils auslegen. Hören Sie, Capitaine, ist der Mensch, der moralische Prinzipien genau befolgt, nicht grö-ßer als der, der sich ihnen entzieht, wenn auch gezwunge-nermaßen? Wäre unser fast gelähmter und verhungerter Brückenbauer letztendlich nicht genauso erhaben wie Ho-mer? Das menschliche Leben ist zweifellos die letzte von einer besseren Welt verlangte Probe auf die Tugend und auf den Geist. Tugend und Geist scheinen mir die beiden schönsten Formen der vollkommenen und immerwähren-den Hingabe, die Jesus den Menschen zu lehren kam. Der Geist bleibt arm, auch wenn er die Welt erhellt, die Tugend bewahrt Stillschweigen, während sie sich für das Allgemeinwohl aufopfert.«

»Einverstanden, Monsieur«, meinte Genestas; »aber die Erde wird von Menschen bewohnt und nicht von Engeln, wir sind nicht vollkommen.«

»Sie haben recht«, sagte Benassis. »Ich für meinen Teil habe die Fähigkeit, Fehler zu machen, tüchtig genutzt. Aber sollen wir denn nicht nach Vervollkommnung streben? Stellt die Tugend der Seele nicht ein schönes Ideal dar, das man sich stets als himmlisches Vorbild vor Augen halten sollte?«

»Amen!« sagte der Soldat. »Zugestanden: der tugendhafte Mensch ist etwas Schönes; aber Sie müssen auch zugeben, die Tugend ist eine Göttin, die sich schon ein klein bißchen Unterhaltung erlauben darf, in allen Ehren.«

»Ach, Monsieur!« meinte der Arzt und lächelte traurig und bitter, »Sie besitzen die Nachsicht all derer, die in Frieden mit sich leben, während ich streng bin wie jemand, der viele Flecken in seinem Leben auszutilgen sieht.«

Die beiden Reiter waren vor einer am Rande des Bergbachs gelegenen Hütte angelangt. Der Arzt ging hinein. Genestas blieb auf der Türschwelle stehen und überblickte abwechselnd die frische Landschaft und das Innere der Hütte, wo ein Mann im Bett lag. Nachdem Benassis seinen Kranken untersucht hatte, rief er plötzlich: »Ich brauche gar nicht wiederzukommen, gute Frau, wenn Ihr nicht tut, was ich anordne. Ihr habt Eurem Mann Brot gegeben, wollt Ihr ihn denn umbringen? Hol's der Teufel! wenn Ihr ihn nun noch einmal etwas anderes zu sich nehmen laßt als sein Queckenwasser, dann setze ich den Fuß nicht wieder hier herein, und Ihr könnt Euch einen Arzt herholen, woher Ihr wollt.«

»Aber, lieber Monsieur Benassis, der arme Alte schrie ja vor Hunger; und wenn ein Mann vierzehn Tage lang nichts in den Leib gekriegt hat …«

»Ach so! Wollt Ihr auf mich hören oder nicht? Wenn Ihr

Euren Mann nur einen einzigen Happen Brot essen laßt, ehe ich's ihm erlaube, dann bringt Ihr ihn um, verstanden?«

»Er soll nichts wieder haben, lieber Monsieur. Geht's ihm denn besser?« fragte sie, hinter dem Arzt hergehend.

»Nein, durchaus nicht, Ihr habt seinen Zustand verschlimmert, weil Ihr ihm etwas zu essen gegeben habt. Kann ich es Euch denn nicht beibringen, dummes Frauenzimmer, das Ihr seid, daß man Leute nicht füttern darf, die Diät halten müssen? – Diese Bauern sind unverbesserlich!« fügte Benassis zu dem Offizier gewandt hinzu. »Sobald ein Kranker ein paar Tage lang nichts mehr zu sich genommen hat, halten sie ihn für tot und stopfen ihn mit Suppe oder Wein voll. Diese Unglückselige da hat ihren Mann um ein Haar umgebracht.«

»Meinen Mann umbringen mit einem armseligen kleinen Happen Brot in Wein getunkt!«

»Gewiß, gute Frau. Ich wundere mich nur, daß ich ihn nach diesem Happen, den Ihr ihm gegeben habt, überhaupt noch am Leben finde. Vergeßt nicht: Ihr müßt genau tun, was ich angeordnet habe.«

»Ach, lieber Monsieur, ich will ja lieber sterben, als etwas falsch machen.«

»Schön, wir werden ja sehen. Morgen abend komme ich wieder und lasse ihn zur Ader.«

»Wir wollen zu Fuß am Bach entlanggehen«, sagte Benassis zu Genestas; »von hier bis zu dem Haus, wo ich jetzt hin muß, gibt es keinen Pfad für unsere Tiere. Der kleine Junge des Mannes hier wird auf die Pferde achten. Bewundern Sie unser schönes Tal ein wenig«, fuhr er fort; »ist es nicht wie ein englischer Garten? Wir gehen jetzt zu einem Landarbeiter, der sich nicht über den Tod eines seiner Kinder trösten kann. Sein Ältester, noch ein Junge, wollte bei der letzten Ernte wie ein Erwachsener mitarbeiten, das arme Kind übernahm sich dabei und starb Ende Herbst an Entkräftung. Das ist das erstemal, wo ich ein so starkes Vatergefühl vorfinde. Für gewöhnlich bedauert der Bauer den Tod eines Kindes nur als Verlust einer nützlichen Sache, die einen Teil seines Vermögens ausmacht, und das Bedauern steht im geraden Verhältnis zum Alter. Einmal erwachsen, wird das Kind für seinen Vater zum Kapital. Dieser arme Kerl aber hat seinen Jungen wirklich geliebt. – ›Nichts kann mich über diesen Verlust trösten!‹ sagte er mir eines Tages, als ich ihn unbeweglich dastehend auf einer Wiese antraf; er hatte sich auf seine Sense gestützt und seine Arbeit ganz vergessen, in der Hand hielt er den Wetzstein, den er aufgenommen hatte, um ihn zu gebrauchen, was er aber nicht tat. Seitdem hat er nicht wieder mit mir über seinen Kummer gesprochen; aber er wurde immer schweigsamer und leidender. Heute nun wurde eines seiner kleinen Mädchen krank ...«

Während seiner Erzählung waren Benassis und sein Gast bei einem am Fahrweg zu den Lohmühlen gelegenen Häuschen angekommen. Hier bemerkten sie unter einer Weide einen Mann von ungefähr vierzig Jahren, der im Stehen ein Stück mit Knoblauch beriebenes Brot aß.

»Na, Gasnier, geht es der Kleinen besser?«

»Ich weiß nicht, Monsieur, Sie werden sie ja sehen«, sagte er mit düsterer Miene, »meine Frau ist bei ihr. Ich fürchte, trotz all Ihrer Bemühungen ist der Tod bei mir eingezogen und will mir alles nehmen.«

»Der Tod bleibt bei niemandem wohnen, Gasnier, dazu hat er keine Zeit. Verliert den Mut nicht.«

Benassis trat, von dem Vater gefolgt, in das Haus ein. Eine halbe Stunde später kam er, begleitet von der Mutter, wieder heraus, zu der er sagte: »Beunruhigt Euch durchaus nicht; tut, was ich Euch empfohlen habe, sie ist gerettet.«

»Sollte Sie alles dies langweilen«, sagte nun der Arzt zu dem Soldaten, als er wieder zu Pferde stieg, »dann könnte ich Sie auf den Weg zum Flecken bringen, und Sie könnten allein nach Hause reiten.«

»Nein, auf mein Wort, ich langweile mich nicht im geringsten.«

»Aber Sie werden überall nur die gleichen Hütten sehen, nichts ist, äußerlich betrachtet, eintöniger als das Land.«

»Vorwärts!« sagte der Soldat.

Ein paar Stunden ritten sie so über Land, durchquerten den Kanton der Breite nach und kamen gegen Abend wieder in seinem an den Flecken angrenzenden Teile an.

»Jetzt muß ich dort unten hin«, sagte der Arzt zu Genestas und zeigte auf eine Stelle, wo sich ein paar Ulmen erhoben. »Diese Bäume sind vielleicht zweihundert Jahre alt«, fügte er hinzu. »Dort wohnt die Frau, derentwegen mich gestern beim Essen der Bursche holte und sagte, sie wäre ganz weiß geworden.«

»War das gefährlich?«

»Nein«, sagte Benassis, »Nebenerscheinung einer Schwangerschaft. Die Frau ist im letzten Monat. Während dieser Zeit machen die Frauen öfter Krämpfe durch. Aber zur Vorsicht möchte ich doch hin und sehen, ob nichts Beunruhigendes vorgefallen ist; ich werde selbst Geburtshelfer bei der Frau sein. Übrigens kann ich Ihnen da einen unserer neuen Gewerbezweige zeigen, eine Ziegelei. Der Weg ist gut, wollen wir galoppieren?«

»Wird Ihr Tier mir folgen können?« fragte Genestas und rief seinem Pferde zu: »Vorwärts, Neptun!«

Im Nu war der Offizier hundert Schritte voraus und verschwand in einem Staubwirbel; aber trotz der Schnelligkeit seines Pferdes hörte er den Arzt immer an seiner Seite. Auf ein Wort zu seinem Pferde war Benassis dem Soldaten sofort voraus, der ihn erst bei der Ziegelei wieder einholte, gerade als Benassis sein Pferd ruhig an einen Zaunpfahl band.

»Hol Sie der Teufel!« rief Genestas mit einem Blick auf das Pferd, das weder schwitzte noch stark atmete. »Was haben Sie denn da für ein Tier?«

»Haha!« antwortete lachend der Arzt, »Sie haben es wohl

für einen rechten Schinder gehalten? Jetzt im Augenblick würde uns die Geschichte dieses schönen Tieres zu viel Zeit kosten, es mag Ihnen genügen, zu erfahren, daß Roustan ein echter Berber aus dem Atlas ist. Ein Berber ist ebenso gut wie ein Araber. Meiner fliegt die Berge hinauf, ohne daß sein Fell naß wird, und trabt ganz sicher an jedem Abgrund entlang. Er ist übrigens ein wohlverdientes Geschenk, Monsieur. Ein Vater glaubte mich mit ihm für das Leben seiner Tochter zu bezahlen, eine der reichsten Erbinnen Europas, die ich sterbend am Wege nach Savoyen fand. Sie würden mich für einen Quacksalber halten, wollte ich Ihnen die Geschichte der Heilung dieses Mädchens erzählen. He! he! ich höre Pferdeschellen, da rumpelt ein Karren auf dem Wege, wollen doch mal sehen, ob das nicht zufällig Vigneau selbst ist; und dann sehen Sie sich den Mann einmal ordentlich an.«

Bald bemerkte der Offizier vier gewaltige, aufgeputzte Pferde, wie sie die wohlhabendsten Landwirte im Brie besitzen. Die Wollquasten, die Schellen, das Lederzeug zeigten Reichtum und Sauberkeit. Auf dem breiten, blau angestrichenen Karren saß ein dicker Bursche, pausbäckig und sonnverbrannt, der vor sich hin pfiff und seine Peitsche wie ein Gewehr im Arm hielt.

»Nein, das ist nur der Fuhrknecht«, sagte Benassis. »Wundern Sie sich nicht ein wenig, wie sich der gewerbliche Wohlstand des Meisters in allem widerspiegelt, selbst in der Ausrüstung dieses Fuhrwerks? Sind das nicht Anzeichen eines tüchtigen, wenn auch seltenen Handelsgeistes, hier so tief im Lande?«

»Jaja, alles sieht recht hübsch aus«, meinte der Soldat.

»Nicht wahr? Vigneau besitzt zwei solcher Gespanne, außerdem ein kleines Reitpferd, mit dem er seine Geschäftswege erledigt, denn sein Handel dehnt sich jetzt recht weit aus, und vor vier Jahren besaß der Mann noch rein gar nichts; nein, das ist nicht richtig: Schulden hatte er. Aber kommen Sie hinein.«

»Mein Junge«, rief Benassis dem kleinen Fuhrknecht zu, »Madame Vigneau wird ja doch wohl zu Hause sein?«

»Sie ist im Garten, Monsieur, ich habe sie eben über die Hecke hinweg gesehen; ich will ihr sagen, daß Sie da sind.« Genestas folgte Benassis über einen weiten, von Hecken umgebenen Platz. In einer Ecke war verschiedenartiger, für Ziegel und Fliesen notwendiger Ton aufgehäuft, an einer andern Stelle türmten sich Heidekrautbündel und Holz zum Heizen der Brennöfen empor; weiterhin zerstießen auf einer von Sieben umstellten Tenne Arbeiter Stücke weißen Steines oder kneteten Ziegelerde. Gegenüber dem Eingang unter den großen Ulmen lag die Werkstätte für runde und viereckige Ziegel, ein großer Holzbau, der von den Dächern des Trockenraumes abgeschlossen wurde; dicht daneben konnte man den Ofen mit seinem tiefen Maul, seinen langen Schiebern, seinem hohlen, schwarzen Gang sehen. In gleicher Höhe mit diesen Gebäuden befand sich ein Bauwerk von recht jämmerlichem Aussehen, das als Wohnung für die Familie diente und in dem auch die Kuh- und Pferdeställe, der Wagenschuppen und die Scheune untergebracht waren. Auf dem weiten Hof liefen Geflügel und Schweine frei umher. Die in den verschiedenen Anlagen herrschende Sauberkeit und ihr guter Zustand bezeugten die Umsicht des Meisters.

»Vigneaus Vorgänger«, meinte Benassis, »war ein Unglückseliger, ein Faulpelz, der nichts gern tat als trinken. Als ehemaliger Arbeiter verstand er wohl, seinen Ofen zu beschicken und seine Formen zu bezahlen, aber das war auch alles; er war weder energisch noch geschäftstüchtig. Holte man sich seine Ware nicht selbst ab, dann blieb sie eben da, verdarb und verkam. Er starb auch vor Hunger. Seine Frau, die er durch seine Mißhandlungen fast zum Blödsinn getrieben hatte, versank im Elend. Diese Faulheit, diese unverbesserliche Dummheit verursachten mir solchen Kummer, und der Anblick dieser Werkstätte wurde mir so zuwider, daß ich vermied, hier vorbeizukommen. Glücklicherweise waren der Mann und die Frau beide alt. Eines schönen Tages bekam der Ziegelbrenner einen Schlaganfall, und ich ließ ihn ins Krankenhaus nach Grenoble bringen. Der Besitzer der Ziegelei war ohne langes Hin und Her dazu bereit, die Werkstatt in dem damaligen Zustand wieder zu übernehmen, und ich suchte einen neuen Pächter, der an den von mir beabsichtigten Verbesserungen in allen Gewerbezweigen des Kantons teilhaben würde. Der Mann einer Kammerfrau von Madame Gravier, ein armer Handwerker, der bei dem Töpfer, bei dem er arbeitete, so kargen Lohn hatte, daß er seine Familie damit nicht unterhalten konnte, hörte meinen Vorschlag. Der Mann besaß soviel Mut, unsere Ziegelei zu pachten, ohne einen Heller zu besitzen. Er ließ sich hier nieder, lehrte seine Frau, ihre alte Mutter und seine eigene Ziegel zu formen und machte sie zu seinen Arbeitern. Meiner Treu, wie sie durchkamen, weiß ich nicht! Wahrscheinlich pumpte Vigneau sich das Holz zum Ofenheizen, zweifellos ging er nachts los, schleppte seine Rohstoffe in Kiepen heran und machte sie tagsüber zurecht; jedenfalls entfaltete er eine grenzenlose Energie, und die beiden alten Mütterchen in ihren Lumpen plackten sich wie die Neger. So konnte Vigneau ein paar Öfen voll brennen und aß während des ganzen ersten Jahres ein teuer mit dem Schweiß der ganzen Familie bezahltes Brot; aber er hielt durch. Sein Mut, seine Geduld, seine guten Eigenschaften erweckten die Teilnahme vieler, und er wurde bekannt. Unermüdlich trabte er morgens nach Grenoble und verkaufte dort seine Dachziegel und Mauersteine; dann kam er gegen Mittag wieder nach Hause und machte sich zu nächtlicher Stunde wieder auf den Weg zur Stadt; er schien sich zu vervielfältigen. Gegen Ende des ersten Jahres nahm er zwei kleine Jungen zur Hilfe an. Als ich das sah, lieh ich ihm etwas Geld. Kurz und gut, Monsieur, das Los dieser Familie verbesserte sich von Jahr zu Jahr. Schon nach dem zweiten Jahr strichen die beiden alten

Mütter keine Ziegel mehr und zerstießen nicht länger Steine, sie bestellten jetzt den kleinen Garten, kochten Suppe, besserten Kleider aus, spannen des Abends und gingen tagsüber ins Holz. Die junge Frau, die lesen und schreiben konnte, führte die Bücher. Vigneau hatte ein kleines Pferd, um damit die Nachbarschaft abzuklappern und sich Kunden zu suchen; dann lernte er die Kunst des Ziegelbrennens und fand die Möglichkeit heraus, schöne weiße Fliesen zu machen, die er unter dem Marktpreis verkaufte. Im dritten Jahr bekam er einen Karren und zwei Pferde. Sobald er sein erstes Fuhrwerk bestieg, wurde seine Frau beinahe elegant. Alles richtete sich in seinem Hause entsprechend seinem Gewinn ein, und er hielt in ihm stets auf Ordnung, Sparsamkeit, Sauberkeit, jene Grundsätze, auf denen sein kleines Vermögen basierte. Schließlich konnte er sechs Arbeiter einstellen und bezahlte sie gut; er nahm einen kleinen Fuhrknecht an und setzte alles instand; kurz, durch Nachdenken und Ausdehnen seines Handels und seiner Arbeit sah er sich allmählich wohlhabend werden. Voriges Jahr kaufte er die Ziegelei; nächstes Jahr wird er sein Haus erneuern. Jetzt geht es all diesen lieben Leuten hier recht gut, und sie sind anständig gekleidet. Die einst magere blasse Frau, die die Sorgen und Nöte des Meisters teilte, ist jetzt wieder rundlich, frisch und hübsch. Die beiden alten Mütter sind überglücklich und besorgen die vielen Kleinigkeiten des Haushalts und des Geschäfts. Die Arbeit hat ihnen Geld gebracht und das Geld, dadurch, daß es ihnen Sicherheit verschaffte, Gesundheit, Überfluß und Freude. Wahrhaftig, dieser Haushalt ist für mich die lebendige Geschichte meiner Gemeinde und die aller jungen Handelsstaaten. Diese Ziegelei, die ich früher immer so düster, leer, schmutzig und unproduktiv sah, steht jetzt in vollem Schwung, hat genügend Arbeiter, ist lebendig, reich und hat eine Menge Vorräte. Da sehen Sie für ein gutes Stück Geld Holz und alles, was an Rohstoffen für die Arbeitssaison nötig ist; denn das wissen Sie doch wohl, daß

Ziegel nur während einer bestimmten Zeit im Jahr herge-
stellt werden, zwischen Juni und September? Bereitet dieser Arbeitseifer nicht Freude? Mein Ziegelbrenner hat bei
allen Bauten im Flecken mitgearbeitet. Immer auf dem Posten, immer kommend und gehend, immer tätig, wird er
von den Leuten des Kantons ›der Unersättliche‹ genannt.«

Kaum hatte Benassis diese Worte vollendet, als eine gut
angezogene junge Frau mit einem hübschen Häubchen,
weißen Strümpfen, einer seidenen Schürze, rosa Kleid, was
ein wenig an ihren früheren Stand als Kammerfrau erinnerte, die vergitterte Gartenpforte öffnete und, so rasch ihr
Zustand es erlauben wollte, herbeikam; aber die beiden Reiter gingen ihr entgegen. Madame Vigneau war in der Tat
eine recht rundliche, niedliche Frau mit wettergebräun-
ter Haut, die vormals weiß gewesen sein mußte. Obgleich
ihre Stirn ein paar Falten aufwies, Spuren des früheren
Elends, war ihr Gesicht einnehmend und strahlte vor
Glück.

»Monsieur Benassis«, sagte sie mit schmeichelndem Ton,
als sie ihn stehenbleiben sah, »wollen Sie mir nicht die
Ehre antun und sich einen Augenblick bei mir ausruhen?«

»Recht gern«, erwiderte er. »Gehen Sie voran, Capitaine.«

»Messieurs, es wird Ihnen sicher heiß sein! Möchten Sie
nicht etwas Milch oder lieber Wein? Monsieur Benassis, kosten Sie doch mal den Wein, den mein Mann so liebevoll
für meine Niederkunft bestellt hat. Sie könnten mir dann
sagen, ob er gut ist.«

»Sie haben einen braven Mann zum Gatten.«

»Ja, Monsieur«, sagte sie und wandte sich ruhig um, »ich
bin sehr reich bedacht worden.«

»Wir möchten nichts zu uns nehmen, Madame Vigneau,
ich komme nur, um zu sehen, ob Ihnen auch nichts zuge-
stoßen ist?«

»Nichts«, sagte sie. »Sehen Sie, ich war im Garten, um etwas zu hacken, damit ich ein wenig zu tun habe.«

In diesem Augenblick traten die beiden alten Mütter herein, um Benassis zu begrüßen, und der Fuhrknecht blieb unbeweglich mitten im Hof an einer Stelle stehen, die ihm erlaubte, den Arzt fortwährend anzusehen.

»Na, dann lassen Sie mich mal Ihre Hand sehen«, sagte Benassis zu Madame Vigneau.

Er fühlte der jungen Frau aufmerksam und gewissenhaft den Puls, wobei er gesammelt und stumm blieb. Während dieser Zeit musterten die drei Frauen den Major mit der kindlichen Neugierde, die die Leute vom Lande ganz unverhohlen zeigen.

»Ausgezeichnet«, rief der Arzt fröhlich.

»Kommt sie bald nieder?« riefen die beiden Mütter.

»Na, diese Woche zweifellos. Ist Vigneau unterwegs?« fragte er nach einer Pause.

»Ja, Monsieur«, antwortete die junge Frau; »er beeilt sich mit seinen Geschäften, um während meiner Niederkunft zu Hause bleiben zu können, der liebe Mann!«

»Nun dann, Kinder, viel Glück! Fahrt nur so fort, Geld und Kinder zu machen.«

Genestas war voller Bewunderung für die Sauberkeit, die im Inneren dieses nahezu verfallenen Hauses herrschte. Benassis meinte, als er das Erstaunen des Offiziers bemerkte: »Nur Madame Vigneau kann einen Haushalt so in Ordnung halten! Ich wollte, so dieser und jener aus dem Dorfe könnte hier in die Lehre gehen.«

Die Frau des Ziegelbrenners wandte den Kopf zur Seite und errötete, die beiden alten Mütter aber strahlten über das ganze Gesicht vor Vergnügen über die Lobreden des Arztes.

»Na«, sagte Monsieur Benassis, sich an die beiden Alten wendend, »nun seid ihr wohl glücklich! Ihr wolltet doch wohl gern Großmütter werden?«

»Ach, reden Sie nicht davon! Sie machen mich noch ganz

toll. Meine beiden Mütter wünschen sich einen Jungen, mein Mann ein kleines Mädchen – ich glaube, es wird recht schwerhalten, beide zu befriedigen.«

»Ja, was möchten denn Sie selbst?« fragte Benassis lächelnd.

»Ach, Monsieur! ich möchte ein Kind.«

»Sehen Sie, die ist schon ganz Mutter«, sagte Benassis zu Genestas und nahm sein Pferd beim Zügel.

»Auf Wiedersehen, Monsieur Benassis!« sagte die junge Frau. »Mein Mann wird sehr betrübt sein, daß er Sie nicht gesehen hat, wenn er von Ihrem Besuch erfährt.«

»Hat er auch nicht vergessen, mir die tausend Ziegel nach der Grange-aux-Belles zu schicken?«

»Sie wissen doch, er ließe alle Bestellungen des ganzen Kantons im Stich, um Ihnen dienlich zu sein. Wirklich, sein größter Kummer ist immer noch, daß er von Ihnen Geld nehmen muß; aber ich sage ihm immer, Ihre Taler bringen Glück, und das ist wahr.«

»Auf Wiedersehen!« sagte Benassis.

Die drei Frauen, der Fuhrknecht und die beiden Arbeiter, die aus der Werkstatt getreten waren, um den Arzt zu sehen, blieben nun vor dem der Ziegelei als Tür dienenden Flechtzaun stehen, um seine Gegenwart bis zum letzten Augenblick zu genießen, wie es wohl jeder bei besonders lieben Menschen tut. Sind die Eingebungen des Herzens nicht überall dieselben? Und so befolgt man aus natürlicher Regung in allen Landen dieselben guten Bräuche der Freundschaft.

Nachdem er den Stand der Sonne geprüft hatte, sagte Benassis zu seinem Begleiter: »Wir haben noch zwei Stunden Tageslicht, und wenn Sie noch nicht zu hungrig sind, wollen wir noch ein ganz entzückendes Geschöpf aufsuchen, dem ich fast immer die ganze Zeit widme, die mir zwischen dem Abendessen und meinen Besuchen bleibt. Man nennt sie im Kanton ›meine liebe Freundin‹; aber glauben Sie nicht etwa, dieser Ausdruck, den man hier anwendet, um die künftige Gattin zu bezeichnen, bedeute auch nur die geringste Nachrede oder berechtige zu ihr. Obgleich meine Fürsorge für dies arme Geschöpf es zum Gegenstand ziemlich begreiflicher Eifersucht macht, schließt doch die Meinung, die jedermann sich von meinem Charakter gebildet hat, jede üble Nebenabsicht aus. Wenn sich auch niemand die Laune erklären kann, der ich anscheinend nachgegeben habe, indem ich der Fosseuse eine Rente aussetzte, die es ihr ermöglicht zu leben, ohne arbeiten zu müssen, so glaubt doch alle Welt an ihre Tugend; alle Welt weiß, sollte meine Zuneigung auch nur einmal die Grenzen freundschaftlichen Schutzes überschreiten, dann würde ich keinen Augenblick zögern, sie zu heiraten. Aber«, fügte der Arzt hinzu und zwang sich zu lächeln, »für mich gibt's keine Frau, weder hier im Kanton noch anderswo. Ein aufgeschlossener, offenherziger Mann, Monsieur, empfindet das unbezwingliche Bedürfnis, sich einem Ding oder einem Wesen vor allen anderen Wesen und Dingen, von denen er umgeben ist, ganz besonders eng anzuschließen, vor allem, wenn sein Leben einsam ist! Und glauben Sie mir, Monsieur, urteilen Sie deshalb stets günstig über einen Menschen, der sein Pferd oder seinen Hund lieb hat. Unter der mir vom Zufall anvertrauten leidenden Herde ist diese arme kleine Kranke für mich das, was meiner Heimat, dem Languedoc, die Sonne ist, das Lieblingsschaf, dem die Schäferinnen verblichene Bänder umbinden, mit dem sie sprechen, das sie am Feldrain weiden lassen und dessen trägen Gang der Hund niemals antreibt.«

Während dieser Worte blieb Benassis stehen, faßte die Mähne seines Pferdes, bereit aufzusitzen, tat es aber doch nicht, als käme dem Gefühl, das ihn jetzt eben erregte, eine heftige Bewegung nicht zu.

»Vorwärts!« rief er, »wir wollen sie besuchen! Wenn ich Sie zu ihr bringe, bedeutet das nicht, daß ich sie als Schwester betrachte?«

Sowie beide Reiter zu Pferde saßen, fragte Genestas den

Arzt: »Würde es Ihnen aufdringlich vorkommen, wenn ich Sie bäte, mir etwas von Ihrer Fosseuse zu erzählen? Unter all den Wesen, die ich bereits durch Sie kennenlernte, dürfte sie sicher nicht das unbedeutendste sein.«

»Monsieur«, sagte Benassis und hielt sein Pferd an, »vielleicht können Sie nicht die gleiche Teilnahme für die Fosseuse empfinden, die sie mir einflößt. Ihr Geschick ähnelt dem meinen: wir haben beide unsere Berufung verfehlt; das Gefühl, das ich für sie empfinde, und die Rührung, die mich bei ihrem Anblick überkommt, entspringen der Gleichheit unserer Lage. Sie sind, als Sie die militärische Laufbahn eingeschlagen haben, Ihrer Neigung gefolgt oder haben Gefallen an diesem Beruf gefunden; sonst hätten Sie sicher nicht bis zu Ihrem Alter das schwere Rüstzeug militärischer Disziplin ertragen; Sie können wohl also weder etwas von dem Elend einer Seele verstehen, deren Sehnsüchte immer wieder aufleben und immer wieder betrogen werden, noch von dem beständigen Kummer eines Geschöpfes, das gezwungen ist, außerhalb seiner eigentlichen Sphäre zu leben. Derartige Leiden bleiben ein Geheimnis zwischen diesen Wesen und Gott, der ihnen solche Prüfungen schickt, denn sie allein kennen die Macht der Empfindungen, die die Ereignisse des Lebens in ihnen hervorrufen. Indessen, haben nicht sogar Sie, der abgestumpfte Zeuge des unermeßlichen, durch den langandauernden Krieg hervorgebrachten Jammers, in Ihrem Herzen eine unbestimmte Trauer gefühlt beim Anblick eines Baumes, dessen Blätter mitten im Frühling bereits gelb waren, der dahinwelkte und abstarb, weil man ihn in falschen Boden gepflanzt hatte, wo ihm die für seine volle Entfaltung nötigen Grundstoffe fehlten? Seit ich zwanzig bin, schmerzt es mich, die leidende Trauer einer verkümmerten Pflanze zu sehen; heute wende ich den Blick stets ab. Der Schmerz meiner Jugend war nur ein undeutliches Vorgefühl meiner Schmerzen im Mannesalter, einer Art geheimer Beziehung zwischen meiner damaligen Gegenwart und einer Zukunft, die ich instinktiv in diesem Pflanzenleben vorausahnte, das sich vorzeitig dem Ende entgegenneigt, das Bäumen und Menschen gesetzt ist.«

»Ich dachte mir wohl, Sie müßten gelitten haben, als ich sah, wie gütig Sie waren.«

»Sehen Sie, Monsieur«, fuhr der Arzt fort, ohne auf Genestas Worte einzugehen, »von der Fosseuse sprechen heißt von mir sprechen. Die Fosseuse ist eine in die Fremde verpflanzte Blume, aber eine menschliche, unaufhörlich von traurigen und tiefsinnigen Grübeleien verzehrt, von denen eine fortwährend eine neue hervorbringt. Das arme Mädchen leidet ständig. Die Seele in ihr tötet den Körper. Könnte ich denn kalten Sinnes zusehen, wie ein schwaches Geschöpf ein Opfer des größten und unserer egoistischen Welt unbegreiflichsten Leidens wird; wenn ich, ein Mann, der Schmerzen standhaft zu ertragen weiß, allabendlich versucht bin, mich dagegen aufzulehnen, die Bürde ähnlichen Leids zu ertragen? Vielleicht würde ich mich dem auch verweigern, wäre ich nicht von einem tiefen Glauben erfüllt, der meinen Gram lindert und in meinem Herzen süße Sehnsüchte weckt. Wären wir auch nicht alle Kinder ein und desselben Gottes, die Fosseuse bliebe doch meine Schwester im Leiden.«

Benassis preßte seinem Pferde die Flanken und zog Major Genestas mit sich fort, als fürchtete er sich, die begonnene Unterhaltung in diesem Ton fortzusetzen.

»Monsieur«, fuhr er fort, als die beiden Pferde nebeneinanderher trabten, »die Natur hat dies arme Wesen sozusagen für den Schmerz geschaffen wie andere Frauen für das Vergnügen. Sieht man solche Vorbestimmungen, wird jeder Zweifel an einem anderen Leben zunichte. Alles wirkt auf die Fosseuse ein: ist das Wetter grau und düster, so ist auch sie traurig und ›weint mit dem Himmel‹; wie sie es nennt. Sie singt mit den Vögeln, wird mit dem Himmel wieder ruhig und heiter, wird schön an einem schönen Tag; ein zarter Duft ist ihr eine fast unerschöpfliche Freude: ich habe einmal beobachtet, wie sie sich einen ganzen Tag lang am Duft der Reseden ergötzte, den diese nach einem regnerischen Morgen ausströmten, ein morgendlicher Regen haucht der Seele der Blumen Atem ein und verleiht dem Tag selbst etwas unbeschreiblich Frisches und Strahlendes; sie hatte sich entfaltet mit der Natur, mit all ihren Pflanzen. Ist indessen die Luft drückend, spannungsgeladen, so ist die Fosseuse ganz außer sich, und nichts vermag sie zu beruhigen, sie legt sich hin, klagt über tausenderlei Schmerzen und weiß doch nicht, was sie eigentlich hat; frage ich sie, so antwortet sie mir, die Glieder würden ihr weich, ihr Fleisch zerschmölze zu Wasser. Während solcher leblosen Stunden besteht ihr Dasein nur in der Empfindung ihrer Leiden, ihr Herz ist ›außer ihr‹, um Ihnen noch eins ihrer Worte wiederzugeben. Zuweilen habe ich das arme Mädchen beim Anblick malerischer Gebilde, wie sie sich in unsern Bergen bei Sonnenuntergang wohl abzeichnen, in Tränen vorgefunden, wenn zahlreiche bizarre Wolken sich über unseren vergoldeten Gipfeln auftürmten. ›Warum weinen Sie denn, Kleine?‹ fragte ich sie. ›Ich weiß nicht, Monsieur‹, antwortete sie, ›ich stehe hier wie angewachsen und schaue nur immer dort hinauf und weiß gar nicht mehr, wo ich bin, ich muß nur immer schauen.‹ – ›Aber was sehen Sie denn?‹ – ›Monsieur, das kann ich Ihnen nicht sagen.‹ Und dann könnten Sie sie den ganzen Abend fragen, Sie brächten nicht ein einziges Wort aus ihr heraus; aber sie würde Sie gedankenschwer ansehen oder bliebe feuchten Auges, schweigsam, aber gesammelt. Ihre innere Anspannung ist dann so stark, daß sie sich andern mitteilt; wenigstens wirkt sie auf mich wie eine mit Elektrizität überladene Wolke. Eines Tages bedrängte ich sie mit Fragen, ich wollte sie mit aller Gewalt zum Sprechen bringen und sagte ihr wohl ein paar zu heftige Worte: ja, Monsieur, da zerschmolz sie in Tränen. Zu andern Zeiten wieder ist die Fosseuse fröhlich, aufgeschlossen, lachlustig, tätig, geistvoll; sie plaudert mit Vergnügen und bringt ganz neue, originelle

Ideen hervor. Im übrigen ist sie vollkommen unfähig, sich irgendeiner fortlaufenden Beschäftigung zu widmen: als sie auf dem Feld arbeitete, stand sie stundenlang in die Betrachtung einer Blume versunken oder schaute, wie das Wasser dahinfloß, sann über den wundersamen Bildern, die sich in klaren ruhigen Bächen auf dem Grund bilden, jene reizvollen Mosaike aus Kieseln, Erde, Sand, Wasserpflanzen, Moos und braunen Ablagerungen, deren Farben so sanft, deren Tönung so merkwürdige Kontraste bieten. Als ich hierher aufs Land kam, war das arme Mädchen dem Hungertode nahe; da es sie erniedrigte, ihr Brot von jemand anders anzunehmen, suchte sie ihre Zuflucht bei der öffentlichen Mildtätigkeit erst, wenn sie durch äußerstes Leid dazu gezwungen war. Oft verlieh die Scham ihr Kraft, und sie arbeitete ein paar Tage auf dem Feld; aber rasch erschöpft, zwang eine Krankheit sie, die begonnene Arbeit aufzugeben. Kaum wiederhergestellt, trat sie auf irgendeinem Pachthof der Umgegend ein, um das Vieh zu versorgen; aber nachdem sie ihre Obliegenheiten mit Geschick erledigt hatte, ging sie fort, ohne zu sagen weshalb. Die tägliche Mühsal war offenbar ein zu schweres Joch für sie, denn sie ist ganz Unabhängigkeit, ganz Laune. Nun fing sie an, Trüffeln und Champignons zu suchen, und ging nach Grenoble, um sie zu verkaufen. In der Stadt vergaß sie, durch allerlei kindischen Kram verführt, ihr Elend und fühlte sich mit einigen kleinen Münzen ganz reich; sie kaufte sich ein paar Bänder und anderes Flitterzeug, ohne an ihr Brot für den nächsten Tag zu denken. Bat dann eines der Mädchen aus dem Dorf sie um ihr kupfernes Kreuz, ihr Jeannettenherz oder ihr Samtband, so gab sie es ihm und war glücklich, ihm eine Freude machen zu können, denn sie lebt nur mit dem Herzen. Und so wurde die Fosseuse mal geliebt, mal beklagt, mal geschmäht. Das arme Mädchen litt unter allem, unter ihrer Faulheit, ihrer Güte, ihrer Gefallsucht; denn sie ist eitel, genäschig und neugierig; schließlich ist sie ja eine Frau und überläßt sich ihren Eindrücken und ihren Gelüsten mit einer geradezu kindlichen Naivität. Erzählen Sie ihr von einer guten Tat, so fährt sie zusammen und errötet, ihre Brust hebt und senkt sich schneller, sie weint vor Freude; erzählen Sie von einem Frevel, so wird sie vor Schrecken bleich. Sie ist das wahrhafteste Geschöpf, das freimütigste Herz, die gewissenhafteste Redlichkeit, die man finden kann; würden Sie ihr hundert Goldstücke anvertrauen, so grübe sie sie in einem Winkel ein und bettelte doch wieder um ihr Brot.«

Benassis' Stimme änderte sich bei den folgenden Worten.

»Ich wollte sie auf die Probe stellen, Monsieur, und habe den Versuch bitter bereut. Bedeutet eine Probe nicht Bespitzelung, wenigstens doch Mißtrauen?«

Hier hielt der Arzt inne, als stelle er eine geheime Überlegung an, und bemerkte so nicht die Verlegenheit, in die seine Worte seinen Begleiter versetzten, der, um seine Verwirrung nicht sichtbar werden zu lassen, sich damit beschäftigte, die Zügel seines Pferdes aufzuknoten. Benassis ergriff bald wieder das Wort.

»Ich möchte meine Fosseuse gern verheiraten, gern würde ich einen meiner Höfe einem braven Jungen geben, der sie glücklich machte, und sie wäre glücklich. Ja, das arme Mädchen würde seine Kinder lieben, daß es den Kopf darüber verlöre; und der ganze Überschwang seiner Gefühle würde sich in das eine ergießen, das bei einer Frau alle einschließt: in die Mutterliebe; aber kein Mann hat es verstanden, ihr zu gefallen. Dabei ist sie von einer für sie selbst geradezu gefährlichen Empfindsamkeit; sie weiß das und hat mir ihre nervöse Neigung hierzu auch eingestanden, als sie sah, daß ich sie bemerkt hatte. Sie gehört zu den wenigen Frauen, bei denen schon die leichteste Berührung ein gefährliches Erbeben auslöst; und so soll man ihr Dank wissen ihrer Klugheit, ihres weiblichen Stolzes wegen. Sie ist unzähmbar wie eine Schwalbe. Ach, welch reiche Veranlagung, Monsieur! Sie war geschaffen, um eine reiche, geliebte Frau zu sein, sie wäre wohltätig und beständig geworden. Nun aber sinkt sie mit ihren zweiundzwanzig Jahren schon unter der Last ihrer Seele nieder und geht zugrunde, ein Opfer ihrer allzu sensiblen Nerven, ihrer zu starken oder zu zarten Konstitution. Meine arme Fosseuse triebe es zum Wahnsinn, fühlte sie sich von einer lebhaften Leidenschaft ergriffen und betrogen. Nachdem ich ihre Gemütsanlage studiert, nachdem ich das Vorhandensein ihrer langen Nervenkrisen und ihrer elektrischen Spannungen erfaßt hatte und ihre offenbare Abhängigkeit von den Veränderungen der Atmosphäre, ja von den Mondwechseln erkannte, eine Erscheinung, die ich sorgfältig untersucht habe, hab ich sie in meine Obhut genommen, Monsieur, als ein außerhalb aller andern stehendes Wesen, dessen krankhafte Existenz von mir allein richtig verstanden wurde. Sie ist, wie ich schon sagte, das Schaf mit den Bändern. Aber Sie werden sie ja selbst sehen, dort ist ihr Häuschen.«

Bei diesen Worten hatten sie etwa ein Drittel des Berges, dessen gewundene, von Strauchwerk umsäumte Steigungen sie im Schritt hinanritten, zurückgelegt. Von einer dieser Wegbiegungen aus bemerkte Genestas das Haus der Fosseuse. Es lag auf einer der gewaltigsten Kuppen des Berges. Ein hübsch am Hang gelegener, ungefähr drei Morgen großer Rasen, auf dem Bäume wuchsen und mehrere Bächlein hinunterplätscherten, wurde von einer niedrigen Mauer umgrenzt, gerade hoch genug für eine Einfriedung, aber nicht zu hoch, um den Ausblick in die Landschaft zu verstellen. Das Ziegelhaus mit seinem flachen, ein paar Fuß überhängenden Dach bot inmitten der Landschaft einen reizenden Anblick. Es bestand aus einem Erdgeschoß und einem Oberstock und hatte grüngestrichene Türen und Fensterläden. Nach Süden gekehrt, hatte es weder genügend Breite noch Tiefe, um anderen Öffnungen Platz zu bieten als denen der Vorderseite, deren bäuerliche Eleganz in ihrer außergewöhnlichen Sauberkeit bestand. Nach deutscher Art war das vorspringende Wetterdach mit weißgestrichenen Brettern unterfüttert. Blühende Akazien und andere wohlriechende Bäume, Rotdorn, Kletterpflanzen, ein großer Nußbaum, den man stehengelassen hatte, einige an den Bächen entlang gepflanzte Trauerweiden umstanden das Haus. Dahinter standen dicht an dicht Buchen und Tannen, ein weiter, schwarzer Hintergrund, von dem sich dieses hübsche Häuschen hell und freundlich abhob. Zu dieser Tageszeit war die Luft voll der verschiedensten Düfte, die aus den Bergen und aus dem Garten der Fosseuse drangen. Nur am Horizont glitten einige Wolken über den klaren, ruhigen Himmel; in der Ferne erglühten die Gipfel bereits rosig, wie oft unter den Strahlen der untergehenden Sonne. Aus dieser Höhe übersah man das ganze Tal von Grenoble bis zu dem Umkreis der Felsgruppe, an deren Fuß der kleine See lag, an dem Genestas am Vorabend vorübergeritten war. Weit oberhalb des Hauses konnte man die Pappelreihe ausmachen, die die Straße vom Dorf nach Grenoble anzeigte. Der Flecken selbst funkelte unter den schräg einfallenden Sonnenstrahlen wie ein Diamant, denn all seine Fensterscheiben ergleißten von den roten Lichtern, die förmlich herniederzurieseln schienen.

Bei diesem Anblick zügelte Genestas sein Pferd, wies auf die Werkstätten im Tal hin, den neuen Flecken, das Haus der Fosseuse und sagte mit einem Seufzer: »Nächst dem Sieg bei Wagram und Napoleons Rückkehr in die Tuilerien 1815 hat mich dies hier am meisten gepackt. Diese Freude verdanke ich Ihnen, Monsieur, denn Sie haben mich die Schönheiten zu erkennen gelehrt, die der Mensch in einer Landschaft zu finden vermag.«

»Ja«, sagte der Arzt lächelnd, »es ist besser, Städte aufzubauen, als sie zu erobern.«

»Ach, Monsieur! die Eroberung von Moskau und die Übergabe von Mantua! Aber Sie wissen ja nicht, was das bedeutet! Gereicht das nicht uns allen zum Ruhm? Sie sind ein rechtschaffener Mann, doch auch Napoleon war ein guter Mensch. Wenn England nicht gewesen wäre, Sie beide hätten sich verstanden, und er wäre nicht gefallen, unser Kaiser; jetzt darf ich es ja ruhig eingestehen, ich liebe ihn, er ist ja tot! Und«, sagte der Offizier, sich umsehend, »hier gibt's ja auch keine Spitzel. Was für ein Herrscher! Er durchschaute alle, er hätte Sie in seinen Staatsrat geholt, denn er war ein so genialer Administrator, daß er nach einer Schlacht genau wußte, ob noch Patronen in den Patronentaschen drin waren oder nicht. Armer Mann! Während Sie mir von Ihrer Fosseuse erzählten, mußte ich daran denken, wie er auf Sankt Helena starb. Ach! war das ein Klima und ein Aufenthaltsort, die einem Mann genügen konnten, der gewohnt war, mit den Füßen im Steigbügel und mit dem Hintern auf einem Thron zu leben? Es heißt, er hätte dort gegärtnert. Verflucht noch mal, der war nicht zum Kohlbauer geschaffen! Jetzt müssen wir den Bourbonen dienen und loyal sein, Monsieur, denn schließlich, Frankreich bleibt Frankreich, wie Sie gestern sagten.«

Mit diesen Worten stieg Genestas vom Pferd und ahmte mechanisch Benassis nach, der das seinige mit dem Zügel an einen Baum band.

»Sollte sie nicht dasein?« sagte der Arzt, als der die Fosseuse nicht auf der Schwelle ihrer Türe sah.

Sie traten ein und fanden niemanden in dem zu ebener Erde gelegenen Raum.

»Sie wird den Hufschlag von zwei Pferden gehört haben«, sagte Benassis lächelnd, »und ist nach oben gegangen, um sich ein Häubchen aufzusetzen, einen Gürtel oder ein Tuch umzubinden.«

Er ließ Genestas allein und ging nach oben, um die Fosseuse zu holen. Der Major musterte das Zimmer. Die Wände waren mit einer grauen, rosenübersäten Tapete bespannt, und auf dem Fußboden lag eine Binsenmatte an Stelle eines Teppichs. Die Stühle, der Lehnstuhl und der Tisch waren aus ungeschältem Holz. Eine Art Blumenständer aus Reifen und Weidengeflecht, mit Blumen und Moos geschmückt, zierte den Raum, an dessen Fenstern Vorhänge aus weißem Perkal mit roten Fransen hingen. Auf dem Kaminsims ein Spiegel, eine schlichte Porzellanvase zwischen zwei Lampen; neben dem Lehnstuhl eine Fußbank aus Fichtenholz; dann auf dem Tisch zugeschnittenes Leinen, einige paarweis zusammengelegte Schulterstücke, angefangene Hemden, kurz, das ganze Handwerkszeug einer Weißnäherin, ihr Korb, ihre Schere, Garn und Nadeln. Alles das sah sauber und frisch aus wie eine Muschel, die das Meer gerade eben an einen Strandwinkel gespült hat. Auf der andern Seite des Hausflurs, der an der Treppe endete, bemerkte Genestas eine Küche. Also konnte der Oberstock ebenso wie das Erdgeschoß nur aus zwei Räumen bestehen.

»Haben Sie doch keine Angst«, sagte Benassis zur Fosseuse. »Vorwärts, kommen Sie! ...«

Genestas trat, als er diese Worte hörte, rasch wieder ins Zimmer zurück. Ein zierliches, gutgewachsenes junges Mädchen in einem Kleid aus schmalgestreiftem rosa Perkalin zeigte sich alsbald, rot vor Scham und Furcht. Ihr Gesicht war nur durch eine gewisse Abplattung der Züge merkwürdig, die es den Kosaken- und Russengesichtern ähneln ließ, welche die unheilvollen Ereignisse von 1814 in Frankreich auf so unglückselige Weise populär gemacht haben. Tatsächlich hatte die Fosseuse wie die Völker des Nordens eine an der Spitze stark aufgestülpte, eingedrückte Nase; ihr Mund war groß, das Kinn klein, Hände und Arme waren rot, die Füße breit und kräftig wie bei einer Bäuerin. Obgleich sie ständig Wind, Sonne und frische Luft um sich hatte, war ihr Gesicht bleich wie ein dahinwelkendes Kraut, aber diese Blässe verlieh ihrem Antlitz vom ersten Anblick an etwas Fesselndes; dann schauten ihre blauen Augen so sanft in die Welt, in ihren Bewegungen lag so viel Anmut, in ihrer Stimme so viel Seele, daß trotz des augenscheinlichen Mißklangs ihrer Züge mit den ihm von Benassis gerühmten Eigenschaften der Major sofort das launische, unter dem Zwiespalt seiner Veranlagung und seiner Entwicklung leidende Geschöpf in ihr erkannte. Nachdem sie lebhaft ein Feuer aus Torf und trockenen Zweigen geschürt hatte, setzte die Fosseuse sich in ihren Lehnstuhl, nahm ein angefangenes Hemd wieder vor und blieb unter den Augen des Offiziers schüchtern und wagte nicht, den Blick zu heben; äußerlich schien sie ruhig, doch das heftige Atmen ihrer Brust, deren Schönheit Genestas mit Bewunderung erfüllte, verrieten ihre Furcht.

»Na, mein armes Kind, sind Sie hübsch weitergekommen?« fragte Benassis sie und nahm ein paar für Hemden bestimmte Leinenstücke in die Hand.

Die Fosseuse sah den Arzt furchtsam und flehend an und erwiderte: »Schelten Sie mich nicht, Monsieur, ich habe heute nichts getan, obgleich sie mir von Ihnen in Auftrag gegeben waren, und noch dazu für Leute, die sie sehr nötig haben; aber das Wetter war so schön! Ich bin ausgegangen und habe Champignons und weiße Trüffeln für Sie gesammelt und Jacquotte gebracht. Sie hat sich sehr darüber gefreut, weil Sie jemanden zum Essen bei sich haben. Ich war ganz glücklich, daß ich das geahnt hatte. Irgend etwas hieß mich sie suchen.«

Und sie machte sich wieder an ihre Näharbeit.

»Sie haben da ein sehr hübsches Haus, Mademoiselle«, sagte Genestas zu ihr.

»Es gehört mir gar nicht, Monsieur«, antwortete sie und sah den Fremden mit Augen an, die zu erröten schienen, »es gehört Monsieur Benassis.« Und sie ließ ihren Blick wieder sanft zu dem Arzt hinüberwandern.

»Sie wissen doch recht gut, mein Kind«, sagte er und nahm ihre Hand, »daß kein Mensch Sie je hinausjagen wird.«

Die Fosseuse erhob sich rasch und ging hinaus.

»Na«, fragte der Arzt den Offizier, »wie finden Sie sie?«

»Wissen Sie«, erwiderte Genestas, »sie hat mich ganz seltsam gerührt. Wie reizend haben Sie ihr Nest ausgestattet!«

»Bah! Tapeten für fünfzehn oder zwanzig Sous, aber gut ausgesucht, das ist alles. Die Einrichtung ist nichts Besonderes, sie ist von meinem Korbmacher gefertigt, der mir seine Erkenntlichkeit beweisen wollte. Die Vorhänge hat die Fosseuse selbst aus ein paar Ellen Baumwollstoff genäht. Ihr Haus, ihre einfachen Möbel kommen Ihnen so hübsch vor, weil Sie sie an einem Bergeshang finden, in einem verlorenen Landstrich, in dem Sie nichts Besonderes erwartet hatten; aber das ganze Geheimnis dieser Eleganz beruht in der Harmonie des Hauses und der Natur, die es umgibt und die hier Bäche und anmutig gruppierte Bäume vereint und über den Rasen ihre schönsten Blüten, ihre duftenden Erdbeeren, ihre reizenden Veilchen gestreut hat.«

»Na, was haben Sie denn?« fragte Benassis die zurückkehrende Fosseuse.

»Nichts, nichts; ich glaubte nur, eins meiner Hühner wäre nicht mit zurückgekommen«, gab sie zur Antwort.

Sie log; aber nur der Arzt bemerkte es und flüsterte ihr ins Ohr: »Sie haben geweint.«

»Warum sagen Sie mir so was vor andern Leuten?« erwiderte sie ihm.

»Mademoiselle«, sagte Genestas zu ihr, »Sie tun unrecht, hier so allein zu bleiben; in einem so reizenden Käfig wie diesem hier müßten Sie einen Mann haben.«

»Das ist wahr«, sagte sie, »aber was wollen Sie, Monsieur? Ich bin arm und schwierig. Ich bin nicht in der Verfassung, daß ich die Suppe aufs Feld hinausbringen oder einen Karren führen könnte, daß ich das Elend all derer, die ich liebhätte, mitfühlen müßte, ohne ihnen helfen zu können, den ganzen Tag lang ein Kind auf dem Arm halten und die Lumpen meines Mannes flicken könnte. Der Pfarrer sagt mir, das wären wenig christliche Gedanken, und ich weiß es auch recht gut, aber was soll ich machen? An gewissen Tagen esse ich lieber ein Stück trocken Brot, als daß ich mir etwas zu essen zubereite. Warum soll ich da einen Mann durch meine Fehler betrüben? Er würde sich vielleicht umbringen, um meine Launen zu befriedigen, und das wäre doch nicht recht. Ach, mir ist ein schlechtes Los vom Schicksal zuteil geworden, und ich muß es allein tragen!«

»Sie ist zum Nichtstun geboren, meine arme Fosseuse«, sagte Benassis, »und man muß sie nehmen, wie sie ist. Aber was sie Ihnen da erzählt, beweist nur, daß sie noch niemanden geliebt hat«, fügte er lachend hinzu.

Dann stand er auf und trat einen Augenblick auf den Rasen hinaus.

»Sie müssen Monsieur Benassis doch recht gern haben?« fragte Genestas sie.

»Ach ja, Monsieur! Und wie ich möchten sich viele Leute im Kanton für ihn in Stücke reißen. Aber er, der alle andern heilt, hat selbst etwas, was nichts heilen kann. Sind Sie sein Freund? Sie wissen vielleicht, was er hat? Wer hat bloß einem solchen Mann etwas zuleide tun können, dem wahren Ebenbilde Gottes auf Erden? Ich kenne hier mehrere, die glauben, ihr Weizen wüchse besser, wenn er des Morgens an ihrem Felde entlanggegangen ist.«

»Und was glauben Sie?«

»Ich, Monsieur, wenn ich ihn gesehen habe …« Sie schien zu zaudern und fügte dann hinzu: »Dann bin ich den ganzen Tag über glücklich.« Sie ließ den Kopf sinken und zog ihre Nadel mit ganz besonderer Schnelligkeit durch das Leinen.

»Na, hat der Hauptmann Ihnen etwas von Napoleon erzählt?« fragte der Arzt, als er wieder hereintrat.

»Monsieur hat den Kaiser gesehen!« rief die Fosseuse und sah dem Offizier mit leidenschaftlicher Neugierde ins Gesicht.

»Weiß Gott!« sagte Genestas, »über tausendmal.«

»Ach, wie gern hörte ich etwas vom Militär!«

»Morgen kommen wir vielleicht wieder und trinken eine Tasse Milchkaffee bei Ihnen. Und dann soll er Ihnen ›etwas vom Militär‹ erzählen, mein Kind«, sagte Benassis, faßte sie um den Nacken und küßte sie auf die Stirn. »Das ist meine Tochter, sehen Sie wohl?« fügte er hinzu und drehte sich zum Major um; »wenn ich sie nicht auf die Stirn geküßt habe, fehlt mir den ganzen Tag etwas.«

Die Fosseuse drückte Benassis die Hand und sagte leise zu ihm: »Ach, Sie sind ja so gut!« Dann verließen die zwei Reiter sie; aber sie kam hinter ihnen her, um sie zu Pferde steigen zu sehen. Sowie Genestas im Sattel war, flüsterte sie Benassis ins Ohr: »Wer ist denn der Monsieur da?«

»Haha!« erwiderte der Arzt, den Fuß in den Bügel setzend, »vielleicht ein Mann für dich.«

Sie blieb stehen und sah ihnen nach, wie sie die Windungen des Wegs hinunterritten; und als sie am Ende des Gartens vorbeikamen, fanden sie sie schon auf einem Steinhaufen gestiegen, um sie noch einmal sehen und ihnen einen letzten Gruß nachwinken zu können.

»Monsieur, dies Mädchen hat etwas Außergewöhnliches«, sagte Genestas zu dem Arzt, als sie bereits weit vom Haus entfernt waren.

»Nicht wahr?« erwiderte dieser. »Ich habe mir schon zwanzigmal gesagt, sie müßte eine reizende Frau für mich abgeben; aber ich kann sie nicht anders lieben als eine Schwester oder Tochter, mein Herz ist tot.«

»Hat sie Eltern?« fragte Genestas. »Was machten ihr Vater und ihre Mutter?«

»Oh! das ist eine ganze Geschichte«, erwiderte Benassis. »Sie hat weder Vater noch Mutter noch Verwandte. Es war vor allem ihr Name, der meine Teilnahme erweckte. Die Fosseuse ist hier im Flecken geboren. Ihr Vater, ein Tagelöhner aus Saint-Laurent-du-Pont, nannte sich der ›Fosseur‹, der Gräber, zweifellos als Abkürzung von ›fossoyeur‹, Totengräber, denn seit undenklichen Zeiten war das Amt, die Toten zu beerdigen, in seiner Familie verblieben. In dem Namen liegt für mich all die Melancholie eines Friedhofs. Gemäß einem römischen, hierzulande wie in ein paar anderen Landesteilen Frankreichs noch üblichen

Brauch gibt man den Frauen den Namen ihrer Männer und hängt ihm eine weibliche Endung an, daher wird dies Mädchen Fosseuse genannt, nach dem Namen ihres Vaters. Dieser Tagelöhner nun hatte aus Liebe die Kammerfrau ich weiß nicht welcher Comtesse geheiratet, deren Gut sich ein paar Meilen vom Flecken befindet. Hier wie überall auf dem Lande gilt die Liebe bei Heiratsangelegenheiten nicht viel. Im allgemeinen wollen die Bauern eine Frau, um Kinder zu kriegen, um eine Hausfrau zu haben, die ihnen eine gute Suppe kocht und das Essen aufs Feld bringt, die ihnen Hemden näht und ihre Kleidung ausbessert. Schon seit langem war ein derartiges Abenteuer in diesem Landstrich nicht mehr vorgekommen, wo ein junger Mann häufig seine ›Versprochene‹ wegen eines anderen, um drei oder vier Morgen reicheren Mädchens verläßt. Das Los des Fosseurs und seiner Frau war nicht so glücklich, um unseren Einheimischen ihre egoistischen Berechnungen auszutreiben. Die Fosseuse, eine schöne Frau, starb bei der Geburt ihrer Tochter. Der Mann nahm sich den Verlust so zu Herzen, daß er ihr im selben Jahr folgte und seinem Kinde nichts auf der Welt hinterließ als ein schwankendes und natürlich sehr unsicheres Leben. Aus Mitleid wurde die Kleine von einer Nachbarin aufgenommen, und die zog sie auf bis sie neun Jahre alt war. Da aber die Ernährung der Fosseuse für die gute Frau zu einer schweren Last wurde, schickte sie ihren Zögling aus, sich sein Brot zu erbetteln, und zwar in der Jahreszeit, in der viele Reisende auf den Straßen zu finden sind. Als die Waise eines Tages aufs Schloß der Comtesse gelaufen war, um sich da Brot zu erbitten, wurde sie, im Angedenken an ihre Mutter, dort behalten. Hier wurde sie nun als Kammerfrau für die Tochter der Comtesse erzogen, die fünf Jahre später heiratete; während dieser Zeit war die arme Kleine das Opfer aller Launen reicher Leute, deren Großmut für gewöhnlich nicht beständig und nicht folgerichtig ist: wohltätig infolge einer Anwandlung oder aus Laune, bald Beschützer, bald Freunde, bald Herren, verschlimmern sie die an sich schon schlimme Lage dieser unglücklichen Kinder noch, derer sie sich annehmen, und spielen völlig unbekümmert mit ihren Herzen, ihrem Leben, ihrer Zukunft, da sie sie ja doch für nichts achten. Die Fosseuse wurde zunächst beinahe die Gefährtin der jungen Erbin: man lehrte sie lesen und schreiben, und ihre zukünftige Herrin fand zuweilen Vergnügen daran, ihr etwas Musikunterricht zu geben. Mal war sie Gesellschafterin, dann wieder Kammerfrau, man machte sie so zu einem unvollkommenen Wesen. Sie fand Gefallen am Luxus, am Schmuck, und nahm Gewohnheiten an, die ihrer wirklichen Stellung nicht entsprachen. Seitdem hat das Unglück wohl ihre Seele auf sehr rauhe Weise geläutert, aber es hat ihr doch nicht das unbewußte Gefühl einer höheren Bestimmung nehmen können. Eines schönen Tages endlich, ein wahrer Unheilstag für das arme Mädchen, überraschte die junge, nun verheiratete Comtesse die Fosseuse, die jetzt nur noch ihre Kammerfrau war, wie sie in einem ihrer Ballkleider vor dem Spiegel tanzte. Die Waise, damals sechzehn Jahre alt, wurde erbarmungslos fortgejagt; ihre Trägheit ließ sie wieder ins Elend zurücksinken, auf den Straßen herumirren, betteln, arbeiten, wie ich Ihnen schon erzählte. Oft dachte sie daran, ins Wasser zu gehen, zuweilen auch, sich dem ersten besten hinzugeben; die meiste Zeit lag sie irgendwo im Sonnenschein an einer Mauer, düster, nachdenklich, den Kopf im Grase; die Reisenden warfen ihr dann ein paar Sous hin, gerade weil sie nie um etwas bat. Ein Jahr lang lag sie nach einer arbeitsreichen Ernte, die sie nur in der Hoffnung zu sterben angenommen hatte, im Hospital von Annecy. Man muß sie selbst über ihre Gefühle und Gedanken in diesem Abschnitt ihres Lebens erzählen hören, sie ist manchmal ganz merkwürdig in ihren kindlichen Beichten. Schließlich kam sie ungefähr um dieselbe Zeit wieder in den Flecken zurück, als ich beschloß, mich hier niederzulassen. Ich wünschte die Moral meiner Untergebenen kennenzulernen und beobachtete daher auch den

138

Charakter der Fosseuse, der mich überraschte; nachdem ich dann ihre körperlichen Schwächen bemerkt hatte, beschloß ich, für sie zu sorgen. Vielleicht gewöhnt sie sich mit der Zeit an die Näharbeit, aber immerhin habe ich ihre Zukunft sichergestellt.«

»Sie ist dort sehr allein«, sagte Genestas.

»Nein, eine meiner Schäferinnen schläft bei ihr«, antwortete der Arzt. »Sie haben wohl nicht die Gebäude meines oberhalb des Hauses liegenden Hofes bemerkt, sie werden durch die Tannen verborgen. Oh, sie ist in guter Obhut! Übrigens gibt es auch keine üblen Gesellen hier im Tal; findet sich zufällig mal einer, so schicke ich ihn gleich zur Armee, da geben sie vorzügliche Soldaten ab.«

»Armes Mädchen!« meinte Genestas.

»Ach! die Leute aus dem Kanton beklagen sie nicht«, fuhr Benassis fort, »sie halten sie im Gegenteil für sehr glücklich; aber der Unterschied zwischen ihr und den übrigen Frauen ist der, daß Gott diesen Kraft, ihr aber Schwäche verlieh; das sehen sie nicht.«

Als die beiden Reiter auf die Straße nach Grenoble gelangten, hielt Benassis, der die Wirkung dieses neuen Anblicks auf Genestas voraussah, mit zufriedener Miene an, um dessen Überraschung zu genießen. Zwei etwa sechzig Fuß hohe grüne Wände säumten, soweit das Auge reichte, eine breite, wie eine Parkallee überwölbte Landstraße und bildeten so ein Naturdenkmal, auf das der Mensch wohl stolz sein konnte, es geschaffen zu haben. Da die Bäume nicht gekappt waren, trieben alle jene ungeheuren Palmenkronen, die die italienische Pappel zu einem der prächtigsten Bäume machen. Die bereits im Schatten liegende Straßenseite erstreckte sich als eine riesige Mauer aus schwarzen Blättern; die andere dagegen lag im vollen Licht der untergehenden Sonne, die den jungen Trieben goldene Farbtöne verlieh, und das wechselnde Spiel einer frischen Brise und der Lichtreflexe der Sonnenstrahlen zauberten herrliche Kontraste auf diesem bewegten Vorhang hervor.

»Sie müssen recht glücklich sein«, rief Genestas. »Alles bietet Ihnen hier doch wahre Freude.«

»Monsieur«, sagte der Arzt, »die Liebe zur Natur ist die einzige, die die Hoffnungen der Menschen nicht trügt. Hier gibt es keine Enttäuschungen. Das sind zehnjährige Pappeln. Haben Sie jemals welche gesehen, die herrlicher gewachsen waren als die meinen?«

»Gott ist groß!« sagte der Soldat und hielt mitten auf dem Wege, dessen Anfang und Ende er nicht überblicken konnte.

»Sie tun mir wohl!« rief Benassis. »Es freut mich, Sie wiederholen zu hören, was ich so oft auf dieser Straße sage. Hier empfindet man gewißlich so etwas wie Gottesfurcht. Wir sind hier nicht mehr als zwei kleine Punkte, und das Bewußtsein unserer Kleinheit führt uns immer zurück zu Gott.«

Sie ritten nun langsam und schweigend weiter und horchten auf den Tritt ihrer Pferde, der in diesem grünen Gewölbe widerhallte, als ritten sie unter dem Schiff einer Kathedrale dahin.

»Wie viele Empfindungen, von denen Städter gar keine Ahnung haben!« sagte der Arzt. »Spüren Sie wohl den würzigen Duft vom Harz der Pappeln und Lärchen? Wie köstlich!«

»Hören Sie mal«, rief Genestas, »halten wir an!«

Sie vernahmen Gesang aus der Ferne.

»Ist das ein Mann, eine Frau oder gar ein Vogel?« fragte der Major ganz leise. »Ist das die Stimme dieses weiten Landes?«

»Von allem etwas«, erwiderte der Arzt, während er abstieg und sein Pferd an einen Pappelast band.

Dann gab er dem Soldaten ein Zeichen, es ebenso zu machen und ihm zu folgen. Langsamen Schrittes folgten sie einem Pfad zwischen blühenden Weißdornhecken, die in der feuchten Abendluft einen durchdringenden Geruch ausströmten. Die Sonnenstrahlen brannten heiß auf diesen

Pfad hernieder, ließen den von der langen Pappelwand herübergeworfenen Schatten noch fühlbarer werden und umhüllten mit ihrer roten Glut eine am Ende des steinigen Pfades gelegene Hütte. Goldstaub schien über ihr Strohdach geschüttet, das sonst braun wie die Schale einer Kastanie aussah und dessen verwitterter First von Hauswurz und Moos übergrünt war. Man sah die Hütte kaum in diesem Lichtnebel; aber das alte Mauerwerk, die Tür, alles tauchte er in flüchtigen Glanz, alles an ihr war für den Augenblick schön, wie es ein menschliches Antlitz unter der Herrschaft einer Leidenschaft, die es durchglüht und belebt, sein kann. Bei dem Leben im Freien trifft man wohl dergleichen ländliche, rasch vorübergehende Lieblichkeiten an, die uns den Wunsch des Apostels entreißen, der auf dem Berg zu Christus sprach: ›Hier laßt uns Hütten bauen.‹ Diese Landschaft schien jetzt eine reine süße Stimme zu haben, so rein und süß, wie sie selbst war, aber sie klang traurig, wie das Licht nahe war, im Westen unterzugehen, ein unbestimmtes Sinnbild des Todes, eine göttliche Verkündigung, wie sie am Himmel durch die Sonne, auf Erden durch die Blumen und die bunten, kurzlebigen Insekten sichtbar wird. Um diese Stunde sind die Farben der Sonne von Schwermut durchtränkt, und dieser Gesang war auch schwermütig; es war ein Volkslied, ein Lied von Liebe und Schmerz, das einmal dem nationalen Haß Frankreichs gegen England diente, dem aber Beaumarchais seine wahre Poesie wiedergab, als er es auf die französische Bühne brachte und einem Pagen in den Mund legte, der seiner Patin sein Herz ausschüttet. Klagend modulierte die Stimme die Melodie ohne Worte, die in der Seele nachzitterte und sie erweichte.

»Der Schwanengesang«, sagte Benassis. »In der Spanne eines Jahrhunderts ertönt eine solche Stimme für Menschenohren nicht zweimal. Eilen wir, er darf nicht weitersingen! Das Kind bringt sich um, es wäre grausam, ihm noch weiter zuzuhören.«

»Still, Jacques! Sofort sei still!« rief der Arzt.

Der Gesang hörte auf. Genestas blieb unbeweglich wie betäubt stehen, eine Wolke verdeckte die Sonne, die Landschaft und die Stimme erloschen zu gleicher Zeit. Schatten, Kühle, Schweigen traten an Stelle des süßen leuchtenden Glanzes, der lauen Lüfte und des kindlichen Sanges.

»Warum gehorchst du mir nicht?« rief Benassis. »Ich bringe dir nie mehr Reiskuchen mit und Schneckenbrühe, weder frische Datteln noch Weißbrot. Willst du denn sterben und deine arme Mutter zur Verzweiflung treiben?«

Genestas trat auf einen kleinen, sehr sauber gehaltenen Hof und sah dort einen fünfzehn Jahre alten Knaben, zart wie ein Mädchen, mit blondem, aber spärlichem Haar und einer Gesichtsfarbe, als hätte er sich geschminkt. Langsam erhob er sich von der Bank, auf der er unter einem dichten Jasmin und blühendem Flieder gesessen hatte, dessen wildwuchernde Triebe ihn mit ihrem Laub umhüllten.

»Du weißt doch«, sagte der Arzt, »ich habe dir doch gesagt, du sollst mit der Sonne zu Bett gehen, dich nicht der Abendkühle aussetzen und nicht sprechen. Wie kommst du darauf zu singen?«

»Wirklich, Monsieur Benassis, es war so warm, und dann tut es so gut, wenn man es warm hat! Mir ist immer kalt. Weil ich mich so wohl fühlte, habe ich, ohne mir was dabei zu denken, angefangen ›Marlbrough s'en va-t-en guerre‹ zu summen, so aus Spaß, und dann hörte ich mir selbst zu, denn meine Stimme klang ungefähr so wie die Flöte Ihres Hirten.«

»Nun, mein armer Jacques, das darf aber nicht wieder vorkommen, hörst du? Gib mir mal die Hand.«

Der Arzt fühlte ihm den Puls. Das Kind hatte blaue, gewöhnlich sehr sanfte Augen, die jetzt aber fiebrig glänzten.

»Na ja, ich dachte es mir schon, du schwitzt«, sagte Benassis. »Ist deine Mutter da?«

»Nein, Monsieur.«

»Geh hinein und leg dich zu Bett.«

Der kranke Junge trat, von Benassis und dem Offizier gefolgt, in die Hütte.

»Zünden Sie doch bitte eine Kerze an, Capitaine Bluteau«, sagte der Arzt, der Jacques half, seine groben armseligen Kleider auszuziehen.

Sowie Genestas Licht angezündet hatte, erschrak er förmlich über die außerordentliche Magerkeit des Jungen, der nur noch Haut und Knochen war. Sobald der Bauernjunge im Bett lag, klopfte Benassis ihm die Brust ab und horchte auf das von seinen Fingern hervorgebrachte Geräusch; als er dann Töne von unheilvoller Vorbedeutung vernahm, deckte er Jacques wieder zu, trat vier Schritte zurück, verschränkte die Arme und sah ihn prüfend an.

»Wie fühlst du dich jetzt, kleiner Mann?«

»Gut, Monsieur.«

Benassis schob einen Tisch mit vier gewundenen Füßen nahe an das Bett, nahm vom Kaminsims ein Glas und ein Fläschchen herunter und bereitete einen Trank, indem er beim Schein der Kerze, die Genestas hielt, ein paar Tropfen einer in dem Fläschchen enthaltenen braunen Flüssigkeit sorgfältig abmaß und sie mit klarem Wasser mischte.

»Deine Mutter bleibt ja lange weg.«

»Sie kommt schon, Monsieur, ich höre sie auf dem Pfad«, sagte der Junge.

Der Arzt und der Soldat warteten und sahen sich währenddessen um. Zu Füßen des Bettes war ein Lager aus Moos, ohne Laken oder Decke, auf dem die Mutter ohne Zweifel in Kleidern schlief. Genestas wies Benassis dieses Bett mit dem Finger, und dieser nickte leicht mit dem Kopf, wie um anzudeuten, auch er habe diese mütterliche Hingebung bereits bewundert. Sobald das Geräusch von Holzschuhen im Hof ertönte, ging der Arzt hinaus.

»Ihr müßt heute nacht bei Jacques wachen, Mutter Colas. Wenn er sagt, er ersticke, gebt ihm zu trinken von dem, was ich da in dem Glas auf den Tisch gestellt habe. Paßt auf, daß er jedesmal nur zwei oder drei Schluck nimmt. Das Glas muß für die ganze Nacht reichen. Vor allem rührt das Fläschchen nicht an und zieht dem Kind frische Wäsche an, denn es schwitzt.«

»Ich habe ihm heute seine Hemden nicht waschen können, lieber Monsieur Benassis, ich mußte meinen Hanf nach Grenoble bringen, um Geld zu bekommen.«

»Na, dann werde ich ihm Hemden schicken.«

»Geht's ihm denn schlechter, meinem armen Jungen?« fragte die Frau.

»Was Gutes dürfen wir nicht erwarten, Mutter Colas, er war so unklug und hat gesungen; aber scheltet ihn nicht, seid nicht böse mit ihm, wir müssen Mut haben. Klagt Jacques zu sehr, dann laßt mich durch eine Nachbarin holen. Lebt wohl.«

Der Arzt rief seinen Begleiter und ging den Pfad wieder zurück.

»Ist der kleine Bursche schwindsüchtig?« fragte ihn Genestas.

»Ach Gott, ja!« erwiderte Benassis. »Geschieht kein Wunder, dann kann die Wissenschaft ihn nicht retten. Unsere Professoren an der École de Médecine zu Paris erzählten uns oft von diesem Phänomen, dessen Zeuge Sie soeben waren. Gewisse Krankheiten dieser Art bringen in den Stimmwerkzeugen der Kranken Veränderungen hervor, die ihnen für den Augenblick die Fähigkeit verleihen, mit einer Vollendung zu singen, die kein Sänger erreichen könnte. – Ich habe Sie einen traurigen Tag verbringen lassen, Monsieur«, sagte der Arzt, als sie wieder zu Pferde saßen. »Überall Leiden und überall Tod, aber auch überall Ergebung. Die Landleute sterben alle wie Weise, sie leiden, sie schweigen und legen sich nieder wie die Tiere. Aber wir wollen nicht mehr vom Tod sprechen, lassen Sie uns unsere Tiere antreiben. Wir müssen vor Nacht wieder im Flecken sein, damit Sie noch das neue Viertel sehen können.«

»Ah! da brennt es irgendwo!« rief Genestas und wies auf eine Stelle am Berg, wo eine Flammengarbe aufloderte.

»Das ist kein gefährliches Feuer. Unser Kalkbrenner wird sicherlich einen Schub brennen. Dieser neu aufgekommene Gewerbezweig nutzt unserem Heidekraut.«

Plötzlich ertönte ein Schuß. Benassis entschlüpfte unwillkürlich ein Fluch, und mit einer ungeduldigen Bewegung sagte er: »Wenn das Butifer ist, dann wollen wir doch mal sehen, wer von uns beiden der Stärkere ist.«

»Dort wurde geschossen«, sagte Genestas und zeigte auf ein über ihnen am Berghang gelegenes Buchengehölz. »Jawohl, dort oben, trauen Sie einem alten Soldatenohr.«

»Da müssen wir sofort hin!« rief Benassis und wandte sein Pferd in gerader Richtung auf das kleine Gehölz zu, galoppierte über Gräben und Felder, als handele es sich um ein Jagdreiten, so sehr wünschte er den Schützen auf frischer Tat zu ertappen.

»Der Mann, den Sie suchen, kneift aus«, rief Genestas, dessen Pferd kaum Schritt halten konnte, ihm nach.

Benassis riß sein Pferd jäh herum, ritt zurück, und bald zeigte sich der Mann, den er suchte, auf einem scharfen Felsvorsprung hundert Fuß über den beiden Reitern.

»Butifer«, rief Benassis, als er eine lange Flinte bei ihm bemerkte, »komm herunter!«

Butifer erkannte den Arzt und antwortete durch ein Zeichen freundschaftlicher Achtung, das vollkommenen Gehorsam ausdrückte.

»Ich verstehe wohl«, meinte Genestas, »wie ein Mensch, von Furcht oder sonst einem heftigen Gefühl getrieben, diese Felsspitze erklimmen kann; aber wie kommt er bloß von dort wieder herunter?«

»Da mache ich mir keine Gedanken«, sagte Benassis, »jede Bergziege könnte diesen Burschen beneiden! Sie werden schon sehen.«

Durch die Kriegsereignisse geschult, den inneren Wert eines Mannes richtig einzuschätzen, bewunderte der Major die einzigartige Behendigkeit, die elegante Sicherheit in Butifers Bewegungen, während dieser sich über die Vor-

sprünge des Felsens herabließ, dessen Gipfel er so kühn er-
klettert hatte. Der biegsame, kräftige Körper des Jägers hielt
sich in jeder Stellung, zu der der abschüssige Weg ihn
zwang, mit Grazie im Gleichgewicht; er setzte den Fuß ru-
higer auf einen Felsvorsprung, als er ihn aufs Parkett gesetzt hätte, so sicher schien er sich hier im Notfall halten zu
können. Er handhabte seine lange Flinte, als hielte er nur
einen Stock in der Hand. Butifer war ein junger Mann von
mittlerem Wuchs, aber hager, schmal und nervig, und seine
männliche Schönheit überraschte Genestas, als er ihn von
nahem sah. Offensichtlich gehörte er zu jener Art von
Schmugglern, die ihr Geschäft ohne Gewalt ausüben und
sich nur schlauer Kniffe und großer Geduld bedienen, um
den Fiskus hinters Licht zu führen. Er hatte ein männli-
ches, wettergebräuntes Gesicht, seine hellgelben Augen
funkelten wie die eines Adlers, mit dessen Schnabel seine
schmale, leicht gebogene Nase viel Ähnlichkeit besaß.
Seine Wangen waren von einem weichen Flaum bedeckt.
Sein roter, halb geöffneter Mund ließ glänzendweiße Zähne
sehen. Sein Kinnbart, sein Schnurrbart, sein roter Backen-
bart, den er ungeschoren wachsen ließ und der sich natürlich kräuselte, erhöhten noch den männlich kühnen Ausdruck seines Gesichts. Alles an ihm bezeugte Kraft. Seine
beständig sich übenden Handmuskeln waren sonderbar hart
und dick. Seine Brust war breit, seine Stirn prägte wilde
Schläue. Er hatte eine furchtlose, entschlossene Miene, aber
ruhig wie die eines Mannes, der gewöhnt ist, sein Leben
aufs Spiel zu setzen, und seine körperlichen und geistigen
Fähigkeiten so oft in Gefahren aller Art erprobt hat, daß er
seiner vollkommen sicher war. Er trug ein von Dornen zer-
rissenes Hemd und an den Füßen mit Aalhaut festgebun-
dene Ledersohlen. Eine geflickte Hose aus blauem Leinen
ließ durch neue Risse hindurch seine schlanken geröteten
Beine sehen, mager und nervig wie die eines Hirsches.

»Da sehen Sie den Mann, der ehedem auf mich geschossen hat«, sagte der Arzt leise zum Major. »Würde ich jetzt

146

den Wunsch äußern, jemanden loszuwerden, so brächte er ihn ohne Zaudern um. – Butifer«, fuhr er, zu dem Wilddieb gewandt, fort, »ich hatte wahrhaftig geglaubt, du wärest ein Mann von Ehre, und habe mein Wort für dich verpfändet, weil ich deins hatte. Das Versprechen, das ich dem Staatsanwalt in Grenoble gab, gründete sich auf deinen Schwur, nicht mehr zu wildern, sondern ein ordentlicher, tüchtiger und arbeitsamer Mensch zu werden. Du hast doch eben geschossen und befindest dich hier auf dem Boden des Comte de Labranchoir. Na, wenn sein Jagdhüter dich nun gehört hätte, du Unglückseliger? Du kannst von Glück reden, wenn ich keine Anzeige erstatten werde, du würdest als rückfällig gelten und hast nicht mal einen Waffenschein! Ich habe dir damals aus Nachsicht dein Gewehr gelassen, weil du so sehr an deiner Waffe hingst.«

»Sie ist auch schön«, sagte der Major, der eine Entenflinte aus Saint-Étienne in ihr erkannte.

Der Schmuggler hob den Kopf gegen Genestas, wie um ihm für diese Anerkennung zu danken.

»Butifer«, fuhr Benassis fort, »dein Gewissen muß dir doch Vorwürfe machen. Fängst du dein altes Handwerk wieder an, findest du dich bald ein zweites Mal hinter Gittern wieder; dann kann niemandes Fürsprache dich mehr vor der Galeere retten; du würdest gebrandmarkt und aus wär's mit dir. Heute abend noch bringst du mir dein Gewehr, ich hebe es dir auf.«

Butifer umfaßte krampfhaft den Lauf seiner Waffe.

»Sie haben recht, Monsieur le Maire«, sagte er. »Es war unrecht von mir, ich habe mein Wort gebrochen, ich bin ein Hund. Meine Flinte muß zu Ihnen, aber wenn Sie sie mir nehmen, dann treten Sie damit auch mein Erbe an. Der letzte Schuß, den meiner Mutter Sohn abfeuert, soll ihm ins Gehirn gehen! Was wollen Sie denn? Ich habe doch getan, was Sie wollten, ich habe mich den ganzen Winter über ruhig gehalten; aber im Frühling schießt der Saft wieder empor. Ackern kann ich nicht; ich habe nicht das Herz, mein

Leben damit hinzubringen, daß ich Geflügel mäste; ich kann mich nicht bücken und Gemüse hacken und nicht als Karrenführer mit der Peitsche durch die Luft knallen oder einem Pferd im Stall den Rücken striegeln; soll ich denn vor Hunger krepieren? Nur da oben ist mein Leben«, fuhr er nach einer Pause fort, während er auf die Berge zeigte. »Seit acht Tagen bin ich dort, ich hatte eine Gemse gesehen, dort liegt sie«, sagte er, auf die Felsspitze deutend, »sie steht Ihnen zu Diensten! Lieber Monsieur Benassis, lassen Sie mir mein Gewehr. Hören Sie Butifers Wort, ich will die Gemeinde verlassen, ich will in die Alpen gehen, wo die Gamsjäger wohl nichts dagegen haben werden; im Gegenteil, sie werden mich gern aufnehmen, und ich werde dort irgendwo in einer Gletscherspalte verenden. Sehen Sie, offen gesagt will ich lieber dort oben ein oder zwei Jahre zubringen, ohne mich um Regierung oder Zöllner, Feldhüter oder Staatsanwalt zu scheren, als hundert Jahre lang hier in Ihrem Sumpf vermodern. Nur um Sie tät's mir leid, die andern können mir den Buckel runterrutschen! Wenn Sie auch recht haben, rotten Sie doch die Leute wenigstens nicht aus.«

»Und Louise?« fragte Benassis ihn.

Butifer blieb nachdenklich stehen.

»He, mein Junge!« sagte Genestas zu ihm, »lerne lesen und schreiben, komm zu mir ins Regiment, steig auf ein Pferd, und ich mache einen Soldaten aus dir. Bläst es dann mal zum Aufsitzen in einem einigermaßen ordentlichen Krieg, dann sollst du sehen, der liebe Gott hat dich dazu gemacht, unter Kanonen und Kugeln und Schlachten zu leben; und dann wirst du noch General.«

»Ja, wäre Napoleon wiedergekommen!« erwiderte Butifer.

»Du kennst doch unsere Abmachung?« sagte der Arzt zu ihm. »Du hast mir versprochen, bei der zweiten Zuwiderhandlung Soldat zu werden. Ich gebe dir sechs Monate Zeit, um lesen und schreiben zu lernen; dann werde ich schon ei-

nen Bürgersohn finden, für den du zum Waffendienst ein-
rücken kannst.«

Butifer blickte zu den Bergen hinauf.

»O nein! In die Alpen gehst du mir nicht!« rief Benassis.
»Ein Mann wie du, ein Mann von Ehre, voll bedeutender
Fähigkeiten, soll seinem Land dienen, eine Brigade befehli-
gen, darf nicht an einem Gemsensteert zugrunde gehen. Das
Leben, das du hier führst, bringt dich schnurstracks ins
Bagno. Deine kräftezehrenden Aktionen zwingen dich zu
gehörigen Ruhepausen; du gewöhntest dich am Ende noch
an ein Leben im Müßiggang, das jeden Sinn für Ordnung in
dir tötet, dich verleitet, deine Kraft zu mißbrauchen und dir
auf eigene Faust Gerechtigkeit zu verschaffen; ich aber will
und werde dich auch gegen deinen Willen wieder auf den
rechten Weg bringen.«

»Dann soll ich also vor Sehnsucht und Kummer umkom-
men? Ich ersticke, sowie ich in einer Stadt bin. Wenn ich
Louise mal nach Grenoble bringe, halte ich's dort nicht länger als einen Tag aus.«

»Wir alle haben Neigungen, die man erkennen oder be-
kämpfen oder seinen Nächsten nutzbringend machen muß.
Aber es ist spät, ich habe Eile, morgen kommst du und
bringst deine Flinte mit, dann sprechen wir über all das,
mein Junge. Leb wohl! Verkaufe deine Gemse in Grenoble.«

Die beiden Reiter zogen weiter.

»Das nenne ich einen Mann!« meinte Genestas.

»Einen Mann auf schlimmem Weg«, antwortete Benassis.
»Aber was soll man machen? Sie haben ihn ja selbst gehört.
Ist es nicht ein Jammer, so treffliche Eigenschaften verkom-
men zu sehen? Sollte ein Feind ins Land einfallen, Butifer
hielte an der Spitze von hundert jungen Burschen eine
ganze Division in der Maurienne einen ganzen Monat lang
fest; aber in Friedenszeiten kann er seinen Tatendrang nur
entfalten, wenn er den Gesetzen Trotz bietet. Er muß irgendeinen Gegner, den er überwinden kann, haben; wenn

er nicht sein Leben aufs Spiel setzt, kämpft er gegen die Gesellschaft, hilft er den Schmugglern. Allein in einem kleinen Boot setzt der Mordskerl über die Rhône, um Schuhe nach Savoyen zu bringen; rettet sich vollbeladen auf eine unzugängliche Felsspitze, wo er zwei Tage ausharren kann und von Brotrinden lebt. Schließlich liebt er die Gefahr wie andere Leute ihren Schlaf. Nur um dieser Lust am Nervenkitzel willen stellt er sich abseits des gewöhnlichen Lebens. Ich dulde nicht, daß ein solcher Mensch allmählich immer mehr auf die schiefe Bahn gerät, zum Räuber wird und auf dem Blutgerüst endet. Aber sehen Sie, Monsieur le Capitaine, wie sich unser Flecken nun darstellt?«

Genestas erblickte von weitem einen großen, runden, mit Bäumen bepflanzten Platz und mitten darauf, von Pappeln umgeben, einen Brunnen. Er wurde von einer Böschung umgrenzt, auf der sich drei Reihen verschiedener Baumarten erhoben: zuerst Akazien, dann japanische Firnisbäume, und als Krone der Rundung kleine Ulmen.

»Das ist der Platz, wo unsere Messe stattfindet«, sagte Benassis. »Dort beginnt auch die Hauptstraße mit den beiden schönen Häusern, dem des Friedensrichters und dem des Notars, von denen ich Ihnen erzählte.«

Sie gelangten nun in eine breite, mit großen Kopfsteinen recht ordentlich gepflasterte Straße, zu deren beiden Seiten sich etwa hundert fast alle durch Gärten voneinander getrennte neue Häuser erhoben. Die Kirche, deren Portal einen hübschen Blickfang bildete, schloß diese Straße ab, von deren Mitte aus bereits wieder zwei neue Straßen abgesteckt waren, die schon mehrere neuerbaute Häuser säumten. Auf dem Kirchplatz, gegenüber dem Pfarrhaus, lag das Gemeindeamt. Je weiter Benassis sich näherte, desto mehr Frauen, Kinder und Männer, deren Tagewerk auf dem Felde beendet war, traten vor ihre Türen; die einen zogen die Mützen, die andern riefen ihm ›Guten Tag‹ zu, die Kinder schrien und tanzten um sein Pferd herum, als wäre ihnen dessen Gutherzigkeit genauso bekannt wie die seines

Herrn. Es war eine Fröhlichkeit, die sich wie alle tiefen Gefühle wortlos, mit einer besonderen Scheu, mitteilte und sich auf alle anderen übertrug. Als Genestas sah, welcher Empfang dem Arzt bereitet wurde, fand er, dieser sei am Abend vorher doch zu bescheiden gewesen, als er die ihm entgegengebrachte Zuneigung der Bevölkerung schilderte. Das hier war wirklich das süßeste, das einzig wahre Königtum, denn seine Titel stehen in den Herzen der Untertanen geschrieben. Wie leuchtend hell auch immer der Ruhm oder die Macht, welcher ein Mensch sich erfreut, erstrahlen möge, seine Seele läßt doch bald solchen Gefühlen Gerechtigkeit widerfahren, wie sie äußere Handlungen hervorrufen, und er wird sich seiner eigenen Nichtigkeit unmittelbar bewußt, wenn er in der Ausübung seiner physischen Fähigkeiten nichts verändert, nichts Neues, nichts Größeres findet. Könige, und herrschten sie auch über den ganzen Erdball, sind wie andere Menschen dazu verdammt, in einem kleinen Kreise zu leben, dessen Gesetzen sie unterliegen; und ihr ganzes Glück hängt von den persönlichen Eindrücken ab, die sie dort empfangen. Benassis aber begegnete überall im Kanton nur Gehorsam und Freundschaft.

Drittes Kapitel

Der Napoleon des Volkes

»Da kommen Sie ja endlich, Monsieur«, sagte Jacquotte. »Man wartet schon geraume Zeit auf Sie. So ist das immer. Jedesmal lassen Sie mich das Essen verbrutzeln, wenn es gerade recht gut werden sollte. Nun ist wieder alles ganz zerkocht.«

»Na ja, wir sind ja schon da«, erwiderte Benassis lächelnd.

Die beiden Reiter saßen ab und gingen in den Salon zu den Gästen, die der Arzt eingeladen hatte.

»Messieurs«, sagte er und nahm Genestas bei der Hand, »ich habe die Ehre, Ihnen Monsieur Bluteau vorzustellen, Rittmeister im Kavallerieregiment zu Grenoble, einen alten Soldaten, der mir versprochen hat, einige Zeit bei uns zu bleiben.« Dann wandte er sich Genestas zu und wies auf einen großen dürren Mann mit grauem Haar, ganz schwarz gekleidet. »Das ist Monsieur Dufau, der Friedensrichter, von dem ich Ihnen schon erzählt habe, der so wesentlich zum Wohlstande unserer Gemeinde beigetragen hat.« Danach stellte er ihm einen mageren, jungen Mann von mittlerem Wuchs vor, der ebenfalls schwarz gekleidet war und eine Brille trug. »Hier ist Monsieur Tonnelet, Schwiegersohn Monsieur Graviers und erster Notar in unserem Flekken.« Darauf wandte er sich einem dicken, halb bäuerlich, halb bürgerlich aussehenden Mann mit grobem, finnigem, aber gutmütigem Gesicht zu und fuhr fort: »Das hier ist mein würdiger Stellvertreter, Monsieur Cambon, der Holzhändler, dem ich das wohlwollende Vertrauen verdanke, das mir die Einwohner entgegenbringen. Er ist einer der Väter der Straße, die Sie so bewundert haben. – Den Beruf dieses Herrn«, fügte Benassis, auf den Pfarrer weisend, hinzu, »brauche ich wohl nicht anzuzeigen. Sie sehen einen Menschen vor sich, den jedermann einfach gern haben muß.«

Das Antlitz des Priesters nahm sofort die Aufmerksamkeit des Soldaten gefangen, denn es war von einer sittlichen Schönheit geprägt, die etwas unwiderstehlich Verführerisches in sich trug. Dabei wirkten die Gesichtszüge Monsieur Janviers auf den ersten Blick wenig einnehmend, so streng und abweisend, wie sie waren. Sein kleiner Wuchs, seine Magerkeit, seine Haltung zeugten von großer körperlicher Schwäche; aber sein stets sanftmütiger Gesichtsausdruck bekundete den tiefen inneren Frieden des Christen und eine Kraft, die aus der Reinheit der Seele entspringt. Seine Augen, in denen sich der Himmel zu spiegeln schien, verrieten das unerschöpfliche Feuer der Barmherzigkeit, das sein Herz verzehrte. Seine sparsamen, natürlichen Gesten waren die eines bescheidenen Menschen, seine Bewegungen hatten die keusche Einfachheit junger Mädchen. Sein Anblick erweckte Hochachtung und den unbestimmten Wunsch, sein Vertrauen zu gewinnen.

»Nicht doch, Monsieur le Maire!« sagte er und senkte den Kopf, als wolle er sich Benassis' Lobsprüchen entziehen.

Der Ton seiner Stimme ging dem Soldaten durch und durch, und die paar an sich bedeutungslosen Worte dieses unbekannten Priesters versetzten ihn in beinah fromme Träumerei.

»Die Suppe steht auf dem Tisch, Messieurs!« sagte Jacquotte, die bis mitten ins Zimmer getreten war und, die Hände in die Hüften gestemmt, dastand.

Auf Benassis' Aufforderung, der jeden einzeln beim Namen rief, um so die umständlichen Höflichkeiten um den Vortritt zu vermeiden, schritten die Tischgenossen des Arztes ins Speisezimmer hinüber und setzten sich zu Tische, nachdem sie das Benedicite angehört hatten, das der Pfarrer schlicht und mit gedämpfter Stimme sprach. Der Tisch war mit einem Tuch aus Damastleinwand gedeckt, das unter

Heinrich IV. von den Gebrüdern Graindorge erfunden
wurde, geschickten Handwerkern, die diesem dichten, allen
Hausfrauen wohlbekannten Gewebe ihren Namen verliehen haben. Das Leinen strahlte vor Weiße und duftete nach
Thymian, den Jacquotte stets ihrer Waschlauge beigab. Das
Geschirr war aus weißer, blaugeränderter Fayence, noch ta-
dellos erhalten. Die Karaffen hatten jene antike achtkantige
Form, die nur die Provinz bis in unsere Tage gewahrt hat.
Die Messergriffe aus geschnitztem Horn stellten allerhand
wunderliche Wesen dar. Jeder, der diese altertümlich luxu-
riösen und nichtsdestoweniger doch fast neuen Gegenstände näher betrachtete, fand sie im Einklang mit der Biederkeit und dem Freimut des Hausherrn. Einen Augenblick
lang wurde Genestas' Aufmerksamkeit durch den Deckel
der Suppenterrine gefesselt, den ein kunstvoll bemaltes Ge-
müserelief nach der Art Bernard de Palissys krönte, eines
gefeierten Künstlers des sechzehnten Jahrhunderts. Die Ta-
felrunde entbehrte nicht einer gewissen Originalität. Die
kraftvollen Häupter von Benassis und Genestas boten einen
prächtigen Kontrast zu dem apostolischen Antlitz Monsieur
Janviers; ebenso wie die welken Züge des Friedensrichters
und des stellvertretenden Bürgermeisters das jugendliche
Aussehen des Notars hervortreten ließen. Die ganze
menschliche Gesellschaft schien in diesen verschiedenen
Physiognomien repräsentiert, auf denen sich in gleicher
Weise Zufriedenheit mit sich selbst, mit der Gegenwart
und Vertrauen in die Zukunft malte. Nur Monsieur Tonnelet und Monsieur Janvier, die noch eine weite Strecke des
Lebens vor sich hatten, spürten gern nach den Ereignissen
der Zukunft, denn sie fühlten, daß sie ihnen gehörte, während die übrigen Tischgenossen die Unterhaltung lieber auf
die Vergangenheit lenkten; alle aber betrachteten sie die
Geschicke der Menschen ernsthaft, und in ihren Ansichten
spiegelten sich zweierlei Färbungen von Melancholie: die
eine, blaß wie die abendliche Dämmerung, war die fast entschwundene Erinnerung nie wiedererstehender Freuden;

die andere weckte wie das Morgenrot Hoffnungen auf einen schönen Tag.

»Sie müssen heute recht müde sein, Monsieur le Curé«, hub Monsieur Cambon an.

»Jawohl, Monsieur«, erwiderte Janvier; »die Beerdigungen des armen Geisteskranken und Vater Pelletiers fanden zu ganz verschiedenen Zeiten statt.«

»Jetzt müßten wir doch das Mauerwerk im alten Dorf abbrechen können«, sagte Benassis zu seinem Stellvertreter. »Was wir auf die Weise von Gebäuden säubern, bringt uns mindestens einen Morgen Weideland ein; und die Gemeinde spart noch obendrein die hundert Francs, die ihr der Unterhalt Chautards, des Geisteskranken, kostete.«

»Wir sollten diese hundert Francs auf drei Jahre für den Bau einer kleinen Brücke, die vom unteren Weg aus über den großen Bach führt, bewilligen«, meinte Monsieur Cambon. »Die Leute aus dem Flecken und aus dem Tal haben sich angewöhnt, über das Grundstück Jean-François Pastoureaus zu laufen, und richten es ihm schließlich noch so zu, daß der arme Kerl großen Schaden davon hat.«

»Gewiß«, sagte der Friedensrichter, »eine bessere Verwendung könnte das Geld gar nicht finden. Nach meiner Auffassung bildet der Mißbrauch des Wegerechts eine der größten Landplagen. Jedes zehnte vor dem Friedensrichter ausgetragene Verfahren geht um derlei unbefugtes Benutzen. Solcherart frevelt man fast ungestraft in einer Vielzahl von Gemeinden am Besitzrecht. Die Achtung vor dem Eigentum und vor dem Gesetz liegt in Frankreich häufig nahezu darnieder, und es wäre höchste Zeit, sie zu verbreiten. Vielen Menschen scheint es geradezu unehrenhaft, dem Gesetz Hilfe zu leisten, und das ›Laß dich anderswo hängen!‹, diese sprichwörtliche, anscheinend von lobenswertem Edelmut diktierte Redensart, ist im Grunde genommen reine Heuchelei, mit der wir lediglich die eigene Selbstsucht zu verschleiern trachten. Seien wir mal ehrlich! … Es fehlt uns an Vaterlandsliebe. Ein echter Patriot ist nur der

Bürger, der so tief von der Bedeutung der Gesetze durchdrungen ist, daß er ihnen auch dann zur Durchführung verhilft, wenn er selbst dabei Kopf und Kragen riskiert. Einen Übeltäter in Frieden ziehen lassen, heißt das nicht, an seinen künftigen Schandtaten mitschuldig zu werden, nicht wahr?«

»Alles steht in Beziehung zueinander«, sagte Benassis. »Hielten die Bürgermeister ihre Wege in Ordnung, dann gäbe es nicht so viele Trampelpfade. Wären die Gemeinderäte etwas umsichtiger, so würden sie die Eigentümer und den Amtsvorsteher unterstützen, wenn diese sich gegen den zum Gewohnheitsrecht werdenden Mißbrauch wenden; sie alle könnten den Unwissenden beibringen, daß Schloß, Feld, Hütte oder Baum in gleicher Weise heilig sind und daß ›das Recht‹ weder größer noch kleiner wird je nach dem verschiedenen Wert eines Besitzes, an welchem man sich vergangen hat. Aber solche Verbesserungen lassen sich nicht auf Anhieb erreichen, sie hängen in entscheidendem Maße von den Moralbegriffen der Bevölkerung ab, und die können wir ohne einen wirksamen Beistand der Kirche nicht von Grund auf umkrempeln. Das ist keinesfalls gegen Sie gerichtet, Monsieur Janvier.«

»Ich beziehe es auch nicht auf mich«, erwiderte der Pfarrer lächelnd. »Lasse ich es mir nicht angelegen sein, die Lehren der katholischen Kirche mit Ihren administrativen Vorhaben zu vereinen? So habe ich in meinen Hirtenreden über den Diebstahl oft genug versucht, den Einwohnern des Kirchspiels die gleichen Ansichten einzuimpfen, die Sie jetzt eben über das Recht äußerten. In der Tat wägt Gott den Diebstahl nicht nach dem Wert des gestohlenen Gegenstandes, er verurteilt den Dieb. Das war der Sinn einiger Gleichnisse, die ich versuchte dem Verständnis meiner Pfarrkinder anzupassen.«

»Das ist Ihnen auch gelungen, Monsieur le Curé«, sagte Cambon. »Ich vermag den Wechsel recht gut zu beurteilen, den Sie in den Gemütern hervorgebracht haben, wenn ich den gegenwärtigen Zustand mit dem früheren vergleiche. Es gibt sicher wenig Kantone, wo die Arbeiter ihre vorgeschriebene Arbeitszeit so gewissenhaft einhalten wie die unsrigen. Das Vieh wird sorgsam gehütet und richtet nur zufällig mal Schaden an. Die Wälder werden geschont. Weiterhin haben Sie es unsern Bauern recht gut eingebläut, daß der Müßiggang der Reichen nur der Lohn für ein arbeitsames und sparsames Leben ist.«

»Dann müssen Sie mit Ihren Pfarrkindern doch recht zufrieden sein, Monsieur le Curé?« meinte Genestas.

»Monsieur le Capitaine«, erwiderte der Priester, »man muß nicht erwarten, hier auf Erden irgendwo Engel zu finden. Wo es Elend gibt, gibt es auch Leid. Leid und Elend aber sind treibende Kräfte, die ihre Mißbräuche ebenso kennen wie die Macht die ihren. Wenn der Bauer zwei Meilen gelaufen ist, um zu seinem Tagewerk zu gelangen, und am Abend müde nach Hause geht, und dann einen Jäger über die Felder und Wiesen laufen sieht, um rascher zu Tische zu kommen, glauben Sie, er macht sich dann ein Gewissen draus, wenn er es ebenso macht? Wer von denen, die sich so einen Pfad bahnen, wie es da eben beklagt worden ist, ist nun wohl der Schuldigere, der, der arbeitet, oder der es zu seinem Vergnügen tut? Heutzutage verursachen uns die Reichen ebensoviel Verdruß wie die Armen. Der Glaube und die Macht müssen immer von den Höhen, seien es die himmlischen oder die sozialen, herab walten, aber heutzutage besitzen gewiß die höheren Klassen weniger Glauben als das Volk, dem Gott den Himmel als Lohn für seine geduldig ertragenen Mühsale verheißt. Wenngleich ich mich der kirchlichen Disziplin und dem Denken meiner Vorgesetzten unterwerfe, glaube ich doch, wir sollten für lange Zeit weniger Gewicht auf die Fragen des Gottesdienstes legen und lieber versuchen, das religiöse Gefühl im Herzen des Mittelstandes neu zu beleben, in dem man über das Christentum streitet, statt seine Gebote zu befolgen. Der Philosophismus des Reichen hat dem Armen ein fatales Beispiel gegeben und zu langen Interregnien im Königreich Gottes geführt. Wieviel wir heute über unsere Schäflein vermögen, hängt ganz von unserm persönlichen Einfluß ab; ist es nicht ein wahres Unglück, daß der Glaube einer Gemeinde der Achtung zu verdanken ist, die ein Mann sich dort errungen hat? Befruchtet das Christentum erst einmal die soziale Ordnung aufs neue, indem es alle Klassen mit seinen auf Erhaltung und Bewahrung zielenden Geist durchtränkt, so wird auch sein Kult nicht mehr in Frage gestellt werden. Der Kult einer Religion ist ihre äußere Form, alle Gesellschaften aber bestehen nur durch ihre Form. Was für Sie die Fahne, ist für uns das Kreuz ...«

»Ich möchte wohl wissen, Monsieur le Curé«, unterbrach Genestas Monsieur Janvier, »weshalb Sie die armen Leute daran hindern, sich sonntags bei einem Tänzchen zu vergnügen.«

»Monsieur le Capitaine«, erwiderte der Priester, »den Tanz an sich hassen wir gar nicht; wir ächten ihn nur als eine der Ursachen der Unmoral, die den Frieden des Landlebens trübt und seine Sitten verdirbt. Den Familiensinn rein zu halten, die Heiligkeit familiärer Bande zu stärken, heißt das nicht, das Übel an der Wurzel treffen?«

»Ich weiß wohl«, meinte Monsieur Tonnelet, »in jedem Kanton kommen immer einige Unregelmäßigkeiten vor; aber hier in unserm werden sie selten. Wenn sich wirklich ein paar von unseren Bauern keine großen Gewissensbisse dabei machen, ihrem Nachbar eine Furche wegzupflügen, oder sich bei jemand anderem ihre Weiden zu schneiden, wenn sie sie brauchen, so sind das doch Harmlosigkeiten, wenn man sie mit den Sünden der Städter vergleicht. Darum halte ich die Bauern hier im Tal für sehr gottesfürchtig.«

»Gottesfürchtig, so«, meinte lächelnd der Pfarrer. »Glaubensfanatismus ist hier wahrhaftig nicht zu befürchten.«

»Aber, Monsieur le Curé«, versetzte Cambon, »wenn die Leute aus dem Flecken jeden Morgen zur Messe gingen und jede Woche bei Ihnen beichteten, dann würde es schwerhalten, die Felder zu bestellen, und drei Priester reichten nicht für all die Arbeit.«

»Monsieur«, erwiderte der Pfarrer, »Arbeiten ist Beten. Nur Praxis vermittelt die Kenntnis der religiösen Grundsätze, auf denen die Gesellschaft basiert.«

»Und was halten Sie von der Vaterlandsliebe?« meinte Genestas.

»Die Vaterlandsliebe«, erwiderte der Priester ernst, »ruft nur vorübergehende Gefühle hervor, die Religion erst macht sie dauerhaft. Patriotismus ist ein augenblickliches Vergessen des persönlichen Vorteils, die christliche Religion hingegen leistet als geschlossenes System Widerstand gegen die verderbten Neigungen des Menschen.«

»Aber, Monsieur le Curé, während der Revolutionskriege hat die Vaterlandsliebe doch ...«

»Ja, während der Revolution haben wir Wunder vollbracht«, unterbrach Benassis Genestas; »aber bereits zwanzig Jahre später, 1814, war unsere Vaterlandsliebe tot; und doch haben Frankreich und Europa sich in hundert Jahren ein dutzendmal von einer religiösen Idee getrieben, auf Asien gestürzt.«

»Es ist am Ende leicht«, meinte der Friedensrichter, »die materiellen Interessen zu besänftigen, um derentwillen sich die Kämpfe des einen Volkes gegen ein anderes entspinnen; die Kriege hingegen, welche um irgendwelcher Dogmen willen geführt werden, deren Gegenstand noch dazu meist unklar ist, sind notwendigerweise endlos.«

»Aber, Monsieur, Sie reichen ja den Fisch gar nicht herum«, sagte Jacquotte, die mit Hilfe Nicolles die Suppenteller abgeräumt hatte.

Getreu ihrer Gewohnheit, trug die Köchin jeden Gang einzeln auf, ein Brauch, der den Nachteil hat, daß er starke Esser dazu verleitet, ganz erheblich zuzulangen, und die Mäßigen, deren Hunger bereits von den ersten Gerichten gestillt ist, zwingt, die besten Speisen unangerührt zu lassen.

»Wie denn, Messieurs«, sprach der Priester zum Friedensrichter, »wie können Sie behaupten, die Glaubenskriege hätten kein bestimmtes Ziel gehabt? Früher war die Religion ein so mächtiges Band in der Gesellschaft, daß materielle Interessen sich von Glaubensfragen gar nicht trennen ließen. Drum wußte jeder Soldat sehr wohl, wofür er sich schlug ...«

»Wenn man sich so oft um die Religion geschlagen hat«, meinte Genestas, »dann muß Gott ihr Gebäude doch recht unvollkommen ausgeführt haben. Sollte eine göttliche Einrichtung die Menschen nicht allein durch ihre innere Wahrheit überzeugen?«

Sämtliche Tischgenossen richteten ihre Blicke auf den Pfarrer.

»Messieurs«, sagte Monsieur Janvier, »Religion empfindet man, man erklärt sie nicht mit Worten. Wir sind nicht dazu da, über die Mittel oder das Ziel des Allmächtigen zu rechten.«

»Sie meinen also, man müsse an all Ihre Salaams glauben«, meinte Genestas mit der Biederkeit des Soldaten, der noch nie über Gott nachgedacht hat.

»Monsieur«, erwiderte der Priester ernst, »der katholische Glaube macht jeder Angst des Menschen besser als irgendein anderer ein Ende; aber wäre dem auch nicht so, würde ich Sie doch fragen, was riskieren Sie denn, wenn Sie an seine Wahrheiten glauben?«

»Nicht viel«, meinte Genestas.

»Gut! Und was riskieren Sie, wenn Sie nicht an ihn glauben? Aber, Monsieur, lassen Sie uns doch von weltlichen Dingen sprechen, die Ihnen viel mehr am Herzen liegen. Sehen Sie doch nur, wie deutlich sich der Finger Gottes den menschlichen Dingen aufprägte, indem er sie durch die Hand seines Stellvertreters anrührte. Die Menschen haben viel verloren, als sie von dem vom Christentum vorgezeichneten Weg abwichen. Die Kirche, deren Geschichte zu lesen sich nur wenige unterfangen und die man nach gewis-

sen irrtümlichen, im Volke absichtlich verbreiteten Anschauungen zu beurteilen pflegt, hat jedoch das vollkom-
menste Regierungsmodell geboten, wie es die Menschen
heute anstreben. Das Prinzip der Wahl hat ihr lange Zeit
große politische Macht gesichert. Es gab früher keine einzige religiöse Institution, die nicht auf Gleichheit und Freiheit gegründet war. Alle trugen zu dem gemeinschaftlichen
Werk bei. Der Rektor, der Abt, der Bischof, der Ordensge-
neral, der Papst wurden stets gewissenhaft nach den Erfor-
dernissen der Kirche gewählt, sie verkörperten ihren Willen; so wurde ihnen auch blindester Gehorsam geschuldet.
Ich möchte von den sozialen Wohltaten einer Idee schweigen, die die modernen Nationen begründet hat, die so viele
Dichtungen, Kathedralen, Statuen, Gemälde und Musik-
werke inspiriert hat, nur um Ihnen vor Augen zu führen,
daß Ihre plebejischen Wahlen, das Geschworenengericht
und die beiden Kammern ihre Wurzeln in den provinzialen
und ökumenischen Konzilien haben, im Episkopat und im
Kardinalskollegium; mit einem Unterschied jedoch, wie ich
meine, nämlich daß die heutigen philosophischen Ideen
über die Zivilisation vor dem erhabenen, göttlichen Gedanken der katholischen Glaubensgemeinschaft erblassen dürften, vor diesem Musterbild einer universalen, sozialen Ge-
meinschaft, vollzogen durch die Vereinigung des Wortes
mit der Tat in ihren Glaubenssätzen. Den neuen politischen Systemen, möge man sie für noch so vollkommen
erachten, würde es wohl schwerfallen, die Wunder jener
Zeiten, da die Kirche den menschlichen Geist anregte, aufs
neue zu vollbringen.«

»Warum denn?« fragte Genestas.

»Zunächst weil eine Wahl, um ein Prinzip darzustellen,
absolute Gleichheit der Wähler voraussetzt, sie müssen
gleichartige Größen sein, um mich eines Ausdrucks aus der
Geometrie zu bedienen, etwas, was die moderne Politik
niemals erreichen wird. Sodann entstehen große gesellschaftliche Werke nur aus der Macht der Gefühle, die allein

die Menschen zu einen vermag; der derzeitige Philosophismus hingegen hat die Gesetze auf den Vorteil des einzelnen gegründet, der zu seiner Isolierung führt. Früher fand man unter den Völkern häufiger als heute edelmütige, von mütterlichem Geiste für die verkannten Rechte, für die Leiden der Masse beseelte Menschen. Auch widersetzte der Priester als Kind des Mittelstandes sich der materiellen Gewalt und verteidigte das Volk gegen seine Feinde. Die Kirche erwarb dann Grundbesitz, und ihre weltlichen Vorteile, die sie scheinbar hätten kräftigen sollen, haben schließlich und endlich nur ihre Wirksamkeit geschwächt. Tatsächlich erscheint der Priester, falls er privilegierte Güter besitzt, als Unterdrücker; bezahlt ihn der Staat, ist er sein Beamter, er schuldet ihm seine Zeit, sein Herz, sein Leben; die Bürger machen ihm seine Tugenden zur Pflicht, und seine Wohltätigkeit, die nicht mehr auf Freiwilligkeit basiert, verdorrt ihm im Herzen. Aber lassen Sie den Priester nur arm sein, lassen Sie ihn aus freiem Willen Priester geworden sein, ohne andere Stütze als Gott, ohne anderes Vermögen als die Herzen seiner Gläubigen, dann wird er wieder zum amerikanischen Missionar, wird zum Apostel, zum Fürst alles Guten. Kurz, er herrscht nur durch seine Mittellosigkeit und muß am Reichtum zugrunde gehen.«

Monsieur Janvier hatte die allgemeine Aufmerksamkeit erobert. Die Tischgenossen schwiegen und dachten über diese im Munde eines schlichten Pfarrers so neuartigen Worte nach.

»Monsieur Janvier«, sagte Benassis, »unter all den Wahrheiten, denen Sie da Ausdruck verliehen, findet sich ein schwerwiegender Irrtum. Sie wissen, ich streite nicht gern über allgemeine Interessen, welche die modernen Schriftsteller und die gegenwärtigen Machthaber in Frage gestellt haben. Meiner Meinung nach sollte der Mann, der eine politische Lehre aufstellt und die Kraft in sich fühlt, diese durchzusetzen, schweigen, sich der Gewalt bemächtigen und handeln; bleibt er aber im glücklichen Dunkel eines einfachen Bürgers, ist es dann nicht Torheit, die Massen durch individuelle Diskussionen bekehren zu wollen? Trotzdem nehme ich den Kampf mit Ihnen auf, mein lieber Seelsorger, weil ich mich hier an wohlwollende Leute wende, die gewohnt sind, ihr Licht gemeinsam leuchten zu lassen, um überall das Wahre herauszufinden. Meine Gedanken mögen Ihnen seltsam vorkommen, sie sind aber die Frucht meiner Überlegungen, die die Katastrophen unserer letzten vierzig Jahre veranlaßt haben. Das allgemeine Wahlrecht, was gegenwärtig von der sogenannten konstitutionellen Opposition gefordert wird, war ein ausgezeichnetes Prinzip in der Kirche, weil dort, wie Sie, lieber Pastor, es uns darlegten, jeder einzelne gebildet, derselben Glaubenszucht unterworfen, von demselben System überzeugt, ganz genau wußte, was er wollte und wohin der Weg ging. Der Sieg der Ideen aber, mit denen der moderne Liberalismus unklugerweise die erfolgreiche Regierung der Bourbonen bekriegt, wäre der Untergang Frankreichs und des Liberalismus selbst. Das wissen die Führer der ›Linken‹ ganz genau. Für sie ist dieser Kampf lediglich eine Machtfrage. Sollte, was Gott verhüten möge, die Bourgeoisie unter dem Banner der Opposition die sozial Höherstehenden, gegen die ihre Eitelkeit ankämpft, besiegen, so würde dies sofort einen Kampf der Bourgeoisie gegen das Volk zur Folge haben, welches später in der Bourgeoisie eine Art Adel erblicken würde, einen armseligen, gewiß, das ist richtig, aber einen, dessen Vermögen und Vorrechte ihm um so verhaßter wären, je näher es sie spürte. In diesem Kampf würde die Gesellschaft, ich sage nicht die Nation, von neuem untergehen, weil dem stets kurzlebigen Triumph der leidenden Masse die denkbar größte Unordnung erwüchse. Und dieser Kampf wäre pausenlos und erbittert, denn er entspränge den vielen Zwistigkeiten zwischen den Wählergruppen, und gerade die unaufgeklärteste, aber zahlenmäßig stärkste würde den Sieg über die sozialen Obrigkeiten davontragen, weil bei diesem System Wählerstimmen gezählt und nicht gewogen werden. Daraus folgt, daß eine Regierung niemals stärker organisiert und infolgedessen vollkommener ist, als wenn sie zur Verteidigung eines beschränkten ›Privilegs‹ eingesetzt ist. Wenn ich jetzt hier von ›Privileg‹ spreche, meine ich keines jener ehemals mißbräuchlich gewissen Leuten zum Nachteil aller eingeräumten Vorrechte, sondern vielmehr jenen sozialen Umkreis, auf den sich die Entwicklungen der Macht begrenzen. Die Macht ist in gewisser Weise das Herz eines Staates. Denn die Natur hat in all ihren Schöpfungen den Lebenstrieb zusammengedrängt, um ihm größere Spannkraft zu verleihen: so auch im politischen Körper. Ich will Ihnen meine Gedanken durch Beispiele erklären. Nehmen wir in Frankreich hundert Pairs an, so verursachen sie nur hundert Reibungsstellen. Schaffen Sie die Pairswürde ab, so werden alle Reichen zu Privilegierten; statt hundert haben Sie zehntausend und damit die Wunde sozialer Ungerechtigkeiten erheblich verbreitert. Für das Volk bedeutet tatsächlich schon das Recht zu leben, ohne zu arbeiten, ein Privileg. In seinen Augen ist jemand, der verbraucht, ohne etwas zu produzieren, ein Räuber. Es will sichtbare Arbeit und hält überhaupt nichts von geistigem Schaffen, was es doch am meisten bereichert. So würden Sie also mit der Vervielfältigung der Reibungsflächen den Kampf nur über alle Punkte des Körpers der Gesellschaft ausdehnen, anstatt ihn auf einen kleinen Kreis zu beschränken. Werden Angriff und Widerstand erst allgemein, so steht der Ruin des Landes vor der Tür. Es wird immer weniger Reiche geben als Arme; daher fällt diesen der Sieg zu, sobald der Kampf materielle Gestalt annimmt. Die Geschichte hat für meine Behauptungen viele Beweise. Die römische Republik verdankte die Eroberung der Welt der Festschreibung des Senatorenprivilegs. Der Senat hielt den Gedanken der Macht unangetastet. Sobald aber die Ritter und die neuen Männer den Wirkungsbereich der Regierung durch Vergrößerung des Patriziats ausdehnten, war die res publica verloren. Trotz Sulla und nach Cäsar machte Tiberius aus der Republik das römische Kaiserreich, ein Staatssystem, das die Macht in der Hand eines einzigen Mannes zusammenballte und dadurch dieses große Herrschaftsgebiet noch ein paar Jahrhunderte überdauern ließ. Der Kaiser lebte schon nicht mehr in Rom, als die Ewige Stadt unter die Barbaren fiel. Als unser Land erobert wurde, erfanden die Franken, die es unter sich aufteilten, das Feudalrecht, um ihre Besitzungen abzusichern. Die hundert oder tausend Herren, die nun das Land besaßen, führten ihre Institutionen ein, um ihre durch Eroberung erworbenen Rechte zu verteidigen. Deswegen hielt sich das Feudalsystem so lange, wie das Privileg eingeschränkt blieb. Sobald aber die Leute dieses Volkes, die Edelleute im wahren Sinn des Wortes, von fünfhundert auf fünfzigtausend anwuchsen, kam es zur Revolution. Durch übermäßige Ausdehnung verlor ihre Macht Spannkraft und Stärke und fand sich übrigens auch wehrlos gegenüber der Verbreitung des Geldes und des Gedankens, die sie nicht vorausgesehen hatte. Wenn also der Sieg der Bourgeoisie über die Monarchie das Ziel hat, die Zahl der Privilegierten in den Augen des Volkes zu erhöhen, so wird der Sieg des Volkes über die Bourgeoisie die unvermeidliche Folge dieser Veränderung sein. Kommt es zu dieser Umwälzung, so vermittels des den Massen schrankenlos eingeräumten Wahlrechts. Wer wählt, streitet. Eine umstrittene Macht ist keine Macht. Können Sie sich eine Gesellschaft ohne Macht vorstellen? Nein. Nun dann, wer Macht sagt, sagt Stärke. Die Stärke muß auf unbestrittenen Tatsachen beruhen. Aus diesen Erwägungen heraus meine ich, daß das Prinzip der allgemeinen Wahlen eines der unheilvollsten für die Existenz aller modernen Regierungen ist. Ich glaube meine Zuneigung zur Klasse der Armen und Leidenden ausreichend bewiesen zu haben, um nicht in den Verdacht zu geraten, ich wolle ihr Unglück; aber sosehr ich sie auf ihrem mühevollen arbeitsreichen Weg bewundere, erhaben in Geduld und Demut, so erkläre ich sie doch für unfähig, an der Regierung teilzuhaben. Die Proletarier kommen mir wie die Unmündigen einer Nation vor und müssen stets unter Vormundschaft bleiben. So ist meines Erachtens, Messieurs, das Wort ›Wahlrecht‹ nahe dabei, ebensoviel Unheil anzurichten wie einstmals die Worte ›Gewissen‹ und ›Freiheit‹, die, falsch verstanden, falsch definiert, als Brandfackel des Aufruhrs und der Zerstörung ins Volk geschleudert wurden. Die Vormundschaft über die Massen erscheint mir also eine zur Aufrechterhaltung der Gesellschaft gerechtfertigte und notwendige Maßnahme.«

»Diese Lehre bietet all unseren heutigen Anschauungen derart Trotz«, unterbrach Genestas den Arzt, »daß wir doch wohl ein wenig berechtigt sind, Ihre Gründe zu erfahren.«

»Gern, Monsieur le Capitaine.«

»Was sagt unser Herr da?« rief Jacquotte, als sie wieder in die Küche getreten war. »Sitzt der arme liebe Mensch nicht da und rät dazu, das Volk zu vernichten, und die hören ihm alle zu!«

»Das hätte ich niemals von Monsieur Benassis gedacht«, erwiderte Nicolle.

»Wenn ich machtvolle Gesetze fordere, um die unwissende Masse im Zaum zu halten«, fuhr der Arzt nach einer kurzen Pause fort, »so wünsche ich auch, daß das soziale System schwache und nachgiebige Netze habe, um jeden, der den Willen und die Fähigkeit zum Aufstieg zu den höheren Klassen in sich fühlt, aus der Masse auftauchen zu lassen. Jede Macht wünscht sich zu erhalten. Um lebensfähig zu bleiben, muß jede Regierung heute genauso wie früher starke Männer nehmen, wo immer sie sie nur finden kann, an sich binden und sich somit ihre Verteidiger schaffen und den Massen solche energiegeladenen Männer entreißen, die sie zum Aufruhr treiben. Bietet ein Staat dem öffentlichen Ehrgeiz zugleich steile und doch leicht zugängliche Wege – steil für unzulängliche Anwandlungen, leicht für wirkliche Willenskraft –, kommt er dem Umsturz zuvor, den die

Beschränkung der aufsteigenden Bewegung aller wirklich Tüchtigen zu der ihnen angemessenen Höhe hervorruft. Unsere vierzigjährige Quälerei hat doch wohl jedem Mann von gesundem Menschenverstand bewiesen, daß Überlegenheit nur eine Folge der Gesellschaftsordnung ist. Sie hat drei unbestreitbare Spielarten: die Überlegenheit im Denken, die politische Überlegenheit, die Überlegenheit des Vermögens. Sind das nicht die Kunst, die Macht und das Geld, oder auch: Prinzip, Mittel und Resultat? Oder machen wir mal ganz reinen Tisch, setzen die sozialen Einheiten als völlig gleich voraus, die Geburten in gleiche Verhältnisse und weisen nun jeder Familie ein gleichartiges Stück Land an, schon nach ganz kurzer Zeit würden wir die nämlichen Ungleichheiten des Besitzes wie heute vorfinden; und aus dieser offensichtlichen Wahrheit geht hervor, daß die Überlegenheit an Vermögen, an Denken und an Macht eine Tatsache ist, die wir hinnehmen müssen, eine Tatsache, die die Masse stets als Unterdrückung auffassen wird, da sie in solchen auf gerechteste Weise erworbenen Rechten nur Privilegien sieht. Von dieser Basis ausgehend, wird der Gesellschaftsvertrag also ein ewiger Pakt bleiben zwischen den Besitzenden, gegen die Besitzlosen. Gemäß diesem Grundsatz werden die Gesetze von denen gemacht, denen sie nützen; denn sie müssen ihrem Selbsterhaltungstrieb folgen und Gefahren voraussehen. Sie sind weit interessierter daran, die Massen ruhig zu halten, als die Massen selbst. Die Völker brauchen ein fix und fertiges Glück. Stellen Sie sich bei Ihrer Betrachtung der Gesellschaft, wenn Sie sie einmal als Gesamtheit auffassen wollen, auf diesen Standpunkt, und Sie werden bald mit mir einsehen, daß das Wahlrecht nur von solchen Männern ausgeübt werden sollte, die Vermögen, Macht oder Verstand haben, und daß ihre Bevollmächtigten nur ganz außerordentlich beschränkte Befugnisse haben dürften. Der Gesetzgeber, Messieurs, soll seinem Jahrhundert überlegen sein. Er stellt die Tendenz allgemeiner Irrtümer fest und bestimmt genau die Punkte, auf die das Denken eines Volkes zustrebt; demnach arbeitet er also viel mehr für die Zukunft als für die Gegenwart, mehr für die heranwachsende Generation als für die dem Ende zustrebende. Wenn Sie nun also die Massen berufen, um Gesetze zu schaffen, kann die Masse dann über sich hinausblicken? Nein! Je getreuer die gesetzgebende Versammlung die Meinung der Masse repräsentierte, um so weniger taugte sie zum Regieren, um so kleingeistiger, unschärfer, schwankender wäre ihre Gesetzgebung, denn die Masse ist und bleibt stets die Masse. Das Gesetz verlangt Unterwerfung unter Regeln, jede Regel steht im Widerspruch zu den natürlichen Gewohnheiten und Interessen des einzelnen; wird die Masse Gesetze gegen sich selbst aufstellen? Nein! Oft muß die Tendenz eines Gesetzes der Tendenz der Sitte zuwiderlaufen. Die Gesetze nach den Sitten der Allgemeinheit formen, hieße das nicht, in Spanien Belohnungen für religiöse Intoleranz und Nichtstun auszusetzen; in England für Handelsgeist; in Italien für die Liebe zu den Künsten, die die Gesellschaft zwar ausdrücken, jedoch nicht ganz sie selbst sein können; in Deutschland für die Klassifizierung des Adels; in Frankreich für den Leichtsinn, für die Beliebtheit von Ideen, für die Leichtfertigkeit, mit der wir uns in Parteien spalten, die uns von jeher aufgefressen haben? Was ist denn in den mehr als vierzig Jahren geschehen, seit die Wahlkollegien Hand an die Gesetze gelegt haben? Vierzigtausend Gesetze haben wir! Ein Volk, das vierzigtausend Gesetze hat, hat überhaupt keins. Können fünfhundert mittelmäßige Intelligenzen – denn ein Jahrhundert bringt selten mehr als hundert überragende Geister hervor – überhaupt imstande sein, sich zu solchen Betrachtungen aufzuschwingen? Nein. Wie sollten auch Männer aus fünfhundert verschiedenen Orten den Geist des Gesetzes jemals in gleicher Weise auffassen, und das Gesetz muß ein Großes und Ganzes sein. Aber ich gehe noch weiter. Früher oder später fällt jede Versammlung unter das Zepter eines Mannes, und statt der

Königsdynastien bekommen Sie dann die wechselnden und kostspieligen Dynastien von Premierministern. Am Ende einer jeden derartigen Überlegung finden sich ein Mirabeau, ein Danton, ein Robespierre oder ein Napoleon: Prokonsuln oder ein Kaiser. Unbestritten gehört eine bestimmte Kraft dazu, ein bestimmtes Gewicht zu heben, diese Kraft kann über eine kleinere oder größere Anzahl von Hebeln verteilt werden, muß letztlich aber im richtigen Verhältnis zum Gewicht stehen: auf dieses Beispiel bezogen, ist das Gewicht die ungebildete, leidende Masse, die die Basis jeder Gesellschaft bildet. Die Macht, ihrem Wesen nach repressiv, braucht eine starke Konzentration, um der Volksbewegung einen gleichen Widerstand entgegensetzen zu können. Das ist die Anwendung des Prinzips, welches ich Ihnen eben entwickelt habe, als ich von der Einschränkung des Regierungsprivilegs sprach. Lassen Sie begabte Männer ans Ruder, so unterwerfen sie sich diesem Naturgesetz und unterwerfen ihm das Land; versammeln Sie mittelmäßige Leute, so werden diese früher oder später von einem überlegenen Genie unterworfen: der kluge Abgeordnete begreift die Staatsraison, der mittelmäßige findet sich mit der Gewalt ab. Doch jede Versammlung weicht schließlich einer Idee, wie der Konvent während der Schreckenszeit; einer Macht, wie die Gesetzgebende Körperschaft unter Napoleon; einem System oder dem Geld, wie heute. Die republikanische Versammlung, die ein paar gutgläubige Geister erträumen, ist unmöglich; wer sie fordert, ist entweder ein ausgemachter Dummkopf oder ein zukünftiger Tyrann. Kommt Ihnen eine beratende Versammlung, die lang und breit über nationale Gefahren schwätzt, statt zu handeln, nicht lächerlich vor? Laßt das Volk Bevollmächtigte haben, die Steuern bewilligen oder ablehnen, das ist recht und billig und zu allen Zeiten so gewesen, unter dem grausamsten Tyrannen wie unter dem gutmütigsten Fürsten. Das Geld ist unantastbar, die Steuern besitzen im übrigen natürliche Grenzen, über die hinaus ein Volk sich entweder

erhebt, um sie zu verweigern, oder sich zum Sterben nie-
derlegt. Wenn dieser Wahlkörper, so wechselhaft wie die
Erfordernisse und Ideen, die er vertritt, sich weigert, einem
schlechten Gesetz seine Zustimmung zu erteilen, ist alles in
Ordnung. Aber anzunehmen, fünfhundert aus allen Ecken
eines Landes zusammengeholte Männer sollten ein gutes
Gesetz zustande bringen, ist geradezu ein schlechter Witz,
für den das Volk selbst früher oder später büßen muß. Es
wechselt nur seinen Tyrannen, das ist alles. Macht und Gesetz müssen demnach das Werk eines einzelnen sein, der
durch die Macht der Verhältnisse verpflichtet wäre, seine
Handlungen fortgesetzt der allgemeinen Billigung zu unterwerfen. Einfluß auf die Ausübung der Macht, ob nun eines
einzelnen, einer Gruppe oder einer Mehrheit, können jedoch nur die religiösen Institutionen eines Volkes nehmen.
Die Religion ist das einzige tatsächliche Gegengewicht gegen die Mißbräuche der höchsten Gewalt. Verliert ein Volk
sein religiöses Gefühl, so wird es aus Prinzip aufrührerisch
und sein Herrscher zwangsläufig zum Tyrannen. Die Kammern, die man zwischen Herrscher und Untertanen schiebt,
sind weiter nichts als ein Puffer für beide Strömungen. Die
Versammlungen werden nach dem, was ich eben darlegte,
zu Komplizen des Aufruhrs oder der Tyrannei. Trotzdem
ist die Herrschaft eines einzelnen, der ich zuneige, nicht im
absoluten Sinn gut, denn die Ergebnisse jeder Politik werden immerfort von den Sitten und Überzeugungen abhän-
gen. Ist eine Nation gealtert, haben Philosophismus und
Streitsucht sie bis ins Mark verdorben, dann treibt sie dem
Despotismus entgegen, trotz freiheitlicher Formen, wie
hingegen kluge Völker es verstehen, fast immer Freiheit
auch unter den Formen des Despotismus zu finden. Aus all
dem ergibt sich die Notwendigkeit einer strikten Einschränkung des Wahlrechts, einer starken Macht, einer
mächtigen Religion, die den Reichen zum Freunde des Armen werden läßt und dem Armen vollkommene Rechtlosig-
keit anbefiehlt. Schließlich ist es dringend erforderlich, die

Rechte der gesetzgebenden Versammlungen auf die Steuern und die Protokollierung der Gesetze zu beschränken und ihnen die direkte Gesetzgebung zu entziehen. Manche Köpfe denken hierüber anders, das weiß ich. Heute wie ehemals gibt es Heißsporne, die das ›Beste‹ suchen und die Gesellschaft weiser einrichten wollen, als sie es nun einmal ist. Aber alle auf eine vollständige soziale Umkehrung der Gesellschaft hinzielenden Neuerungen bedürfen einer allgemeinen Billigung. Geduld, ihr Neuerer! Wenn ich nur einmal die Zeit überschlage, die die Anerkennung des Christentums erforderte, eine Umwälzung in den Sitten, die sich vollkommen friedlich vollziehen sollte, dann schaudere ich bei dem Gedanken an all das Unheil einer aus materiellen Interessen geführten Revolution und entscheide mich für die Aufrechterhaltung des Bestehenden. Jedem seine Gedanken, hat das Christentum gesagt, jedem seinen eigenen Acker, das moderne Gesetz. Das moderne Gesetz hat sich so mit dem Christentum einträchtig verbunden. Jedem seinen Gedanken ist die Bestätigung des Rechts auf Gedankenfreiheit; jedem den eigenen Acker die Sicherung des unter Mühe und Arbeit errungenen Eigentums. Darauf basiert unsere Gesellschaft. Die Natur hat das menschliche Leben auf den Selbsterhaltungstrieb, das gesellschaftliche Leben hat sich auf den persönlichen Vorteil gegründet. Das sind für mich die wahren Grundzüge jeder Politik. Wenn die Religion diese beiden egoistischen Gefühle durch das Verheißen eines zukünftigen Lebens niederhält, mildert sie die Härten sozialer Kontakte. So mildert Gott die Leiden, die aus der Reibung entgegengesetzter Interessen entstehen, durch die Religion, die aus Selbstlosigkeit eine Tugend macht, wie er ja auch die Reibungen im Mechanismus seines Universums durch uns bekannte Gesetze abgeschwächt hat. Das Christentum heißt den Armen den Reichen dulden, und diesen das Elend des Armen lindern; diese paar Worte bilden für mich Sinn und Zweck aller göttlichen und menschlichen Gesetze.«

»Als Nichtstaatsmann«, meinte der Notar, »sehe ich in jedem Herrscher den Liquidator einer Gesellschaft, die sich in einem Dauerzustand der Auflösung halten muß, er übergibt seinem Nachfolger ein Haben gleich dem, das er übernommen hat.«

»Auch ich bin kein Staatsmann«, unterbrach Benassis lebhaft den Notar; »es gehört nichts als gesunder Menschenverstand dazu, das Schicksal einer Gemeinde, eines Kantons oder eines Arrondissements zu bessern; Talent braucht schon derjenige, der ein Departement verwaltet; aber diese vier Verwaltungskreise haben einen so engen Horizont, daß ein gewöhnliches Auge sie leicht überblicken kann; ihre Interessen sind mit der großen Bewegung des Staates durch sichtbare Bande verknüpft. In den oberen Regionen vergrößert sich alles, hier muß der Blick des Staatsmannes schon den Umkreis beherrschen, über den er gestellt ist. Will man zum Wohle eines Departements, eines Arrondissements, eines Kantons oder einer Gemeinde wirken, reicht es durchaus, die in zehn Jahren nötigen Resultate im voraus zu überschlagen; sobald es sich um eine ganze Nation handelt, muß man deren Geschicke vorausempfinden und für ein ganzes Jahrhundert seine Maßregeln treffen. Die Schöpferkraft eines Colbert, eines Sully ist nichts, wenn sie sich nicht auf die Willenskraft der Napoleon und Cromwell stützt. Ein großer Minister, Messieurs, ist ein großer Gedanke, der auf alle Jahre seines Jahrhunderts geprägt ist, deren Glanz und Wohlergehen von ihm vorbereitet wurden. Beständigkeit ist für ihn die notwendigste Tugend. Ist aber nicht in allen menschlichen Angelegenheiten die Beständigkeit auch wieder der höchste Ausdruck von Kraft? Seit geraumer Zeit sehen wir allzu viele Leute, die lediglich ministerielle statt nationale Ideen zu bieten haben, als daß wir nicht den wirklichen Staatsmann als die gewaltigste aller menschlichen Schöpfungen bewunderten. Immer über den Augenblick hinaussehen und dem Geschick zuvorkommen, über der Macht stehen und dort verharren, nur aus dem Gefühl heraus, nützlich zu sein, ohne indessen seine Kräfte zu überschätzen, sich seiner Leidenschaften, ja sogar jedes gewöhnlichen Ehrgeizes zu entäußern, um Herr aller seiner Fähigkeiten zu bleiben und um voraussehen, wollen und handeln zu können ohne Unterlaß; gerecht und unabhängig zu sein, Ordnung im großen aufrechtzuerhalten, dem eigenen Herzen Schweigen zu gebieten und nur der Vernunft Gehör zu schenken; weder mißtrauisch noch vertrauensselig zu sein, weder zweiflerisch noch leichtgläubig, weder dankbar noch undankbar, weder hinter den Ereignissen herzuhumpeln, noch sich von neuen Gedanken überrumpeln zu lassen; schließlich aus dem Gespür für die Massen heraus zu leben und sie fortwährend zu beherrschen, indem man die Flügel seines Geistes entfaltet, den Umfang seiner Stimme, die Schärfe seines Blickes wirken läßt und nicht die Details, sondern die Konsequenzen aller Dinge im Auge hat: ist das nicht etwas mehr als bloß Mensch zu sein? Und die Namen solcher großen, edeln Väter ihrer Nationen müßten auf alle Zeiten volkstümlich bleiben.«

Ein Augenblick des Schweigens trat ein, währenddessen die Tischgenossen sich wechselseitig ansahen.

»Und von der Armee haben Sie nichts gesagt, Messieurs«, rief Genestas. »Die militärische Organisation scheint mir doch das wahre Vorbild jeder guten bürgerlichen Gesellschaft; der Degen ist der wahre Gewährsmann und Beschützer des Volkes.«

»Monsieur le Capitaine«, erwiderte lachend der Friedensrichter, »ein alter Advokat sagte einmal, die Reiche fangen mit dem Degen an und hören beim Tintenfaß auf; jetzt sind wir beim Tintenfaß.«

»Da wir jetzt das Schicksal der Welt geregelt haben, Messieurs, wollen wir doch nun von was anderm sprechen. Vorwärts, Monsieur le Capitaine, ein Glas Ermitage!« rief der Arzt lachend.

»Lieber zwei als eins«, erwiderte Genestas und reichte ihm sein Glas; »und trinken will ich sie auf Ihr Wohl, auf das Wohl eines Mannes, der seiner Gattung Ehre macht.«

»Und den wir alle lieben«, fügte der Pfarrer mit milder Stimme hinzu.

»Monsieur Janvier, wollen Sie, daß ich der Sünde des Hochmuts schuldig werde?«

»Monsieur le Curé hat doch nur ganz leise gesagt, was im ganzen Kanton recht laut zu hören ist«, erwiderte Cambon.

»Messieurs, ich schlage Ihnen vor, Monsieur Janvier zum Pfarrhaus zu geleiten, und wir bummeln noch ein Weilchen im Mondschein.«

»Vorwärts!« riefen die Tischgenossen, die es sich zur Pflicht machten, den Pfarrer zu begleiten.

»Nun wollen wir mal nach meiner Scheune«, sagte Benassis und nahm Genestas beim Arm, nachdem sie sich vom Pfarrer und den anderen Gästen verabschiedet hatten. »Da sollen Sie einmal über Napoleon reden hören, Capitaine Bluteau. Ich habe da so meine Leute, die unseren Postboten Goguelat schon dazu bringen, etwas über diesen Gott des Volkes zum besten zu geben. Mein Stallknecht Nicolle hat uns eine Leiter an die Luke gestellt, so daß wir von oben ins Heu an einen Platz klettern können, von dem aus wir das ganze Schauspiel überblicken können. Glauben Sie mir und kommen Sie mit, diese Spinnabende haben es in sich. Es ist nicht das erstemal, daß ich mich da ins Heu lege, um eine Soldaten- oder Bauerngeschichte anzuhören. Aber wir müssen uns gut verstecken; sieht dies arme Völkchen einen Fremden, so ziert es sich und ist nicht mehr es selbst.«

»Je nun, mein lieber Gastfreund«, sagte Genestas, »habe ich mich nicht schon oft genug schlafend gestellt, um meinen Reitern im Biwak zuzuhören? Wahrhaftig, ich habe nie bei einer Pariser Komödie so herzlich lachen müssen wie bei einer Erzählung des Rückzugs aus Moskau, die ein alter Unteroffizier den Rekruten, die Angst vor dem Kriege hatten, aus Schabernack vorfabelte. Er behauptete, die französische Armee hätte in die Bettücher gemacht, man hätte alles auf Eis getrunken, die Toten wären am Weg stehengeblieben, ganz Rußland hätte man weiß gesehen, die Pferde wären mit den Zähnen gestriegelt worden, wer gern Schlittschuh lief, wäre auf seine Kosten gekommen, alle Liebhaber von Sülzfleisch hätten sich gehörig den Bauch vollschlagen können, die Frauen wären meist recht kühl gewesen, und die einzige fühlbare Unannehmlichkeit wäre gewesen, daß man kein warmes Wasser zum Rasieren gehabt hätte. Kurzum, er verzapfte derart komische Possen, daß selbst ein alter Quartiermeister, dem die Nase erfroren war und den sie ›Naseweis‹ nannten, darüber lachen mußte.«

»Pscht!« machte Benassis, »wir sind da, ich gehe voran, kommen Sie nach.«

Sie stiegen beide die Leiter hinauf und duckten sich ins Heu, ohne von den zum Spinnabend versammelten Leuten bemerkt zu werden, über deren Köpfen sie so saßen, daß sie alles gut sehen konnten. Gruppenweise um drei oder vier Kerzen geschart, nähten ein paar Frauen, einige andere spannen, mehrere saßen untätig da, den Hals vorgestreckt, Kopf und Augen gebannt auf einen alten Bauern gerichtet, der eine Geschichte erzählte. Die Männer standen meistens oder lagen auf Heubündeln. All diese lautlosen Gruppen wurden nur schwach vom flackernden Lichtschein der Kerzen erhellt, die Schusterkugeln umgaben, welche das Kerzenlicht zu dicken Strahlen bündelten, in deren Schein die arbeitenden Frauen saßen. Die Weitläufigkeit der Scheune, deren oberer Teil in völliges Dunkel getaucht blieb, schwächte diesen Lichtschein noch ab, der die Gesichter mit ungleichen Schatten überzog und malerische Wirkungen von Helldunkel erzeugte. Hier glänzten die braune Stirn und die hellen Augen einer neugierigen kleinen Bäuerin auf; dort ruhte ein leuchtender Streif auf den rauhen Stirnen einiger alter Männer und umspielte seltsam ihre abgenutzte, verblichene Kleidung. Die starren Mienen dieser aufmerksamen Zuhörer in ihrer verschiedenen Haltung drückten die völlige Hingabe aus, mit der sie dem Erzähler lauschten. Es war ein bemerkenswertes Bild, das von jenem magischen Bann zeugte, den die Poesie auf jedermann ausübt. Zeigt der Bauer, der von seinem Erzähler das Wunderbare stets einfach und das Unmögliche fast glaubhaft zu hören verlangt, nicht seine Liebe zur schlichtesten und reinsten Poesie?

»So unheimlich das Haus auch aussah«, erzählte der Bauer in dem Augenblick, als die beiden neuen Zuhörer sich hinlegten, um zuzuhören, »war die arme Bucklige von der Schlepperei ihres Hanfes zum Markt doch so müde, daß sie eintrat; außerdem zwang sie auch der Anbruch der Nacht dazu. Sie bat nur um ein Nachtlager; ihre ganze Mahlzeit bestand aus einer Brotrinde, die sie aus ihrem Futtersack zog und verzehrte. So nahm nun also die Wirtin, die ja die Frau der Räuber war, aber keine Ahnung hatte, was diese sich für die Nacht vorgenommen hatten, die Bucklige auf und schickte sie nach oben, ohne Licht. Meine Bucklige wirft sich auf einen schlechten Strohsack, spricht ihr Gebet, denkt noch mal an ihren Hanf und will einschlafen. Aber ehe sie dazu kommt, hört sie ein Geräusch und sieht zwei Männer mit einer Laterne hereinkommen, jeder mit einem Messer; die Angst packt sie, denn dazumal, seht ihr, mochten die großen Herren so gern Pasteten aus Menschenfleisch, daß sie eigens für sie gemacht wurden. Weil die Alte nun aber eine wahre hörnerne Pelle hatte, beruhigte sie sich wieder und dachte, daß man sie doch nur für einen schlechten Happen halten würde. Die beiden Männer schlichen also an der Buckligen vorbei und auf ein Bett zu, das in dem großen Raum stand, wo man den Herrn mit dem dicken Koffer hineingesteckt hatte, der als Zauberer galt. Der Größere hebt die Laterne hoch und packt den Monsieur an den Beinen; der Kleine, der den Besoffenen gespielt hatte, packt ihn beim Kopf und schneidet ihm den Hals durch, glatt, mit einem einzigen Schnitt – ratsch!

Dann lassen sie Rumpf und Kopf in ihrem Blut liegen, schnappen den Koffer und gehen wieder runter. Da sitzt nun unsere Frau ganz schön in der Klemme. Zuerst denkt sie daran auszukneifen, ohne daß jemand es merkt, denn sie weiß ja noch nicht, daß die Vorsehung sie nur hierher geführt hat, um Gott zum Ruhm und dem Verbrechen zur Sühne zu verhelfen. Sie hatte Angst, und wenn man Angst hat, kümmert man sich um rein nichts. Aber die Wirtin hatte die beiden Räuber nach der Buckligen gefragt und ihnen gehörig bange gemacht. Also kommen sie denn auch ganz leise die kleine Holztreppe wieder heraufgetappt. Die arme Bucklige krümmt sich vor Entsetzen und hört, wie sie flüsternd miteinander streiten: ›Ich sage dir, wir müssen sie schlachten.‹ – ›Ganz unnötig.‹ – ›Mach se tot!‹ – ›Nein!‹ Sie kommen herein. Meine Alte, die gar nicht so dumm war, macht die Augen zu und tut, als schlafe sie. Wie ein Kind stellt sie sich schlafend, die eine Hand auf dem Herzen, und atmet wie 'n Engel. Der, der die Laterne hielt, macht sie auf und leuchtet der schlafenden Alten grade in die Augen; aber meine Alte rührt und regt sich nicht, solche Angst hatte sie um ihren Hals. ›Du siehst doch, die schläft ja wie 'n Holzschuh!‹ sagte der Große. ›Was die Alten sind, die sind so hintertückisch‹, meint der Kleine. ›Ich mach se kalt, dann haben wir unsere Ruhe. Danach können wir sie auch einsalzen und den Schweinen zum Fraß geben.‹ Selbst wie sie dies hört, zuckt meine Alte nicht mit der Wimper. ›Na ja, sie schläft‹, sagt der kleine Wüterich, als er sieht, die Bucklige hat sich immer noch nicht gemuckst. Und so hat die Alte sich gerettet. Das muß man sagen, Mut hatte sie. Allerlei Deerns hier hätten sicher nicht wie die Engel geatmet, wenn sie von den Schweinen hätten reden hören. Die beiden Räuber gehen nun dran und heben den Toten hoch, wickeln ihn in sein Laken und schmeißen ihn in den kleinen Hof hinunter, wo die Alte gleich die Schweine heranlaufen und nöf! nöf! grunzen hört, um ihn zu fressen. Am andern Morgen nun«, fuhr der Erzähler fort, nachdem er eine Atempause eingelegt hatte, »zieht unsere Alte nun los und zahlt zwei Sous für ihr Nachtlager. Sie hängt ihren Sack über, tut, als wäre nichts geschehen, und fragt noch, was es denn hierzulande Neues gäbe, zieht in Frieden ab und will nun zu rennen anfangen. Nichts ist! Die Angst schnürt ihr die Beine ab, und das zu ihrem Glück. Nämlich darum: Sie war kaum eine Viertelmeile weg, als sie einen von den Räubern kommen sieht, der war so gewitzt, daß er ihr nachschlich, um ganz sicher zu sein, daß sie auch nichts gemerkt hätte. Das ahnt sie denn auch ganz richtig und setzt sich auf einen Stein. ›Was habt Ihr denn, meine gute Frau?‹ sagt der Kleine zu ihr, denn der Kleine, der größere Bösewicht von den beiden, war es, der ihr auflauerte. ›Ach, lieber Mann‹, sagt sie, ›mein Sack ist so schwer, und ich bin so müde, mir täte der Arm eines ehrlichen Mannes recht not‹, (seht ihr wohl, was sie für 'ne Schlaumeiersche war), ›um zu meiner armseligen Hütte zu kommen.‹ Da bietet der Räuber ihr denn nun an, er wolle mitkommen. Sie sagt ja. Der Mann nimmt sie nun beim Arm, um zu sehen, ob sie Angst hätte. Ha, denkste, kein bißchen zittert die Olle, sondern geht ganz ruhig weiter. Und da plaudern die beiden nun ganz nett über Landwirtschaft und wie man Hanf bauen müßte, bis sie an die Ansiedlung vor der Stadt kommen, wo die Bucklige wohnte und wo der Räuber sie laufen ließ, aus Angst, er träfe noch jemand vom Gericht. Die Alte kommt nun gerade um die Mittagsstunde nach Hause und denkt so über ihre Wanderung nach und über die Ereignisse der Nacht. Gegen Abend kommt auch der Hanfbauer. Er hat Hunger, sie muß ihm etwas zu essen machen. Und wie sie so die Pfanne mit Fett einschmiert, um ihm was zu backen, erzählt sie ihm, wie sie ihren Hanf verkauft hat, und schwatzt drauflos wie alle Weiber; aber von den Schweinen sagt sie keinen Ton, auch nichts von dem gemordeten, aufgefressenen, ausgeraubten Mann. Dann hält sie ihre Pfanne über die Flammen, um sie zu reinigen, zieht sie zurück, will sie auswischen, findet sie ganz voll Blut. ›Was hast du da denn reingetan?‹ fragte sie ihren Mann. – ›Nichts‹, antwortete der. Sie denkt, das ist bloß so 'n Weiberfimmel, und setzt ihre Pfanne wieder aufs Feuer. Bums! fällt ein Kopf aus dem Rauchfang. ›Siehst du, das ist genau der Kopf des Toten‹, sagt die Alte. ›Wie er mich anguckt! Was will er denn von mir?‹ – ›Daß du ihn rächst!‹ sagt eine Stimme zu ihr. ›Was bist du dumm‹, sagt der Hanfbauer; ›das sind so wieder deine Faseleien, ohne Sinn und Verstand.‹ Er nimmt den Kopf, der beißt ihn in den Finger, und er schmeißt ihn in den Hof hinaus. ›Nu mach mir mein Rührei‹, sagt er, ›und scher dich da man nicht drum. Das war bloß 'n Kater.‹ – ›'n Kater!‹ sagt sie, ›der war doch kugelrund!‹ Sie setzt ihre Pfanne wieder aufs Feuer. Bums! Kommt ein Bein 'runter. Die gleiche Geschichte. Der Mann, der sich über dies Bein nicht mehr wundert als über den Kopf, packt es und schmeißt es vor die Tür. So purzeln das andere Bein, dann die Arme, danach der Rumpf, der ganze gemeuchelte Reisende nach und nach herunter. Keine Spur von Rührei. Der alte Hanfhändler hatte mächtigen Kohldampf. ›Bei meinem ewigen Seelenheil‹, sagt der, ›sowie erst mein Rührei fertig ist, müssen wir diesen Mann da zufriedenstellen.‹ – ›Denn gibst du nun wohl zu, daß das ein Mensch ist?‹ fragte die Bucklige. ›Wozu hast du mir denn eben noch gesagt, das wäre kein Kopf, du alter Nörgelpeter?‹ Die Frau schlägt die Eier in die Pfanne, rührt sie durch und stellt sie auf den Tisch, ohne weiter zu maulen, denn bei dem ganzen Rummel wird ihr doch allmählich unbehaglich. Der Mann setzt sich hin und fängt an zu essen. Die Bucklige hat Angst bekommen und sagt, sie hätte keinen Hunger. – Tap! tap! ein Fremder klopft an die Tür. ›Wer ist da?‹ – ›Der Tote von gestern.‹ – ›Herein!‹ antwortete der Hanfbauer. Der Reisende tritt also herein, setzt sich auf einen Schemel und sagt: ›Denkt an Gott, der denen ewigen Frieden gibt, die seinen Namen bekennen! Weib, du hast gesehen, wie sie mich zu Tode brachten, und bleibst stumm. Von den

Schweinen bin ich gefressen! Schweine kommen aber nicht ins Paradies. Ich, ein Christenmensch, muß also in die Hölle, weil ein Weibsbild nicht den Mund auftun will. So was ist noch nie dagewesen. Du mußt mich erlösen!‹ und allerlei so 'n Zeugs. Die Frau, die in Angst und Schrecken geriet, macht ihre Pfanne rein, zieht ihr Sonntagskleid an, geht zum Gericht und erzählt da das Verbrechen, das auch aufgedeckt wird, und die Räuber werden auf dem Marktplatz hübsch gerädert. Als dies gute Werk getan war, ernteten Frau und Mann immer den schönsten Hanf, den ihr je gesehen habt. Und was ihnen noch viel lieber war, sie bekamen, was sie sich schon so lange gewünscht hatten, einen Jungen, der im Lauf der Zeit Baron des Königs wurde. Das ist die wahrhaftige Geschichte von der mutigen Buckligen.«

»Solche Geschichten mag ich nicht, davon muß ich träumen«, sagte die Fosseuse. »Ich mag lieber welche von Napoleons Abenteuern.«

»Das ist richtig«, sagte der Feldhüter. »Ach, Monsieur Goguelat, erzählt uns doch etwas vom Kaiser.«

»Der Abend ist schon zu weit vorgeschritten«, meinte der Postbote, »und ich mag die Siege nicht zu kurz kommen lassen.«

»Das ist einerlei, erzählt nur! Wir kennen sie ja doch, wir haben Euch sie ja schon so oft erzählen hören; aber es macht doch immer wieder Spaß, sie zu hören.«

»Erzählt uns vom Kaiser!« riefen mehrere gleichzeitig.

»Also ihr wollt es«, erwiderte Goguelat. »Na schön, dann werdet ihr ja sehen, es taugt nicht, sie so im Sturmschritt herunterzubeten. Lieber erzähle ich eine Schlacht von Anfang bis Ende. Soll ich Champaubert nehmen, wo es keine Patronen mehr gab und wo wir uns mit den Bajonetten pieksten?«

»Nein! nein! Vom Kaiser, vom Kaiser!«

Der Infanterist erhob sich von seinem Strohbündel und ließ über die Versammlung einen Blick voll von all dem

Elend, von allen Ereignissen und Leiden hingleiten, der den alten Soldaten kennzeichnet. Er faßte seine Jacke bei den Vorderschößen, hob sie in die Höhe, als handele es sich darum, den Tornister wieder aufzuhucken, in dem er früher seine Siebensachen, seine Stiefel, sein ganzes Vermögen herumgeschleppt hatte; dann ließ er den Körper auf dem linken Bein ruhen, setzte das rechte vor und kam bereitwillig dem Wunsch der Gesellschaft nach. Nachdem er sich noch das graue Haar auf der einen Seite aus der Stirn gestrichen hatte, um sie frei zu machen, richtete er den Kopf zum Himmel, um sich vollends zur Höhe der gewaltigen Geschichte aufzuschwingen, die er nun erzählen wollte.

»Seht, Freunde, Napoleon wurde auf Korsika geboren, was eine französische Insel ist, über der aber die Sonne Italiens glüht, wo alles siedet wie in einem Schmelztiegel und wo die Leute sich vom Vater auf den Sohn um rein gar nichts umbringen: das ist so 'n Fimmel, den sie an sich haben. Um euch mit dem Ungewöhnlichen der ganzen Geschichte anzufangen, so hatte seine Mutter, die die allerschönste Frau war und eine pfiffige obendrein, die hatte sich's überlegt, ihn Gott zu weihen, um ihn so allen Gefahren seiner Kindheit und seines späteren Lebens zu entreißen, denn sie hatte am Tage ihrer Niederkunft geträumt, die ganze Welt stände in Flammen. Das war ein Vorzeichen! Sie bittet also Gott um seinen Schutz, unter der Bedingung, ihr Napoleon solle die heilige Religion wieder aufrichten, die dazumal ja arg darniederlag. So wurde es abgemacht, und so kam es auch.

Nun folgt mir gut und dann sagt, ob das, was ich euch erzähle, wohl mit rechten Dingen zugehen kann.

Das ist doch hieb- und stichfest, daß nur ein Mensch, der einen Geheimpakt geschlossen hatte, imstande war, so durch die feindlichen Linien, durch Kugelregen und Kartätschenfeuer zu schreiten, die uns wie die Fliegen wegpusteten, aber vor seinem Haupt Respekt hatten. Davon habe

ich, und zwar besonders ich, bei Eylau einen Beweis gekriegt. Ich sehe ihn noch vor mir, wie er so eine Anhöhe
hinaufsteigt, wie er sein Fernrohr nimmt und seine Schlacht
überblickt und dann sagt: ›Es steht gut‹ Da will doch einer
von den Intriganten mit 'nem Federbusch, die ihn immer
mächtig aufbrachten und nie von seiner Seite wichen, selbst
wenn er aß nicht, wie man mir erzählt hat, der will nun den
ganz Schlauen spielen und stellt sich dahin, wo der Kaiser
eben gestanden hatte. Bauz! Weg ist der Federbusch! Ihr
begreift wohl, Napoleon hatte gelobt, sein Geheimnis für
sich zu behalten. Deshalb fielen auch all seine Begleiter,
selbst seine dicksten Freunde wie reife Nüsse: Duroc, Bessières, Lannes, alles Leute stark wie Stahlbarren, die er dann
nach seinem Belieben umschmolz. Schließlich, auch zum
Beweis, daß er ein Kind Gottes war, so richtig wie gemacht
zum Soldatenvater, nie hat man ihn als Leutnant oder als
Hauptmann gesehen! Nein! Er spielte gleich die erste
Geige, so wahr ich hier stehe! Er sah aus, als wäre er noch
keine dreiundzwanzig, als er schon altgedienter General
war, nach der Einnahme von Toulon, wo er das erste Mal
den andern gezeigt hat, daß sie nicht die leiseste Ahnung
davon hatten, wie man mit Kanonen umgehen muß. Und
dann plumpst der Spierling uns da vor die Nase als komman-
dierender General der Italienarmee, der es an Brot fehlte
und an Pulver, an Schuhen, an Uniformen, eine wahre Jam-
mertruppe, nackt wie 'n Regenwurm. Da sagt er: ›Freunde‹,
sagt er, ›da sind wir ja nun alle zusammen. Also nun setzt
euch das mal in euren Kohlkopf, daß ihr in vierzehn Tagen
Sieger seid, neu ausgerüstet mit Mänteln, guten Gamaschen, feinen Stiefeln; aber Kinder, ihr müßt brav marschieren und sie euch in Mailand holen, da gibt's welche.‹ Und
da ging's los. Der Franzose, ausgepumpt, platt wie 'ne
Wanze, rappelte sich wieder hoch. Dreißigtausend Nackt-
füße waren wir gegen achtzigtausend deutsche Eisenfres-
ser, schöne Kerle alles, gut ausgerüstet, ich sehe sie noch
heut vor mir. Also Napoleon, der noch erst Bonaparte war,

pustet uns ich weiß nicht was in den Bauch. Und wir marschieren bei Nacht, und wir marschieren bei Tag, und wir hauen sie bei Montenotto durch und verwamsen sie bei Rivoli, Lodi, Arcole, Millesimo, und lassen nicht locker. Dem Soldat schmeckt das Siegerspielen. Und nun zingelt Napoleon diese deutschen Generäle ein, daß sie nicht wußten, wo sie sich verkriechen sollten, um Ruhe zu finden, fein wickelt er sie ein, maust ihnen gelegentlich so zehntausend Mann auf einmal, indem er sie mit fünfzehnhundert Franzosen umstellt, die er auf seine Weise zahlreicher erscheinen läßt. Zum Schluß nimmt er ihnen Kanonen, Lebensmittel, Geld, Munition weg, alles, was sie Gutes bei sich hatten, schmeißt sie ins Meer, schlägt sie in den Bergen, packt sie aus der Luft, frißt sie auf der Erde, verwichst sie überall. Und da haben sich die Truppen wieder rausgemausert; denn seht ihr, der Kaiser war ja nicht auf den Kopf gefallen, läßt sich von den Einwohnern herzlich willkommen heißen, denen er sagt, er käme, um sie zu befreien. Also bringt das Zivilistenpack uns gut unter und verhätschelt uns, die Weiber auch, und die waren mächtig wählerisch. Kurz und gut, im Windmonat Sechsundneunzig, was damals soviel war wie heutzutage der März, hockten wir noch zusammengedrängt in 'nem Winkel dieses Murmeltierlandes; aber als der Feldzug vorbei war, waren wir Herren von ganz Italien, just wie Napoleon es vorhergesagt hatte. Und im folgenden Monat März, in einem einzigen Jahr und zwei Feldzügen, setzt er uns in Marsch auf Wien, alles rein wie weggefegt. Drei verschiedene Armeen hatten wir nacheinander gefressen und vier österreichische Generäle abgehalftert, darunter einen ganz alten mit weißen Haaren, der in Mantua wie die Ratte im Strohsack gebraten wurde. Auf den Knien bettelten die Könige nur so um Gnade! Der Friede war erobert. Hätte ein gewöhnlicher Mensch so was fertiggebracht? Nein! Gott selbst half ihm, soviel ist sicher. Er zerteilte sich wie die fünf Brote im Evangelium, er befehligte bei Tag die Schlacht, die er bei Nacht vorbereitet hatte, daß die Schildwachen ihn immer nur kommen und gehen sahen und nie schlafen oder essen. Der Soldat erkennt diese Wunder und wählt ihn sich alsbald zum Vater. Und dann vorwärts! Die andern, die da in Paris, die sehen das und sagen sich: ›Das ist ja ein ganz besonderer Pilger, der holt sich wohl seine Befehle direkt vom Himmel, der ist sicher auch imstande und legt mal Hand an Frankreich; den müssen wir man auf Asien oder Amerika loslassen, vielleicht ist er damit zufrieden!‹ Das stand für ihn geschrieben wie für Jesus Christus. Tatsache ist, er kriegt Befehl, mal in Ägypten Wache zu schieben. Da hat er auch wieder Ähnlichkeit mit Gottes Sohn. Aber das ist noch nicht alles. Er versammelt also seine fixesten Jungen, die er so zu richtigen Teufeln gedrillt hatte, und sagt zu ihnen: ›Freunde, wir sollen mal so für 'ne Viertelstunde Ägypten zu futtern kriegen. Aber wir werden es im Nu mit zwei Handstreichen runterschlucken wie Italien. Die einfachen Soldaten werden Fürsten und kriegen ganze Ländereien. Vorwärts!‹ – ›Vorwärts, Kinder!‹ brüllen die Sergeanten. Und damit sind wir auch schon in Toulon auf dem Wege nach Ägypten. Alsbald hatte auch der Engländer dort alle seine Schiffe zur See. Aber als wir uns einschiffen, sagt Napoleon: ›Die können uns gar nicht sehen, und es ist gut, daß ihr von nun an wißt, daß euer General einen Stern am Himmel hat, der uns führt und beschützt!‹ Gesagt, getan. Bei der Fahrt übers Meer nehmen wir noch Malta, wie 'ne Apfelsine, um seinen Siegesdurst zu löschen, denn er war ein Mensch, der immer was zu tun haben mußte. Da waren wir nun also in Ägypten. Schön. Neue Befehle. Die Ägypter sind so Menschen, seht ihr, die, solange die Welt steht, Riesen als Könige und Armeen so zahlreich wie die Ameisen haben; es ist eben das Land der Geister und der Krokodile, wo sie bergehohe Pyramiden gebaut haben, weil sie sich dachten, da drunter hielten sich ihre Könige besser frisch, und das gefiel ihnen ganz ungemein. Also beim Ausschiffen sagt der kleine Korporal: ›Kinder, die Länder, die ihr jetzt erobern sollt, gehören einem ganzen Haufen Götter, die ihr respektieren müßt, denn der Franzose soll aller Welt Freund sein, er soll die Völker wohl schlagen, aber sie nicht kränken. Also merkt euch das in eurem Kürbis: nichts angerührt, zunächst mal; denn nachher kriegen wir ja doch alles! Vorwärts!‹ Soweit ging es gut. Aber all die Leute da, denen Napoleon in ihrem Kauderwelsch unter dem Namen Kebir-Bonaberdis vorausgesagt worden war, was soviel heißt als: ›der Sultan legt Feuer‹, die zitterten vor ihm wie vorm Leibhaftigen. Nun nehmen also der Großtürke und Asien und Afrika ihre Zuflucht zur Magie und schicken uns da so 'nen Dämon mit Namen Mody auf den Hals, von dem es hieß, er wäre auf einem Schimmel vom Himmel runtergekommen, der genau wie sein Herr unverwundbar für Kugeln wäre, und sie lebten alle beide nur vom Wind der Zeiten. Es soll wohl manche geben, die ihn gesehen haben; aber ich sehe doch nicht ein, weshalb ich euch das als so sicher erzählen soll. Das waren doch die Mächte Arabiens und die Mamelucken, die ihren Soldaten weismachen wollten, der Mody könne sie in der Schlacht unsterblich machen, und gaben vor, er wäre ein Engel, ausgesandt, Napoleon zu schlagen und ihm Salomos Siegel wieder zu entreißen, das zu ihren Rüstzeugen gehörte und das – wie sie dreist behaupteten – unser General ihnen gestohlen haben soll. Ihr könnt euch wohl denken, daß wir sie trotz alledem hübsch empfingen.

So! und nun sagt mir mal, woher konnten die wohl was von Napoleons geheimem Vertrag wissen? Ging das mit rechten Dingen zu?

Für sie stand unumstößlich fest, daß er über alle Geister befehlen und im Handumdrehen wie ein Vogel von einem Ort zum andern fliegen könnte. Tatsache, er war auch überall. Da entführt er ihnen eines Tages eine Königin, schön wie der Tag, für die er seinen ganzen Schatz geboten hatte und Diamanten so groß wie Taubeneier, aber der Mameluck, dem seine Beste sie war, der schlug den Handel rundweg ab, obgleich er noch mehr andere hatte. Unter diesen

Umständen konnte die Geschichte da natürlich nicht ohne eine Menge Kämpfe abgehen. Und wir ließen uns wahrhaftig nichts davon abgehen, denn es gab Keile für alle Welt. Da stellten wir uns also auf bei Alexandria, bei Giseh und vor den Pyramiden. In der Sonne mußten wir marschieren und durch den Sand, wo die, die schon so 'nen kleinen Klaps weg hatten, Wasser sahen, das man aber nicht trinken konnte, und Schatten, in dem man nur so schwitzte. Aber wir fressen doch den Mamelucken auf unsere bewährte Art, und alles beugt sich vor Napoleons Stimme, der sich Ober- und Unterägyptens bemächtigte und Arabiens, bis hin zu den Hauptstädten von Königreichen, die es schon gar nicht mehr gab, wo Tausende von Bildsäulen standen, es fünfhundert Naturteufel gab, und dann, ganz was Besondres, unendlich viele Eidechsen, ein gottverfluchtes Land, wo jeder sich so viele Morgen nehmen konnte, wie er Lust hatte. Während er sich nun mit seinen Angelegenheiten im Landesinnern beschäftigt, wo er ganz was Großartiges fertigbringen wollte, da verbrennt ihm der Engländer seine Flotte in der Schlacht bei Abukir; der wußte ja nie, was er noch alles ausfindig machen konnte, um uns zu ärgern. Aber Napoleon, der die Hochachtung des Abend- und Morgenlandes besaß, den der Papst seinen Sohn und Mohammeds Vetter seinen lieben Vater nannte, der will sich an dem Engländer rächen und ihm beide Indien wegnehmen, als Entschädigung für seine Flotte. Nun wollte er uns also durchs Rote Meer nach Asien führen, in Länder, wo es nichts gibt als Diamanten und Gold, um die Soldaten zu bezahlen, und Paläste als Quartier, als der Mody sich mit der Pest einläßt und sie uns auf den Hals schickt, um unseren Siegeszug zu bremsen. Halt! Jeder defilierte nun bei dieser Parade, von der man nicht auf eigenen Füßen davonkommt. Ein sterbender Soldat kann nicht mehr Akka einnehmen, und doch drangen wir als heldenmütige, kriegerische Dickköpfe, die wir waren, dreimal hinein. Aber die Pest war die Stärkere; nichts mehr mit: ›Mein lieber Freund!‹ Jeder war todsterbenskrank. Nur Napoleon war frisch wie eine Rose, und die ganze Armee sah, wie er Pestwasser trank, ohne daß ihm das auch nur das geringste ausmachte.

Na, Freunde, meint ihr, das wäre mit rechten Dingen zugegangen?

Die Mamelucken, die ja wußten, wir lägen alle im Lazarett, wollten uns den Weg versperren; aber solche Mätzchen zogen bei Napoleon nicht. Er sagt also zu seinen Verdammten, denen, die 'ne dickere Pelle hatten als alle andern: ›Macht mir mal den Weg da sauber.‹ Junot, ein Haudegen erster Klasse und echter Freund, nimmt sich bloß tausend Mann und reibt damit dennoch die ganze Armee dieses Paschas auf, der so vorwitzig war, sich ihm in den Weg zu stellen. Sodann kommen wir also wieder nach Kairo, unserm Hauptquartier. Eine neue Geschichte. Napoleon erst mal weg, läßt Frankreich sich von den Leuten in Paris kaputtspielen, die den Truppen den Sold, den Massen Wäsche und Uniformen vorenthielten, sie vor Hunger einfach verrecken ließen und dabei noch verlangten, sie sollten dem ganzen Weltall Gesetze vorschreiben, aber sich nicht fragten, wie. Schafsköpfe waren das, die nur Lust hatten, zu schwatzen, aber sonst nicht Hand anlegen mochten. So geschah's, daß unsere Armeen geschlagen und Frankreichs Grenzen angeknabbert wurden; ›der Mann‹ war eben nicht da … Hört, ich sage da ›der Mann‹, weil er mal so genannt wurde, aber das war 'ne Dummheit, denn er hatte einen Stern und sonst noch allerlei Besonderes: die Männer, das waren wir! Die ganze Geschichte da aus Frankreich erfährt er erst nach seiner famosen Schlacht bei Abukir, wo er, ohne mehr als dreihundert Mann zu verlieren und mit bloß einer Division, das große, fünfundzwanzigtausend Mann starke Heer der Türken besiegte und die gute Hälfte von ihnen ins Meer jagte, rrah! Das war sein letzter Donnerschlag in Ägypten. Er sagt sich, wie er daheim alles verloren sieht: ›Ich bin Frankreichs Retter, das weiß ich, also muß ich hin.‹ Aber versteht ihr wohl, die Armee wußte nichts von seiner

Abfahrt, denn sonst hätte man ihn mit Gewalt zurückgehalten und zum Kaiser des Orients gemacht. Und wir waren auch alle ganz traurig, so ohne ihn, weil er doch unsere ganze Freude war. Er überläßt den Oberbefehl Kléber, der ein großer Hundsfott war und die Garde heruntergewirtschaftet hat und von einem Ägypter ermordet wurde, den man seinerseits zu Tode brachte, indem man ihm ein Bajonett in den Hintern jagte; auf die Weise werden die Leute da guillotiniert, aber das tut so weh, daß ein Soldat mit dem Verbrecher schließlich Mitleid kriegte und ihm seine Feldflasche hinhielt; und sowie der Ägypter etwas Wasser getrunken hatte, verdrehte er die Augen vor lauter Vergnügen. Aber wir wollen uns nicht mit Bagatellen die Zeit vertreiben. Napoleon setzt also den Fuß in so 'ne Nußschale, ein kleines Schifflein, rein gar nichts wert, das hieß ›la Fortune‹, und haste was kannste war er dem Engländer, der ihn mit Linienschiffen und Fregatten und allem, was Segel setzen konnte, blockierte, unter der Nase weg, schiffte sich in Frankreich aus, denn das verstand er immer, das Meer wie mit einem Katzensprung zu überqueren. Ging das nun mit rechten Dingen zu? Pah! War er in Fréjus, hieß das doch so viel, daß er schon in Paris war. Dort betete alle Welt ihn an; aber er ruft die Regierung zusammen. ›Was habt ihr mit meinen Kindern gemacht, mit den Soldaten?‹ Und zu den Rechtsverdrehern: ›Ein Haufen Taugenichtse seid ihr, ihr kümmert euch den Dreck um die Welt und macht euer Kraut an Frankreich fett. Das ist nicht recht, sage ich, und ich spreche hier für alle, denn sie sind mit euch unzufrieden!‹ Da wollten sie nun gleich losbelfern und ihn umbringen; aber, hast du nicht gesehen: er schließt sie in ihrer Schwatzbude ein, läßt sie durch die Fenster hüpfen und steckt sie euch in sein Gefolge, wo sie stumm werden wie die Fische und geschmeidig wie ein Tabaksbeutel. Mit diesem Coup wird er Konsul; und weil er nicht der Mann danach ist, der am Höchsten Wesen zweifeln könnte, erfüllt er erst mal sein Versprechen gegen den lieben Gott, der ihm ja auch treulich Wort hielt; er gibt ihm seine Kirchen wieder und richtet die Religion wieder auf; die Glocken läuten für Gott und für ihn selber. Da sind mit einemmal alle zufrieden: primo die Pfaffen, die nicht mehr gequält werden dürfen, secundo der Bürger, den er wieder ohne Angst vor der Willkür des Rechts, das zum Unrecht geworden war, seinen Handel treiben läßt; tertio die Adligen, die er verbietet umzubringen, wie man es sich unglücklicherweise so angewöhnt hatte. Aber Feinde gab es noch genug hinwegzufegen, und er schlief auch nicht über dem Suppennapf ein, denn, seht ihr, sein Auge durchschaute die ganze Welt, als wäre sie ein ganz gewöhnlicher Männerschädel. Also erst erscheint er mal in Italien, so als steckte er den Kopf zum Fenster 'raus, und sein Blick genügt schon. Die Österreicher werden bei Marengo verschluckt wie die Gründlinge vom Walfisch, hopp! Hier sang die französische Siegesgöttin ihre Tonleiter laut genug, daß die ganze Welt sie hörte, und das genügte. ›Wir spielen nicht mehr mit‹, sagen die Deutschen. ›Wir haben genug!‹ sagen die andern. Alles in allem: Europa duckt sich, und England gibt klein bei. Allgemeiner Friede, und die Könige und ihre Völker machen Anstalten, sich zu umarmen. Da war es, daß der Kaiser die Ehrenlegion erfand, eine feine Sache, jawoll! ›In Frankreich‹, hat er in Bologna angesichts der ganzen Armee gesagt, ›hat jedermann Mut! Und wenn ein Zivilist Ruhmestaten vollbringt, ist er der Bruder des Soldaten, so wie der Soldat der seine ist, und sie werden vereint sein unter der Fahne der Ehre.‹ Wir, die wir noch da unten lagen, kamen nun aus Ägypten zurück. Alles war ganz anders geworden! Als General hatten wir ihn verlassen. Im Handumdrehen fanden wir ihn als Kaiser wieder. Weiß Gott, Frankreich hatte sich ihm hingegeben wie ein schönes Mädchen einem Ulanen. Na, als das nun vollbracht war, zu allgemeiner Zufriedenheit, wie man wohl sagen kann, da kam es zu einer heiligen Zeremonie, wie ihresgleichen unter dem Himmelsgewölbe noch nicht gesehen ward.

Der Papst und die Kardinäle in ihren roten und goldenen Gewändern kamen über die Alpen, eigens, um ihn vor Volk und Heer zu salben, und alles klatscht vor Freude. Da ist noch etwas, wo ich unrecht täte, wenn ich es euch nicht erzählte. In Ägypten, in der Wüste, da so bei Syrien herum, da erschien ihm der ›Rote Mann‹ auf Moses seinem Berg und sagt zu ihm: ›Alles geht gut.‹ Nun, bei Marengo, am Abend des Sieges, stand der ›Rote Mann‹ zum zweiten Mal vor ihm und sagt: ›Du wirst die Welt dir zu Füßen sehen und wirst Kaiser der Franzosen werden und König von Italien, Herrscher über Holland, über Spanien und Portugal und die illyrischen Provinzen, Beschützer Deutschlands, Retter Polens, erster Adler der Ehrenlegion, und all das.‹ Dieser ›Rote Mann‹, wißt ihr, das war so sein Gedanke; war 'ne Art Bote, wie manche meinen, der ihm dazu diente, mit seinem Stern in Verbindung zu treten. Ich habe ja nie dran geglaubt; aber Tatsache ist der ›Rote Mann‹ doch, und Napoleon hat auch selbst von ihm gesprochen und hat gesagt, in den härtesten Augenblicken, die er durchmachen müßte, stünde er ihm bei und wohne in den Tuilerien auf dem Dachboden. Also bei der Krönung sah Napoleon ihn zum dritten Male, und da berätschlagten sie so allerlei. Und danach geht der Kaiser denn stracks nach Mailand und läßt sich da krönen als König von Italien. Und da fängt der Triumph des Soldaten erst richtig an. Alles, was schreiben konnte, wurde nun Offizier. Da regnete es nur so Pensionen und Herzogtümer; Schätze für den Stab, die Frankreich nichts·kosteten; und die Ehrenlegion liefert die Renten für die einfachen Soldaten, wo ich meine auch herkriege. Kurz, Armeen wurden gehalten, wie man's noch nie gesehen hatte. Aber der Kaiser, der doch wußte, er solle Kaiser der ganzen Welt werden, der denkt auch an den Bürger und läßt sie, ganz nach ihrem Belieben, wahre Feenpaläste bauen dort, wo es früher so platt wie auf meiner Hand gewesen war; nehmen wir mal an, ihr kämt aus Spanien und wolltet nach Berlin weiter, holla, da würdet ihr überall

Triumphbögen finden mit einfachen Soldaten dran als herrliche Bildwerke, nicht mehr und nicht weniger als Generäle. In zwei oder drei Jahren füllt Napoleon nun seine Keller mit Gold an, ohne euch irgendwelche Steuern aufzuerlegen, stampft Brücken, Paläste und Straßen aus dem Boden, fördert Gelehrte, feiert Feste, erläßt Gesetze, läßt Schiffe und Häfen bauen; Millionen und aber Millionen gibt er aus und so viel, so viel, wie man mir erzählt hat, daß er ganz Frankreich mit Talerstücken hätte pflastern können, wenn er's gewollt hätte. Und wie er sich nun so auf seinem Throne recht wohl fühlt und so richtig als Herr und Meister, den Europa um Erlaubnis fragen muß, wenn es mal sein Geschäft machen will; weil er doch nun vier Brüder hatte und drei Schwestern, da sagt er so gesprächsweise zu uns in einem Tagesbefehl: ›Kinder, ist das recht, wenn die Verwandten eures Kaisers andern Leuten die offene Hand hinhalten müssen? Nein. Die müssen's auch fein haben, genau wie ich selber! Wir müssen also unbedingt für jeden von ihnen ein Königreich erobern, damit der Franzose der Herr über alles sei; vor der Garde soll die ganze Welt erzittern, und der Franzose soll hinspucken können, wohin er Lust hat, und dazu sollen die andern auch noch sagen: ‚Gott schütze dich!‘, wie es auf meinem Gelde steht.‹ – ›Einverstanden!‹ sagt die Armee, ›wir werden dir schon ein paar Königreiche mit dem Bajonett herausfischen.‹ Na, da konnte man doch nicht auskneifen, seht ihr, und hätte er's sich in den Kopf gesetzt, den Mond zu erobern, dann hätten wir uns drauf einrichten müssen, hätten unsern Tornister gepackt und wären eben 'raufgeklettert; glücklicherweise hat er das aber nicht gewollt. Die Könige, die sich nun so an das Bummelleben auf ihrem Throne gewöhnt hatten, die mußte man natürlich erst an den Ohren ziehen; aber wir – immer vorwärts! Wir marschieren und marschieren und überall geht's wieder ans Zittern. Hat der damals was aufgebraucht, an Menschen und an Stiebelsohlen! Unsereiner mußte bei dem ewigen Schlagen so grausam her-

halten, daß jeder andere als ein Franzose es müde geworden wäre. Aber ihr wißt ja, der Franzose kommt als
Philosoph auf die Welt und weiß, sterben muß er so oder
so, ob nun etwas früher oder später. Und wir starben auch
ohne Widerrede, weil es uns doch Spaß machte, was der
Kaiser so mit der Erdkunde trieb.« (Hier zeichnete der Infanterist mit dem Fuß rasch einen Kreis auf die Tenne.)
»Und dabei sagte er: ›So, das wird ein Königreich!‹ und
dann war's ein Königreich. Ach, die schöne Zeit! Im Handumdrehen wurden die Obersten Generäle, die Generäle
Marschälle und die Marschälle Könige. Einer von denen ist
noch übrig, der hat die Zügel noch fest in der Hand und
könnte es Europa erzählen, wenn er auch bloß ein Gas-
cogner ist und ein Verräter an Frankreich, um seine Krone
zu retten, die nicht vor Scham rot wurde, denn die Kronen,
seht ihr, die sind ja aus Gold! Sogar einfache Pioniere,
wenn sie man lesen konnten, wurden geadelt. Ich, wie ich
hier stehe, habe zu Paris elf Könige und ein ganzes Volk
von Fürsten um Napoleon herum gesehen, wie die Strahlen
um die Sonne! Jeder Soldat, versteht ihr, denn er hatte doch
Aussichten, sich auch mal 'nen Thron zuzulegen, wenn er's
nur verdiente, jeder Korporal von der Garde war da eine Se-
henswürdigkeit, die man anstaunte, wenn sie vorübergin-
gen, weil ja doch jeder seinen Anteil am Sieg hatte, was immer ganz genau im Bulletin bekanntgegeben wurde. Und
was für Schlachten hatten wir! Austerlitz, wo das Heer wie
auf der Parade manövrierte; Eylau, wo man die Russen in
einem See ersäufte, als hätte Napoleon so drübergepustet;
Wagram, wo wir uns drei Tage hauten, ohne zu maulen. Es
gab schließlich ebenso viele wie Heilige im Kalender. So
wurde es auch bewiesen, daß Napoleon das echte Schwert
Gottes in der Scheide trug. Er achtete auch den Soldaten,
behandelte ihn wie seinen eigenen Sohn, kümmerte sich
drum, ob wir auch Schuhe hätten, Wäsche und Mäntel, Brot
und Patronen; und dabei hielt er doch auf seine Majestät,
denn das war so gerade sein Metier, das Herrschen. Aber

das ist einerlei! Jeder Sergeant und sogar jeder Gemeine durfte zu ihm sagen: ›Mein Kaiser‹, wie ihr zuweilen zu mir sagt: ›Mein lieber Freund‹. Und er ging auch auf alle Forderungen ein, die man ihm vorbrachte, und schlief im Schnee wie wir auch; alles in allem sah er wirklich fast so aus wie ein ganz gewöhnlicher Mensch. Wie ich hier vor euch stehe, habe ich ihn gesehen, die Füße im Schrott, ganz ungeniert so wie ihr hier, und fix mit dem Fernrohr umhersehend, immer bei der Sache; und dann hielten wir die Stange und waren nicht aus der Ruhe zu bringen. Ich weiß nicht, wie er's anfing, aber wenn er mit einem sprach, dann jagte sein Wort einem rein das Feuer in den Magen; und um ihm zu zeigen, daß wir seine Kinder wären und gar nicht wider seinen Willen handeln konnten, gingen wir mit ganz normalem Schritt auf die Biester von Kanonen los, die brüllten und ganze Regimenter von Kugeln spien ohne ›Achtung!‹ zu rufen. Selbst die Sterbenden brachten es fertig, sich noch mal hochzurappeln, ihn zu grüßen und ihm ›Es lebe der Kaiser!‹ zuzurufen.

Ging das mit rechten Dingen zu? Hättet ihr das für einen gewöhnlichen Menschen getan?

Wie er nun alle seine Leute versorgt hat, da passiert die dumme Geschichte, daß die Kaiserin Joséphine, die sonst 'ne ganz gute Frau war, ihm keine Kinder schenken kann, und da mußte er sie wohl verlassen, so lieb er sie auch hatte. Aber was Kleines mußte er haben, schon der Regierung wegen. Wie sie diese Schwierigkeit weise kriegten, da hauten sich die Herrscher von ganz Europa nur so drum, wer ihm eine Frau geben sollte. Und wie man uns sagte, hat er eine Österreicherin geheiratet, die eine Tochter des Cäsar war, so einer aus der alten Zeit, von dem sie immerzu reden, und das nicht bloß hierzulande, wo ihr es ja auch hört, daß er immer alles gemacht hat, sondern in ganz Europa. Und das ist so gewiß wahr, daß ich, der ich hier vor euch stehe, über die Donau gegangen bin, und da habe ich noch ein Stück von einer Brücke gesehen, die der Mann gebaut hatte, der in Rom, scheint's, wohl so 'ne Art Verwandter von Napoleon gewesen ist, und wo der Kaiser auch sein Recht herleitete, für seinen Sohn die Erbfolge zu verlangen. Also nach der Hochzeit, die ein Fest für die ganze Welt war und wo er dem Volke die Steuern auf zehn Jahre erließ, die aber doch bezahlt werden mußten, weil diese Schlitzohren von Steuereintreibern das glatt überhörten, da kriegte seine Frau einen Jungen, der gleich König von Rom war; etwas, was es auf der Welt noch nicht gegeben hatte, denn noch nie war ein Kind zu Lebzeiten seines Vaters als König geboren. An dem Tage stieg ein Ballon in Paris auf, um es in Rom zu verkünden, und der hat den Weg in einem Tage gemacht. Holla! Ist nun noch einer unter euch, der da behauptet, das wäre mit rechten Dingen zugegangen? Nein, das stand da oben so geschrieben! Und die Krätze über den, der nicht sagt, er wäre von Gott selbst gesandt worden, daß Frankreich triumphiere. Nun war da der Kaiser von Rußland, sein Freund, der ärgert sich mächtig, daß er keine Russin geheiratet hatte, und schlägt sich zu den Engländern, unsern Feinden, denen Napoleon immer noch nicht so 'n paar Worte in ihren Kram hatte reden können. Also mußten wir erst mal mit den Enterichen da aufräumen. Napoleon ist riesig wütend und sagt uns: ›Soldaten, ihr seid nun Herren aller Hauptstädte in Europa gewesen; Moskau bleibt noch übrig, und das hat sich jetzt mit England verbündet. Damit wir nun also London und Indien erobern können, das denen gehört, müssen wir erst mal nach Moskau.‹ Alsbald sammelt sich nun die größte Armee, die je ihre Gamaschen über den Erdball geschleppt hat, und so merkwürdig gut angetreten, daß er an einem einzigen Tag eine Million Mann Revue passieren lassen konnte. ›Hurra!‹ brüllen die Russen. Und da liegt das ganze Rußland und die Viecher von Kosaken, die Fersengeld gaben. Da ging es Land gegen Land, ein allgemeiner Kuddelmuddel, bei dem man riesig aufpassen mußte. Und wie der ›Rote Mann‹ zu Napoleon gesagt hat: ›Das ist Asien gegen Europa!‹ – ›Gut‹, sagt er:

›Ich werde mich in acht nehmen.‹ Und wahr und wahrhaftig kommen all die Könige, Napoleon die Hand zu lecken! Österreich, Preußen, Bayern, Sachsen, Polen, Italien, alle waren mit uns und schmeichelten uns, und wie fein das war! Nie haben die Adler so gegirrt wie bei den Paraden da, als sie über den Fahnen von ganz Europa flatterten. Die Polen konnten sich vor Freude gar nicht halten, weil der Kaiser doch auf den Gedanken gekommen war, sie wieder aufzurichten; seitdem sind Polen und Frankreich auch immer Brüder gewesen. ›Rußland ist unser!‹ ruft die Armee. Fein ausgerüstet ziehen wir auch ein; wir marschieren und marschieren! Kein Russe zu sehen! Schließlich treffen wir auf die freche Bande in ihrem Lager an der Moskwa. Da hab ich mein Kreuz gekriegt, und es sei mir erlaubt zu sagen, daß das eine verdammt heiße Schlacht war! Der Kaiser war unruhig, er hatte den ›Roten Mann‹ gesehen, und der hatte ihm gesagt: ›Mein Sohn, du gehst zu hastig drauflos, die Männer werden dir fehlen, deine Freunde dich verraten!‹ Und deshalb schlug er vor, Frieden zu schließen. Aber ehe der unterzeichnet war, fragt er uns: ›Gerben wir den Russen das Fell?‹ – ›Topp!‹ brüllt die Armee. ›Vorwärts!‹ rufen die Sergeanten. Meine Schuhe waren durchgelaufen, meine Uniform aus den Nähten, weil wir uns auf Wegen abschinden mußten, die wahrhaftig nicht bequem waren! Aber einerlei! ›Wenn's dann ein Ende hat mit dem Zittern‹, sage ich mir, ›dann will ich dafür mein Bestes geben!‹ Wir standen alle vor der großen Schlucht; das waren die vordersten Stellungen! Das Signal wird gegeben, siebenhundert Geschütze fangen eine Konversation an, daß einem das Blut aus den Ohren sauste. Hier, das muß ich der Gerechtigkeit halber sagen, da ließen sich unsere Feinde, die Russen, umbringen, als wären es Franzosen, ohne zurückzuweichen, und wir gewannen kein Stück breit Boden. ›Vorwärts!‹ ruft man uns zu, ›da ist der Kaiser!‹ Wahrhaftig, im Galopp sauste er an uns vorbei und gab uns ein Zeichen, es läge ihm viel daran, daß die Schanze genommen würde. Er feuert uns an, wir rennen, ich bin der erste an der Schlucht. Ach, du mein Gott! Die Leutnants fielen, die Obersten, die Soldaten! Einerlei! Das gab Schuhe für die, die keine mehr hatten, und Achselstücke für die Schlauköpfe, die lesen konnten. ›Sieg!‹ schreit es auf der ganzen Linie. Wißt ihr, so was hatte man noch nie gesehen: fünfundzwanzigtausend Franzosen lagen niedergemäht auf der Erde. Entschuldigt mal! Es war wirklich wie ein gemähtes Weizenfeld: bloß statt Ähren Menschen! Wir Überlebenden waren ernüchtert. ›Der Mann‹ kommt, wir bilden einen Kreis um ihn herum. Nun schmeichelt er uns, denn er konnte auch liebenswürdig sein, wenn er wollte, wenn er uns Entbehrungen aushalten ließ, daß wir hungrig wurden wie die Wölfe. Also nun teilt mein Schmeichler uns eigenhändig Kreuze aus und erweist den Gefallenen Ehre; dann sagt er zu uns: ›Nach Moskau!‹ – ›Auf nach Moskau!‹ ruft die Armee. Wir nehmen Moskau. Brennen da die Russen nicht ihre eigene Hauptstadt ab? Das war ein Strohfeuer, zwei Meilen lang! Das brannte zwei Tage. Bauwerke stürzten zusammen wie Kartenhäuser! Ein Regen von Eisen und geschmolzenem Blei war das, ganz scheußlich, und euch kann man's ja sagen, das war das Wetterleuchten unseres Untergangs. Der Kaiser sagt: ›Genug, hier werden noch alle meine Soldaten auf der Strecke bleiben!‹ Wir waren froh, daß wir uns einen Augenblick erquicken und unsern Kadaver ausruhen konnten, denn wir waren wirklich total erschöpft. Wir nahmen ein goldenes Kreuz mit, das auf dem Kreml gestanden hatte, und jeder Soldat besaß ein kleines Vermögen. Aber auf dem Rückwege kommt der Winter einen Monat zu früh, etwas, was die Schafsköpfe von Gelehrten sich nicht erklären konnten, und nun kneift uns die Kälte. Keine Armee mehr, versteht ihr? Keine Generäle, nicht mal Sergeanten. Denn jetzt fing die Herrschaft von Hunger und Elend an, eine Herrschaft, unter der wir im Endeffekt alle gleich waren. Man dachte nur noch dran, Frankreich wieder zu sehen, keiner bückte sich nach seinem Gewehr, nach seinem Geld;

jeder schleppte sich dahin, bewaffnet wie's ihm paßte, und scherte sich einen Pfifferling um den Ruhm. Schließlich wurde das Wetter so miserabel, daß der Kaiser seinen Stern nicht mehr sehen konnte. Da war was zwischen dem Himmel und ihm. Armer Kerl, wie krank ihn das machte, seine Adler nicht mehr siegen zu sehen! Das kam ihm hart an! Kommt die Beresina. Hier, Freunde, das kann ich euch beim Heiligsten, was es gibt, bei der Ehre, beschwören, daß man, solange es Menschen gibt, nie und nimmer ein solches Durcheinander von Armeen, von Wagen und Geschützen in einem solchen Schnee unter einem derartig undankbaren Himmel gesehen hat. Der Gewehrlauf verbrannte einem die Hand, wenn man ihn anfaßte, so eiskalt war es. Und hier nun war es, wo die Armee von den Brückenbauern gerettet wurde, die feste auf dem Posten waren, und wo sich unser Gondrin da so großartig benommen hat, der einzige Überlebende von denen, die es sich in den Kopf gesetzt hatten, ins Wasser zu springen und die Brücken zu bauen, über die die Armee dann hinüberkam und sich vor den Russen rettete, die wegen unserer Siege immer noch mächtige Achtung vor der Grande-Armée hatten. Und«, sagte er und wies auf Gondrin, der ihn mit der einem Tauben eigenen Aufmerksamkeit ansah, »Gondrin ist Soldat durch und durch, ein Mann von Ehre sogar, der eure allergrößte Hochachtung verdient. Ich sah«, fuhr er fort, »den Kaiser an der Brücke stehen, unbeweglich, ihm war gar nicht kalt. Ging das mit rechten Dingen zu? Er sah zu, wie seine Schätze verlorengingen, seine Freunde, seine alten Ägypter. Pah! alles zog dort hinüber, Weiber, Packwagen, Artillerie, alles war verbraucht, aufgefressen, am Ende. Die Allermutigsten trugen die Adler bei sich; denn die Adler, seht ihr, das war Frankreich, ihr wart das, das war die Ehre des Zivils und des Militärs, die rein bleiben mußte und nicht den Kopf vor der Kälte beugen durfte. Warm wurde man fast nur beim Kaiser wieder, denn sowie er in Gefahr war, liefen wir alle hin, halb erstarrt wie wir waren, wir, die wir nicht mal mehr innehielten, um einem Freunde helfend die Hand zu reichen. Es heißt auch, er hätte nachts um seine armen Kinder, die Soldaten, geweint. Nur er und die Franzosen konnten sich aus so was wieder rausreißen; und wir haben uns rausgerissen, aber mit Verlusten, und gewaltigen, sage ich euch! Die Verbündeten hatten alle unsere Vorräte aufgefressen. Alle fingen an, ihn zu verraten, wie der ›Rote Mann‹ es vorhergesagt hatte. Die Schwätzer da in Paris, die seit Aufstellung der kaiserlichen Garde stille waren; die halten ihn für tot und zetteln eine Verschwörung an, ziehen auch den Polizeiminister mit hinein, um den Kaiser zu stürzen. Er hört von diesen Geschichten und ärgert sich natürlich darüber, und so sagt er zu uns beim Abschied: ›Lebt wohl, Kinder, haltet die Stellungen, ich komme gleich wieder.‹ Pah! seine Generäle schwatzen Unfug, denn ohne ihn war es eben nicht richtig. Die Marschälle werfen einander Grobheiten an den Kopf und machen eine Dummheit nach der anderen; und das war auch ganz natürlich. Napoleon, der ein guter Mensch war, hatte sie mit Gold vollgestopft, und nun hatten sie so viel Speck angesetzt, daß sie nicht mehr marschieren mochten. Daher rührte all unser Unglück, denn einige blieben in Garnison, statt den Feinden auf den Pelz zu rücken, hinter denen sie doch standen, während man uns immer weiter nach Frankreich zu trieb. Aber der Kaiser kommt wieder mit Neuausgehobenen, Prachtkerlen von Rekruten, die er förmlich umgekrempelt hat und scharfgemacht wie Hunde, die jeden beißen, und mit Bürgern als Ehrengarde, einer schönen Truppe, die dahinschmolz wie Butter auf dem Bratrost. Trotz unserer strammen Haltung ist jetzt alles gegen uns; aber die Armee vollbrachte noch Wunder an Tapferkeit. Nun kam es zu den Schlachten in den Bergen, Völker gegen Völker, bei Dresden, bei Lützen, Bautzen … Denkt da dran, ihr da, denn damals waren die Franzosen solche Helden, daß dazumal kein guter Grenadier länger als sechs Monate hielt. Wir siegen immer; aber von hintenrum, da kamen doch die Engländer und hetzten alle Völker gegen uns auf, indem sie ihnen Dummheiten vorredeten. Endlich hauen wir uns eine Bresche durch diese Meute von Völkern. Überall, wo der Kaiser erscheint, brechen wir durch, zu Lande oder zu Wasser, überall wo er sagte: ›Hier will ich durch!‹, da kamen wir auch durch. Also zu guter Letzt sind wir wieder in Frankreich, und mehr als einen armen Sandlatscher gab es da, dem die Heimatluft trotz aller Härte der Zeit die Seele wieder in befriedigenden Zustand versetzt hat. Ich für mein Teil darf wohl sagen, sie hat mir das Leben wieder aufgefrischt. Aber zu dieser Stunde hieß es, Frankreich zu verteidigen, das Vaterland, unser schönes Frankreich, gegen ganz Europa, das böse auf uns war, weil wir den Russen das Gesetz machen wollten, indem wir sie in ihre Grenzen zurücktrieben, damit sie uns nicht auffräßen, wie es der Norden für gewöhnlich tut, dem es immer nach dem Süden jiepert, etwas, wovon ich verschiedene Generäle habe reden hören. Also nun sieht der Kaiser seinen eigenen Schwiegervater, seine Freunde, die er auf den Thron gesetzt, und auch die Kanaillen, denen er ihre Throne wiedergegeben hatte, alle gegen sich. Schließlich wenden sich sogar Franzosen und Verbündete in unseren eigenen Reihen auf höheren Befehl gegen uns, wie in der Schlacht bei Leipzig. Sind das nicht Schandtaten, zu denen der gemeine Mann gar nicht fähig gewesen wäre? So was brach dreimal am Tag sein Wort und nannte sich auch noch Fürst! Nun beginnt die Invasion. Wo unser Kaiser nur sein Löwenhaupt zeigt, weicht der Feind zurück, er hat damals bei der Verteidigung Frankreichs mehr Wunder getan als bei der Eroberung von Italien, des Orients, Spaniens, Europas und Rußlands. Alsdann will er alle Fremden auf einmal begraben, um ihnen Achtung vor Frankreich beizubringen, und läßt sie also bis nach Paris kommen, um sie auf einen Schlag zu erledigen und sich durch eine noch viel größere Schlacht als alle früheren, durch eine wahre Mutterschlacht, auf den höchsten Gipfel seines Ruhmes zu schwingen. Aber die Pariser kriegen

Angst um ihr wertloses Fell, um ihre Zweigroschenbuden und öffnen die Tore; da geht es denn mit diesen Schweinereien à la Ragusa erst richtig los und mit unserem Glück zu Ende. Die Kaiserin machen sie ganz dumm und hängen die weiße Fahne aus den Fenstern. Am Ende verlassen ihn sogar die Generäle, die er zu seinen besten Freunden gemacht hatte, und laufen zu den Bourbonen über, von denen noch nie die Rede war. Und dann sagte er uns Lebewohl in Fontainebleau. – ›Soldaten! ...‹ Ich höre ihn noch, alle weinten wir wie die Kinder; die Adler, die Fahnen waren gesenkt wie bei einer Beerdigung, denn das darf ich euch wohl sagen, das war das Leichenbegängnis des Kaiserreiches, und seine strahlenden Armeen waren bloß noch Skelette. Da sprach er zu uns vom Söller seines Schlosses herab: ›Meine Kinder, wir sind besiegt durch Verrat, aber im Himmel sehen wir uns wieder, im Vaterland der Tapferen. Verteidigt meinen Kleinen, den ich euch anvertraue: es lebe Napoleon II.!‹ Er dachte nämlich dran, zu sterben; und um Napoleon nicht als Besiegten sehen zu lassen, nimmt er Gift, genug, um ein ganzes Regiment umzubringen, weil er sich, ebenso wie Jesus Christus vor seinem Leidenswege, von Gott und seinem Talisman verlassen glaubte; aber das Gift kann ihm überhaupt nichts anhaben. Sonderbar! Nun merkt er, er ist unsterblich. Seiner Sache sicher und daß er immer Kaiser bleiben wird, geht er 'ne Zeitlang auf eine kleine Insel, um die Sinnesart der Leute zu studieren, die es nicht lassen können, dauernd Dummheiten zu machen. Während er da so Wache schiebt, da hielten die Chinesen und all das Viehzeug da an der Küste von Afrika, die berberischen und sonst noch welche, die höllisch ungemütlich werden können, die hielten ihn für so ganz was anderes als einen Menschen, daß sie vor seiner Flagge mächtige Achtung zeigten und sagten, daran rühren hieße sich mit Gott anlegen. So herrschte er über die ganze Welt, während die da ihn aus seinem Frankreich vor die Tür gesetzt hatten. Da schifft er sich nun wieder in derselben Nußschale wie in

Ägypten ein, schlüpft den englischen Schiffen an der Nase vorbei, setzt den Fuß auf französischen Boden, Frankreich erkennt ihn, der heilige Kuckuck fliegt wieder von Kirchturm zu Kirchturm, ganz Frankreich schreit: ›Es lebe der Kaiser!‹ Und hierzulande war die Begeisterung für dies Wunder der Jahrhunderte echt, die Dauphiné hat sich sehr gut aufgeführt; mir hat's besondere Genugtuung bereitet, als ich erfuhr, daß die Leute beim Anblick seines grauen Mantels weinten. Am ersten März geht Napoleon mit zweihundert Mann an Land, um das Königreich von Frankreich und Navarra zu erobern, das am zwanzigsten wieder das französische Kaiserreich wurde. An diesem Tag befand er sich in Paris, hatte alles vor sich hinweggefegt, sein liebes Frankreich wiedergewonnen und seine alten Krieger durch bloß drei Worte wieder um sich versammelt: ›Da bin ich!‹ Das ist das größte Wunder, das Gott je vollbracht hat! Hat jemals vor ihm ein Mensch ein Kaiserreich dadurch gewonnen, daß er bloß seinen Hut zeigte? Glaubte man, Frankreich wäre tot? Keine Spur. Beim Anblick seiner Adler bildet sich aufs neue eine nationale Armee, und wir marschierten alle nach Waterloo. Aber dort fällt die Garde auf einen Streich. Dreimal wirft Napoleon sich verzweifelt an der Spitze der übrigen vor die feindlichen Geschütze, ohne den Tod zu finden! Wir haben's gesehen, wir alle! Doch die Schlacht ist verloren. Am Abend ruft der Kaiser seine alten Soldaten zusammen, verbrennt auf einem Feld, das von unserm Blut getränkt war, seine Fahnen und seine Adler; die armen Adler, immer siegreich, die in der Schlacht immer ›Vorwärts!‹ riefen und die über ganz Europa geflogen waren, die wurden so vor der Schande gerettet, dem Feinde zuzufallen. Alle Schätze Englands könnten denen nicht mal den Schwanz eines einzigen Adlers verschaffen. Keine Adler mehr! Der Rest ist allgemein bekannt. Der ›Rote Mann‹ geht zu den Bourbonen über, Lump der er ist. Frankreich liegt am Boden, der Soldat gilt nichts mehr, man nimmt ihm, was man ihm schuldet, schickt ihn nach Hause, um Adlige an seine Stelle zu setzen, die nicht marschieren konnten, ohne daß es einen erbarmte. Durch Verrat bemächtigt man sich Napoleons, die Engländer setzen ihn fest auf einer einsamen kleinen Insel im großen Meer, auf einem Felsen, zehntausend Fuß hoch über der Erde. Ende der Geschichte, da muß er bleiben, bis der ›Rote Mann‹ ihm zum Wohle Frankreichs seine Macht wiedergibt. Die dort oben sagen, er wäre tot! Ach jawoll, tot! Man merkt gleich, die kennen ihn gar nicht. Sie wiederholen diese Mär bloß andauernd, um das Volk an der Nase herumzuführen und es bei dieser Lumpenregierung ruhig zu halten. Hört: die Wahrheit ist, seine Freunde haben ihn in der Wüste allein gelassen, damit in Erfüllung gehen kann, was ihm prophezeit wurde, denn ich vergaß noch euch zu sagen, sein Name Napoleon bedeutet der ›Wüstenlöwe‹. Und das alles ist so wahr wie das Evangelium. Alles, was ihr sonst über den Kaiser sagen hört, ist Schnickschnack ohne Hand und Fuß. Denn seht mal, Gott hätte keiner Mutter Sohn das Recht gegeben, seinen Namen blutrot so, wie er das getan hat, über die Erde zu schreiben, die seiner ewig gedenken wird! Es lebe Napoleon, der Vater des Volkes und des Soldaten!«

»Hoch lebe General Eblé!« rief der Brückenbauer.

»Wie habt ihr's denn bloß angestellt, daß ihr in der Schlucht da an der Moskwa nicht auch umgekommen seid?« fragte eine Bäuerin.

»Weiß ich das? Hinein gingen wir ein Regiment stark, hundert von uns waren hernach noch übrig, denn nur die Infanterie war imstande, sie zu nehmen! Die Infanterie, seht ihr, die ist doch alles in einer Armee …«

»Und die Kavallerie, bitte sehr!« rief Genestas, ließ sich von oben auf dem Heu herunterrutschen und erschien vor ihnen mit einer Schnelligkeit, die auch den Mutigsten einen Schreckensruf ausstoßen ließ. »Ha, mein Alter, du vergißt die roten Ulanen Poniatowskis, die Kürassiere, die Dragoner und alles Drum und Dran! Als Napoleon ungeduldig wurde, weil seine Schlacht sich nicht zum Sieg entscheiden wollte, und er zu Murat sagte: ›Sire, hau mir das mal entzwei‹ dann gingen wir erst im Trabe vor, dann im Galopp; eins, zwei! und das feindliche Heer war mittendurch geschnitten wie ein Apfel mit dem Messer. Eine Kavallerieattacke, mein Alter, das ist doch wie 'ne ganze Reihe Kanonenkugeln!«

»Und die Brückenbauer?« rief der Taube.

»Ach Kinder!« rief Genestas, während er sich, ganz beschämt über seinen plötzlichen Auftritt, hier mitten in diesem schweigenden, überraschten Kreise sah, »hier gibt's ja keine Spitzel! Hier, dafür trinkt eins auf den kleinen Korporal.«

»Es lebe der Kaiser!« riefen alle Versammelten wie mit einer Stimme.

»Pst, Kinder!« sagte der Offizier und zwang sich, seinen tiefen Schmerz zu verbergen. »Pst! Er ist tot, er starb mit den Worten: ›Ruhm, Frankreich, und Schlacht.‹ Er mußte wohl sterben, Kinder, aber die Erinnerung? … Niemals.«

Goguelat gab ein Zeichen der Ungläubigkeit von sich und sagte dann leise zu seinen Nachbarn: »Der Offizier steht noch im Dienst, die haben Befehl, dem Volke zu sagen, der Kaiser wäre tot. Da müssen wir ihm nicht böse drüber sein, denn, seht, der Soldat kennt ja nichts als seinen Befehl.«

Beim Verlassen der Scheune hörten sie, wie die Fosseuse sagte: »Der Offizier da ist ein Freund des Kaisers und von Monsieur Benassis, seht.« Sämtliche Teilnehmer des Spinnabends stürzten zur Tür, um den Major noch einmal zu sehen; und beim Mondenschein sahen sie, wie er den Arm des Arztes nahm.

»Da hab ich eine Dummheit gemacht«, sagte Genestas. »Lassen Sie uns rasch nach Hause gehen! Die Adler, die Geschütze, die Feldzüge! … Ich wußte gar nicht mehr, wo ich war.«

»Na, was sagen Sie denn nun zu meinem Goguelat?« fragte Benassis ihn.

»Monsieur, bei solchen Erzählungen wird Frankreich für immer seine vierzehn Armeen der Republik im Bauch haben und noch bei jeder Konversation im Kanonendonner mit Europa seinen Mann stehen. Das ist meine Meinung.«

Nach einer kleinen Weile erreichten sie Benassis' Haus und fanden sich bald beide in Gedanken versunken im Salon wieder, wo jeder an einer Ecke des Kamins Platz genommen hatte, in dem das langsam verglühende Feuer noch ein paar Funken sprühte.

Trotz aller Vertrauensbeweise, die er von dem Arzt empfangen hatte, zögerte Genestas doch noch, eine letzte Frage an ihn zu richten, die wohl indiskret hätte erscheinen können; aber nachdem er ihn mehrmals forschend angesehen hatte, wurde er durch eins jener anmutvollen Lächeln ermutigt, die die Lippen wahrhaft starker Naturen beleben und durch das Benassis ihm bereits eine günstige Antwort zu geben schien. Er sprach daher zu ihm: »Monsieur, Ihr Leben ist so ganz anders als das gewöhnlicher Menschen, daß es Sie wohl kaum überrascht, wenn ich Sie nach dem Grund Ihrer Zurückgezogenheit frage. Sollte meine Neugierde Ihnen ungehörig erscheinen, so müssen Sie doch zugeben, daß sie sehr natürlich ist. Sehen Sie, ich hatte Kameraden, die ich niemals geduzt habe, selbst nicht nach mehreren gemeinsam bestandenen Feldzügen; aber andere indessen, zu denen ich sagen konnte: ›Geh und hol unser Geld vom Zahlmeister!‹, und das drei Tage, nachdem wir uns zum erstenmal miteinander betrunken hatten, wie das zuweilen auch dem anständigsten Kerl bei solchen unumgänglichen Zechgelagen zustoßen kann. Ja, sehen Sie, Sie sind einer von den Menschen, deren Freund ich werde, ohne auf ihre Erlaubnis zu warten, ja eigentlich ohne zu wissen, warum.«

»Capitaine Bluteau …«

Schon seit geraumer Zeit konnte sein Gast, sooft der Arzt den von ihm angenommenen falschen Namen aussprach, eine leichte Grimasse nicht unterdrücken. Zufällig bemerkte Benassis in diesem Augenblick den Ausdruck des Widerwillens und sah den Soldaten fest an, um zu versuchen, dessen Ursache zu ergründen; da es ihm aber doch wohl schwerlich gelingen konnte, die richtige herauszufinden, so schrieb er dieses Zurückzucken körperlichen Schmerzen zu und fuhr fort: »Monsieur le Capitaine, ich erzähle nur ungern von mir. Schon von gestern an habe ich mir verschiedentlich Gewalt antun müssen, als ich Ihnen von den Verbesserungen berichtete, die ich hier habe durchführen können; aber da handelte es sich ja um die Gemeinde und ihre Einwohner, mit deren Interessen die meinigen sich zwangsläufig verbunden haben. Ihnen jetzt meine Geschichte erzählen, hieße doch nur von mir zu reden, und mein Leben bietet wenig Anziehendes.«

»Und wäre es noch weniger bewegt als das Ihrer Fosseuse«, erwiderte Genestas, »ich möchte es doch kennenlernen, um zu wissen, welche Widerwärtigkeiten einen Mann Ihres Schlages hier in diesen Kanton verschlagen konnten!«

»Monsieur, seit zwölf Jahren habe ich Schweigen darüber gewahrt. Nun ich am Rand des Grabes auf den Schlag warte, der mich hineinstürzen soll, will ich Ihnen ehrlich eingestehen, dies Schweigen fängt an mich zu bedrücken. Seit zwölf Jahren leide ich, ohne den Trost empfangen zu haben, den die Freundschaft gramerfüllten Herzen spendet. Meine armen Kranken, meine Bauern geben mir zwar das Beispiel vollkommener Entsagung; aber ich verstehe sie, und sie merken das wohl; kein Mensch hier kann dagegen meine geheimen Tränen trocknen oder mir den Händedruck eines ehrlichen Mannes bieten, den schönsten Lohn, an dem es niemand fehlt, selbst Gondrin nicht.«

In einer plötzlichen Regung streckte Genestas Benassis die Hand hin, den diese Bewegung tief rührte.

»Die Fosseuse hätte mir vielleicht wie ein Engel zugehört«, fuhr er mit veränderter Stimme fort; »aber vielleicht

hätte sie mich dann geliebt, und das wäre ein Unglück gewesen. Sehen Sie, Monsieur, einzig und allein so ein alter
nachsichtiger Soldat wie Sie oder ein junger Mensch voller
Illusionen könnte meine Beichte anhören, denn sie kann
nur von einem Menschen verstanden werden, dem das Leben zur Genüge bekannt, oder von einem Kind, dem es
noch vollkommen fremd ist. Einstmals beichteten die alten
Hauptleute, wenn sie auf dem Schlachtfeld starben, wo sich
kein Priester fand, ihrem Schwertgriff, dessen Kreuz sie
zum treuen Mittler zwischen Gott und sich selbst machten.
Würden nun Sie, eine der besten Klingen Napoleons, hart
und stark wie Stahl, würden nicht Sie mich am Ende richtig
verstehen? Um an meiner Erzählung Anteil zu nehmen,
muß man sich in gewisse zarte Empfindungen hineinverset-
zen und den natürlichen Glauben schlichter Herzen teilen,
der aber manchem Philosophen lächerlich erscheinen
würde, der sich zu seinem eigenen Vorteil gewisser Grundsätze bedient, die eigentlich der Regierung eines Staates
vorbehalten sind. Ich werde Ihnen ganz aufrichtig von mir
berichten, als Mensch, der weder das Gute noch das
Schlechte in seinem Leben rechtfertigen will, ja, der nichts
vor Ihnen verbirgt, weil er heute abseits der Welt steht,
gleichgültig gegen das Urteil der Menschen und voll Zuversicht auf Gott.«

Benassis hielt inne, stand dann auf und sagte: »Ehe ich
meine Geschichte beginne, möchte ich Tee bestellen. Seit
zwölf Jahren verfehlt Jacquotte nie, hereinzukommen und
zu fragen, ob ich welchen haben möchte, sie würde uns also
sicher unterbrechen. Möchten Sie auch Tee, Monsieur le
Capitaine?«

»Nein, vielen Dank.«

Benassis kam gleich darauf wieder herein.

Viertes Kapitel

Die Beichte des Landarztes

»Ich bin in einer kleinen Stadt im Languedoc geboren, wo
mein Vater sich schon vor langem niedergelassen hatte und
wo meine frühe Kindheit dahinfloß. Im Alter von acht Jahren wurde ich in die Klosterschule von Sorrèze geschickt
und verließ sie erst, um mein Studium in Paris zu vollenden. Mein Vater hatte eine sehr tolle ausschweifende Jugend hinter sich, brachte aber sein vergeudetes Erbe durch
eine glückliche Heirat sowie durch zähes Sparen wieder
ein, wie man es in der Provinz üblicherweise hält, wo man
eitel ist auf das, was man besitzt, und nicht, was man aus-
gibt, und wo das natürliche Streben des Menschen erlischt
und sich in Geiz verkehrt, da es dem Edelmut hier an Nähr-
boden mangelt. Als wohlhabender Mann trachtete er danach, seinem einzigen Sohn die nüchterne Erfahrung wei-
terzugeben, die er gegen seine entschwundenen Jugend-
träume eingetauscht hatte: der letzte, edle Irrtum alter
Leute, die vergeblich versuchen, die eigene Tugend und
kluge Berechnung ihren Kindern zu vermachen, die, noch
bezaubert vom Leben, dessen Freuden genießen wollen.
Diese väterliche Voraussicht gab ihm einen Erziehungsplan
ein, dessen Opfer ich wurde. Mein Vater verheimlichte mir
sorgfältig den Umfang seines Vermögens und verurteilte
mich, zu meinem Besten während meiner schönsten Jahre
alle Entbehrungen und Sorgen eines jungen Menschen
durchzumachen, der darauf brennt, seine Unabhängigkeit
zu erringen; er wünschte mir die Tugenden der Armut einzuflößen: Geduld, Wissensdurst und Arbeitsliebe. Aus eigener Erfahrung sollte ich lernen, wie schwer es ist, ein Vermögen zu erwerben, und, so hoffte er, dann würde ich mein
Erbteil zusammenhalten; sobald ich ferner imstande war,

seinen Rat zu begreifen, drängte er mich, einen Beruf zu erwählen und einzuschlagen. Ich folgte meinen Neigungen und nahm das Studium der Medizin auf. Von Sorrèze, wo ich zehn Jahre unter der fast klösterlichen Zucht der Oratorianer in der Einsamkeit einer Provinzschule verbracht hatte, wurde ich ohne jeden Übergang nach der Hauptstadt gebracht. Mein Vater begleitete mich dorthin, um mich einem seiner Freunde anzuempfehlen. Die beiden Greise ergriffen ohne mein Wissen die kleinlichsten Vorsichtsmaßregeln gegen ein mögliches Aufwallen meiner bis dahin noch recht unschuldigen Jugend. Mein Wechsel wurde strengstens nach den lebensnotwendigen Bedürfnissen berechnet, und ich erhielt ihn alle Vierteljahr nur gegen Vorlage meiner Studienbelege an der École de Médecine. Dieses immerhin verletzende Mißtrauen wurde mit dem Hinweis auf Ordnung und Rechenschaftslegung bemäntelt. Im übrigen zeigte mein Vater sich freigebig gegenüber den für meine Erziehung und für die Freuden des Pariser Lebens notwendigen Kosten. Sein alter Freund, der glücklich war, einen jungen Menschen durch den Irrgarten zu leiten, in den ich jetzt eintrat, gehörte jener Art von Menschen an, die ihre Gefühle genauso sorgfältig ordnen wie ihre Papiere. Zog er sein Tagebuch des vergangenen Jahres zu Rate, wußte er immer genau, was er im selben Monat des Vorjahrs auf Tag und Stunde genau getan hatte. Das Leben war für ihn ein Unternehmen, über das er kaufmännisch Buch führte. Übrigens ein prächtiger Mensch, aber durchtrieben, ängstlich und mißtrauisch, so fehlte es ihm nie an Scheingründen, um die Vorkehrungen zu beschönigen, die er meinethalben ergriff; er kaufte meine Bücher, er bezahlte meine Stunden; wollte ich reiten lernen, so erkundigte der gute Mann sich selbst nach der besten Reitschule, begleitete mich dorthin und kam meinen Wünschen zuvor, indem er mir festtags ein Pferd zur Verfügung stellte. Trotz dieser Greisenkniffe, die ich von dem Augenblick an zu vereiteln wußte, wo ich meinen Vorteil darin sah, mit ihm zu kämpfen, wurde dieser ausgezeichnete Mann mir ein zweiter Vater. – ›Mein lieber Freund‹, sagte er zu dem Zeitpunkt, als er ahnte, ich würde sein Gängelband zerreißen, wenn er es nicht lokkerte, ›junge Leute begehen oft Torheiten, zu denen das Ungestüm ihres Alters sie hinreißt, und es könnte passieren, daß Sie Geld brauchen; kommen Sie dann getrost zu mir. Ihr Vater ist mir früher sehr gefällig gewesen, und ich werde Ihnen stets mit ein paar Talern zur Verfügung stehen; aber belügen Sie mich nie, scheuen Sie sich nicht, mir Ihre Fehltritte einzugestehen, ich bin auch jung gewesen, wir wollen einander schon wie zwei gute Gefährten verstehen.‹ Mein Vater brachte mich nun in einer bürgerlichen Pension im Quartier Latin bei ehrenwerten Leuten unter, wo ich ein recht passabel eingerichtetes Zimmer hatte. Diese erste Unabhängigkeit, die Güte meines Vaters, das Opfer, das er mir scheinbar brachte, bereiteten mir indessen wenig Freude. Vielleicht muß man die Freiheit erst einmal genossen haben, um ihren Wert voll zu ermessen. Nun waren aber die Erinnerungen an meine freie Kindheit unter dem Druck der Widerwärtigkeiten in der Klosterschule, der noch immer auf meinem Geist lastete, fast erloschen. Zudem wiesen die Ratschläge meines Vaters mir neue Aufgaben, und Paris war mir letztendlich noch ein Rätsel, man amüsiert sich dort nicht, ohne über die Vergnügungen Bescheid zu wissen. Ich sah also keine Änderung meiner Lage, außer daß meine neue Schule größer war und sich École de Médecine nannte. Nichtsdestoweniger lernte ich zunächst tapfer drauflos und besuchte pünktlich die Kollegien; mit Ungestüm warf ich mich auf die Arbeit, ohne mir irgendwelche Unterhaltung zu gestatten, mit solcher Bewunderung erfüllten die Schätze der Wissenschaft, von denen die Hauptstadt strotzte, meine Einbildungskraft. Aber bald schon zogen mich unvorsichtig geschlossene Bekanntschaften, deren Gefahren jene töricht vertrauensselige Freundschaft verhüllte, die alle jungen Leute verführt, unmerklich ins Getriebe des Pariser Lebens. Die Theater, die Schauspieler, für die ich mich begeisterte, begannen das Werk meines Verderbens. Die Theateraufführungen in einer großen Stadt sind höchst verhängnisvoll für junge Leute, da sie in eine lebhafte Erregung versetzt werden, gegen die sie dann stets erfolglos ankämpfen; übrigens, meine ich, sind auch Gesellschaft und Gesetze mitschuldig an der Verwirrung, in die diese gestürzt werden. Unsere Gesetzgebung hat sozusagen gegenüber den Leidenschaften, die einen jungen Mann von zwanzig bis fünfundzwanzig Jahren quälen, beide Augen zugedrückt; in Paris stürmt alles auf ihn ein, sein Appetit wird fortwährend gereizt, die Religion predigt ihm das Gute, die Gesetze befehlen es ihm; Verhältnisse und Sitten aber laden ihn zum Bösen: spottet da nicht der ehrlichste Mann, die frömmste Frau der Enthaltsamkeit? Und dann macht diese große Stadt sich anscheinend auch die Ermutigung des Lasters geradezu zur Aufgabe, denn die Hindernisse, die dem jungen Mann den Stand versperren, in dem er sich auf ehrenhafte Weise ein Vermögen erwerben könnte, sind noch zahlreicher als die unaufhörlich seinen Leidenschaften gestellten Schlingen, die ihm das Geld aus der Tasche ziehen sollen. Ich ging also lange Zeit jeden Abend in irgendein Theater und wurde allmählich zum Faulpelz. Im Innnern gab ich klein bei vor meinen Pflichten, verschob oft meine dringlichsten Angelegenheiten auf morgen; bald erledigte ich, statt zu lernen, nur gerade noch so viel, wie unbedingt nötig war, um die für die Doktorprüfung erforderlichen Grade zu erlangen. Den öffentlichen Vorlesungen blieb ich fern, weil die Professoren nach meiner Auffassung nur Unsinn faselten. Ich zerbrach bereits meine Idole, ich wurde Pariser. Kurzum, ich führte das unstete Leben eines jungen Provinzlers, der, plötzlich in die Hauptstadt verschlagen, sich noch einige aufrichtige Empfindungen bewahrt, noch an einigen moralischen Grundregeln festhält, aber durch schlechte Beispiele verdorben wird, obwohl er sich gegen sie zur Wehr setzen will. Ich verteidigte mich schwach, denn die Komplizen waren in meinem Innern. Ja, Monsieur, mein Gesicht trügt nicht, ich habe sämtliche Leidenschaften durchgemacht, die mich geprägt haben. Auf dem Grunde meines Herzens bewahrte ich dennoch ein Gefühl für sittliche Vollkommenheit, das mich auf all meinen Irrwegen verfolgte und mich eines Tages über Überdruß und Gewissensqual zu Gott zurückführen muß als einen Mann, der sich in der Jugend den Durst an den reinen Quellen des Glaubens stillte. Wird nicht jeder, der die Erdenlust lebhaft genießt, früher oder später von den Früchten des Himmels angezogen? Damals durchlebte ich die tausend Glückseligkeiten und tausend Verzweiflungen, die sich mehr oder minder stark in jeder Jugend finden: bald hielt ich das Gefühl meiner Kraft für Willensstärke und täuschte mich über den Umfang meiner Fähigkeiten; bald fiel ich angesichts der geringsten Klippe, die mir im Wege stand, weit tiefer, als natürlicherweise nötig gewesen wäre; ich faßte die hochfliegendsten Pläne, träumte von Ruhm, setzte mich an die Arbeit; aber irgendeine Vergnügungspartie schwemmte alle diese guten Vorsätze hinweg. Die vage Erinnerung an meine großartigen, totgeborenen Pläne ließ einen trügerischen Funken in mir zurück, der mich an mich selbst glauben ließ, ohne mir die nötige Energie zu verleihen, etwas hervorzubringen. Diese selbstüberhebliche Faulheit machte mich zum reinen Laffen. Ist der nicht ein Laffe, der die gute Meinung nicht rechtfertigt, die er von sich selbst hegt? Ich war voll ziellosen Tatendrangs, ich sehnte mich nach den Blumen des Lebens, doch ohne die Arbeit, die sie erblühen läßt. Da ich Schwierigkeiten nicht kannte, hielt ich alles für leicht und schrieb Erfolge in der Wissenschaft und beim Erwerb von Reichtum nur dem glücklichen Zufall zu. Genie war für mich bloße Scharlatanerie. Ich bildete mir ein, gelehrt zu sein, weil ich es werden konnte; und ohne daran zu denken, daß nur geduldiges Ringen große Werke hervorbringt und die Ausführung erst all ihre Mühseligkeiten enthüllt, schmückte ich mich schon mit Lorbeeren. Meine Vergnügungen erschöpften sich bald, das Theater bewahrt seinen Reiz nicht lange. Bald war Paris wieder leer und öde für den armen Studenten, dessen Gesellschaft sich aus einem der Welt unkundig gewordenen Greis und einer Familie zusammensetzte, in der sich nur langweilige Menschen trafen. Und da bummelte ich denn auch wie alle andern jungen Leute, die ihrer einmal eingeschlagenen Laufbahn überdrüssig sind, ohne festes Ziel oder feste Vorstellung ganze Tage lang durch die Straßen, an den Quais entlang, durch die Museen und öffentlichen Parks. Ein unausgefülltes Leben wiegt in diesem Alter schwerer als in jedem andern, denn es steckt dann voller verlorenen Saftes und ergebnisloser Bewegung. Ich verkannte, was ein fester Wille bei einem jungen Menschen vermag, wenn er schöpferisch zu denken versteht und beim Ausführen seiner Ideen über eine geballte Lebenskraft verfügt, die durch den unbeirrten Glauben der Jugend noch verstärkt wird. Als Kinder sind wir arglos und kennen die Gefahren des Lebens noch nicht; als Jünglinge begreifen wir allmählich seine Schwierigkeiten und seine gewaltige Größe; bei dieser Erfahrung sinkt uns zuweilen der Mut; noch Neulinge im Bereich des gesellschaftlichen Lebens, fühlen wir uns unbeholfen, ein Gefühl der Beklemmung ergreift uns, als ständen wir hilflos in fremdem Lande. In jedem Alter verursacht Unbekanntes uns unwillkürliche Schrecken. Der junge Mensch ist wie ein Soldat, der gegen Kanonen anrennt und vor Gespenstern zurückweicht. Er schwankt zwischen den Maximen der Welt hin und her; versteht weder zu geben noch zu nehmen, weder sich zu verteidigen noch anzugreifen, er liebt die Frauen und achtet sie, als hätte er Angst vor ihnen; seine guten Eigenschaften leisten ihm schlechte Dienste, er ist edelmütig, zurückhaltend und frei von jeder eigennützigen Berechnung der Habgier; lügt er, so geschieht es zum Vergnügen und nicht zum Zwecke einer Bereicherung; inmitten aller Irrwege weist sein Gewissen, mit dem er noch nicht zu feilschen begonnen hat, ihm den rechten Weg, den er einzuschlagen zaudert. Die Menschen, die ihrer Natur nach den Eingebungen des Herzens folgen, statt auf den Verstand zu horchen, verharren lange in dieser zwiespältigen Lage. Das war auch bei mir der Fall. Ich wurde der Spielball zweier gegensätzlicher Kräfte. Wurde ich von den Begierden des jungen Mannes vorwärtsgestoßen, hemmte mich sentimentale Albernheit. Das Pariser Leben ist grausam für lebhaft empfindende Herzen: alle Vorteile, deren sich hier der Höhergestellte oder der Reiche erfreut, peitschen ihre Leidenschaft auf; in dieser Welt der Größe und der Niedrigkeit dient die Eifersucht öfter als Dolch denn als Stachel zum Antrieb; inmitten des ständigen Kampfes von Ehrgeiz, Begierden und Haß wird jeder unausweichlich entweder zum Mitschuldigen oder zum Opfer dieses allgemeinen Treibens; unmerklich gerät ein junger Mensch, der fortwährend das Bild glücklichen Lasters oder verlachter Tugend vor Augen hat, ins Wanken; bald reißt das Pariser Leben den Samtglanz von seinem Gewissen; nun setzt das Höllenwerk seiner Demoralisierung ein und nimmt unaufhaltsam seinen Lauf. Das erste aller Vergnügen, das zunächst alle andern in sich schließt, ist von derartigen Gefahren umgeben, daß unbedingt auch der kleinste Schritt, zu dem es herausfordert, bedacht und jede mögliche Konsequenz berechnet sein sollte. Diese Berechnungen führen zum Egoismus. Ist so ein armer, vom Sturme der Leidenschaft fortgerissener Student geneigt, sich zu vergessen, so zeigt seine Umgebung ihm ein derartiges Mißtrauen, daß es sich auf ihn überträgt und er schwerlich umhinkommt, es schließlich voll und ganz zu teilen und sich vor seinen eigenen hochherzigen Ideen zu hüten. Dieser Kampf dörrt das Herz aus, verengt es, treibt das Leben ins Gehirn und bringt so jene Pariser Unempfindlichkeit, jene Sitten hervor, die unter anmutigster Frivolität, unter sich als Gefühlsüberschwang gebärdenden Vorurteilen Politik oder Geld verbergen. Hier hindert auch der Rausch des Glücks nicht einmal die naivste Frau, ständig ihren Verstand zu wahren.

Diese Atmosphäre mußte Einfluß auf meine Haltung und meine Gefühle gewinnen. Die Fehler, die meine Tage vergifteten, hätten das Herz so mancher Mannes nur gering belastet; aber der Südländer hat einen starken Glauben, der ihn an die Wahrheiten der katholischen Religion und an ein zukünftiges Leben glauben läßt. Dieser Glaube verleiht seinen Leidenschaften die Tiefe, seiner Gewissenspein die Dauer. Zu jener Zeit, als ich Medizin studierte, hatten die Militärs überall das Sagen; um einer Frau zu gefallen, mußte man mindestens Oberst sein. Was war ein armer Student in dieser Welt? Nichts. Von der Kraft meiner Leidenschaften lebhaft angestachelt, fand ich doch keinen Ausweg für sie, da Geldmangel mich auf Schritt und Tritt behinderte, mir jeden Wunsch verwehrte; Studium und Ruhm schienen ein gar zu langer Weg zu den Freuden, nach denen es mich verlangte; unschlüssig trieb ich zwischen meiner inneren Scham und den schlechten Beispielen hin und her; sah wohl den Weg zu niedrigen Ausschweifungen geebnet, indessen nichts als Schwierigkeiten, um in gute Gesellschaft zu gelangen. So verbrachte ich trübe Tage, ein Spielball schrankenloser Leidenschaften, tötenden Müßiganges, von Mutlosigkeit und plötzlichen Begeisterungszuständen. Diese Krise endete in einer Weise, wie sie bei jungen Leuten recht häufig vorkommt. Ich hatte stets großen Widerwillen empfunden, das Glück einer Ehe zu trüben; der unwillkürliche Freimut meiner Gefühle hinderte mich auch, sie zu verbergen; es war mir also schon rein körperlich unmöglich, in einem Zustand offenkundiger Lüge zu leben. Im Vorübergehen gepflückte Vergnügungen hatten für mich keinen Reiz, vielmehr kostete ich das Glück gern aus. Da ich nicht schlichtweg lasterhaft war, fand ich mich meiner Vereinsamung gegenüber machtlos, zu oft hatte ich mich vergebens bemüht, Zugang in die große Welt zu erlangen, wo ich vielleicht eine Frau gefunden hätte, die mir die Klippen eines jeden Weges gewiesen, mir ausgezeichnete Manieren beigebracht, mich, ohne meinen Stolz zu verletzen, beraten und überall eingeführt hätte, wo ich nützliche Verbindungen für die Zukunft hätte knüpfen können. In meiner Verzweiflung hätte mich am Ende der gefährlichste Glückszufall verführt; aber mir fehlte alles, selbst die Gefahr! Meine Unerfahrenheit führte mich immer wieder in meine Einsamkeit zurück, in der ich mit meinen getäuschten Sehnsüchten allein blieb. Da endlich knüpfte ich eine zunächst heimliche Beziehung zu einem jungen Mädchen, das ich, sie mochte wollen oder nicht, so lange bestürmte, bis sie mein Geschick mit mir teilte. Dieses Mädchen aus einer ehrenhaften, aber wenig begüterten Familie gab um meinetwillen schon bald ihr bescheidenes Dasein auf und vertraute mir furchtlos ihre Zukunft an, die die Tugend ihr in schönem Licht erscheinen ließ. Meine nur mäßige Lage erschien ihr dabei offenbar als beste Gewähr. Von diesem Augenblick an legten sich die Stürme, die mein Herz durchtobten, meine übersteigerten Wünsche, mein Ehrgeiz, kurz, alles besänftigte das Glück eines jungen Mannes, der weder die Gepflogenheiten der Gesellschaft, noch ihre Anschauungen von Ordnung, noch die Macht der Vorurteile je erfahren hat; aber es war ein vollkommenes Glück, so vollkommen wie das eines Kindes. Ist nicht die erste Liebe eine zweite Kindheit mitten in unseren Tagen voll Mühen und Sorgen? Es gibt Menschen, die das Leben auf einen Schlag begreifen, es so auffassen, wie es ist, die die Irrtümer der Welt erkennen und Nutzen aus ihnen ziehen, die Regeln der Gesellschaft zu ihrem Vorteil verkehren und die Tragweite jeder Sache berechnen können. Diese kühlen Menschen gelten nach Menschensatzung als weise. Dann gibt es aber auch arme Dichter, nervöse, lebhaft empfindende Menschen, die viele Fehler machen; zu diesen letzteren gehörte ich. Meine erste Bindung war ursprünglich keine wahre Leidenschaft, ich folgte nur meinem Trieb und nicht meinem Herzen. Ich opferte ein armes Mädchen mir auf und fand gute Gründe, mir vorzumachen, ich beginge kein Unrecht. Sie ihrerseits war die Hingebung selbst, ein Herz wie Gold, ein gerechter Sinn, eine schöne Seele. Was immer sie mir riet, schlug zum Besten aus. Zunächst fachte ihre Liebe meinen Mut an; dann zwang sie mich ganz sanft, weil sie an mich glaubte, mir Erfolg, Ruhm und Reichtum verhieß, mein Studium wieder aufzunehmen. Heutzutage berührt die Medizin alle anderen Wissenschaften, sich in ihr auszuzeichnen, ist ein schwer errungener, doch seines Lohnes werter Ruhm. Ruhm bedeutet in Paris immer ein Vermögen. Dies junge Mädchen vergaß sich selbst völlig für mich, teilte alle Wechselfälle meines Lebens, und ihre Sparsamkeit ermöglichte in unserer Beschränktheit sogar Luxus. Ich besaß mehr Geld für meine Launen, als wir zu zweit waren, als da ich noch allein gewesen war. Es war die schönste Zeit meines Lebens, Monsieur. Ich arbeitete mit Eifer, ich sah ein Ziel vor mir, hatte Selbstvertrauen; ich teilte meine Gedanken, meine Handlungen einem Geschöpf mit, das mir Liebe und darüber hinaus große Hochachtung einzuflößen vermochte durch ihre Umsicht und Klugheit, die sie in einer Lage entfaltete, wo Klugheit unmöglich schien. Doch ein Tag glich dem anderen, Monsieur. Dieses Gleichmaß des Glückes, der köstlichste Zustand in der Welt, dessen Wert man erst richtig begreift, wenn alle Stürme des Herzens vorüber sind; dieser süße Zustand, in dem kein Lebensüberdruß sich findet, in dem man seine geheimsten Gedanken miteinander austauscht und man verstanden wird; – nun ja, dies Glück wurde einem auf gesellschaftliche Auszeichnung brennenden Mann, der es bereits müde war, dem Ruhm zu folgen, weil er ihm zu langsamen Schrittes ging, dieses Glück wurde ihm bald zur Last. Meine alten Träume begannen mich wieder zu bestürmen. Ich verlangte ungestüm nach den Vergnügungen des Reichtums, und ich forderte sie im Namen der Liebe. Harmlos gab ich diesen Wünschen Ausdruck, wenn mich des Abends die Stimme meiner Freundin aus meiner Versunkenheit riß, wenn ich mich trübsinnig oder nachdenklich in der Wollust eingebildeten Überflusses gehen ließ. Gewiß seufzte dann das süße Geschöpf, das sich ganz meinem Glück geweiht hatte, aus tiefem Herzen. Für sie gab es keinen schmerzlicheren Kummer, als mich etwas wünschen zu sehen, das sie mir nicht im selben Augenblick verschaffen konnte. Ach Monsieur, Aufopferung einer Frau ist erhaben!«

Dieser Ausruf des Arztes drückte geheimen Kummer aus, und er verfiel vorübergehend in Träumerei, die Genestas zu achten wußte.

»Nun ja, Monsieur«, fuhr Benassis fort, »ein Ereignis, das dieses eheliche Zusammenleben hätte festigen müssen, zerstörte es und wurde die Ursache meines Unglücks. Mein Vater starb und hinterließ mir ein beträchtliches Vermögen; die Erbschaftsregelung rief mich für ein paar Monate ins Languedoc, und ich reiste allein dorthin. So fand ich meine Freiheit wieder. Jede Verpflichtung, auch die süßeste, bedrückt die Jugend: erst die Lebenserfahrung bringt uns zur Einsicht, daß Joch und Arbeit notwendig sind. Mit der ganzen Lebhaftigkeit eines Südländers genoß ich es, kommen und gehen zu können, wie's mir beliebte, ohne irgend jemandem Rechenschaft über mein Tun und Treiben schuldig zu sein oder freiwillig abzulegen. Wenn ich auch nicht vollkommen die Bande vergaß, in die ich mich verstrickt hatte, so war ich doch mit Angelegenheiten beschäftigt, die mich von ihnen ablenkten, und unmerklich schwand die Erinnerung an sie. Ein peinliches Gefühl beschlich mich jedesmal, wenn ich daran dachte, daß ich diese Beziehung nach meiner Rückkehr wieder aufnehmen müßte, dann aber fragte ich mich, warum dies überhaupt sein müßte. Indes erhielt ich Briefe voll echter Zärtlichkeit, aber mit zweiundzwanzig Jahren hält ein junger Mann die Frauen alle für gleich zärtlich; er versteht noch nicht zwischen dem Herzen und flüchtiger Leidenschaft zu unterscheiden; er verwechselt alles in den Empfindungen der Lust, die ihm zunächst alles zu umfassen scheinen. Erst viel später, als ich Menschen und Dinge besser kannte, vermochte ich den

Herzensadel dieser Briefe zu begreifen, aus denen das Gefühl frei von Selbstsucht sprach, in denen sie sich meinethalben an meinem Glück erfreute und es ihrethalben beklagte, in denen keine Vermutung aufkam, ich könne mich ändern, weil sie selbst unfähig einer Sinnesänderung war. Ich aber gab mich bereits ehrgeizigen Berechnungen hin und gedachte, alle Freuden der Reichen auszukosten, etwas darzustellen und eine vorteilhafte Ehe einzugehen. Mit geckenhafter Kälte stellte ich lediglich fest: Sie liebt mich sehr! Ich geriet schon in Verlegenheit, wie ich mich dieses Bandes wohl entledigen könnte. Diese Verwirrung, diese Scham führen zur Grausamkeit; der Mann, der einmal angefangen hat, sein Opfer zu verwunden, tötet es, um nicht vor ihm erröten zu müssen. Die Überlegungen, die ich über jene Tage des Irrens anstellte, haben mir so manche Abgründe des Herzens enthüllt. Ja, Monsieur, glauben Sie mir, die tiefgründigsten Kenner aller Laster und Tugenden der menschlichen Natur sind diejenigen, die sie ehrlich an sich selbst studiert haben. Unser eigenes Bewußtsein ist immer der Ausgangspunkt. Von uns aus schließen wir auf die Menschen, nie von den Menschen auf uns. Als ich nach Paris zurückkehrte, bezog ich ein großes Haus, das ich hatte mieten lassen, ohne dem einzigen Menschen, den es anging, weder von meinem Sinneswandel noch von meiner Rückkehr Nachricht zu geben. Ich wünschte unter den jungen Tageshelden eine Rolle zu spielen. Nachdem ich ein paar Tage lang die ersten Freuden des Überflusses gekostet und mich an ihnen genügend berauscht hatte, um nicht schwach zu werden, besuchte ich das arme Geschöpf, das ich im Stich lassen wollte. Mit dem allen Frauen angeborenen Feingefühl erriet sie meine geheimen Absichten und verbarg mir ihre Tränen. Sie mußte mich wohl verachten; aber immer sanft und gut, ließ sie mich das nie fühlen. Diese Nachsicht quälte mich fürchterlich. Ob Salon- oder Straßenmörder, wir wünschen, daß unser Opfer sich verteidigt, denn dann rechtfertigt der Kampf scheinbar seinen

Tod. Also wiederholte ich meine Besuche auf recht herzliche Weise. War ich auch nicht zärtlich, so gab ich mir doch alle Mühe, liebenswürdig zu erscheinen; dann wurde ich ganz allmählich höflich. Eines Tages ließ sie es wie durch stillschweigende Übereinkunft geschehen, daß ich sie wie eine Fremde behandelte, und das kam mir auch ganz schicklich vor. Trotzdem gab ich mich fast wie ein Rasender der Welt hin, um in ihren Festen die wenigen mir noch gebliebenen Gewissensbisse zu ersticken. Wer sich verachtet, kann nicht allein sein, und so führte ich in Paris das vergnügungsheischende Leben, das vermögende junge Leute dort führen. Da ich einige Bildung und ein gutes Gedächtnis besaß, schien ich mehr Geist zu haben, als tatsächlich vorhanden, und hielt mich daher den anderen überlegen; diejenigen, die irgendein Interesse daran hatten, mir zu beweisen, ich sei ein höherstehender Mensch, fanden mich davon schon voll überzeugt. Diese Überlegenheit wurde so leicht anerkannt, daß ich mir nicht einmal die Mühe gab, sie zu rechtfertigen. Von allen Praktiken der Gesellschaft ist die Lobhudelei die niederträchtigste. In Paris verstehen es vor allem die Politiker jeder Couleur, ein Talent bereits bei der Geburt unter verschwenderisch in die Wiege geworfenem Lorbeer zu ersticken. Ich machte daher meinem Ruf durchaus keine Ehre, nutzte die Gunst der Stunde nicht, mir eine Karriere zu eröffnen und vorteilhafte Verbindungen einzugehen. Statt dessen gab ich mich tausenderlei Leichtfertigkeiten hin. Ich befleißigte mich sämtlicher Eintagsleidenschaften, die die Schande der Pariser Salons sind, wo jeder wahre Liebe sucht, auf dieser Suche abstumpft, in die Liederlichkeiten der Vornehmen verfällt und endlich über eine wahre Liebe so staunt, wie die Welt über eine gute Tat. Ich machte es wie alle anderen und verletzte oft unverdorbene, edle Seelen durch die gleichen Schläge, die mich zutiefst getroffen hatten. Trotz des äußeren Anscheins, der ein falsches Bild von mir gab, barg ich in meinem Inneren ein unverwüstliches Zartgefühl, dem ich stets gehorchte. So wurde ich bei manchen Gelegenheiten übers Ohr gehauen, wo ich andernfalls hätte erröten müssen, und durch diese Gutgläubigkeit, zu der ich mich innerlich beglückwünschte, verlor ich die Achtung anderer. In der Tat zeigt die Welt großen Respekt vor der Gewandtheit, in welcher Form sie sich auch zeigt. Für sie ist der Erfolg stets Gesetz. Die Welt schrieb mir also Laster zu, Eigenschaften, Siege und Niederlagen, die ich gar nicht aufzuweisen hatte; sie sprach von galanten Eroberungen, von denen ich keine Ahnung hatte; sie tadelte mich für Handlungen, die mir völlig wesensfremd waren; aus Stolz verschmähte ich es, diese Verleumdungen Lügen zu strafen, und nahm aus Eigenliebe schmeichelhafte Nachreden hin. Mein Leben war dem Schein nach glücklich, in Wirklichkeit jammervoll. Ohne das Unglück, das bald über mich hereinbrach, hätte ich mit der Zeit meine guten Eigenschaften verloren und die schlechten über mich triumphieren lassen im beständigen Spiel der Leidenschaften, durch das Übermaß den Körper entnervender Genüsse und durch die abscheulichen Gewohnheiten des Egoismus, die die Kräfte der Seele verzehren. Ich richtete mich zugrunde. Und zwar so. In Paris trifft jeder Mensch, ganz einerlei, wie groß sein Vermögen ist, stets auf ein noch größeres, das er ins Visier nimmt und übertreffen möchte. Als Opfer dieses Kampfes mußte ich genau wie manch anderer Hohlkopf am Ende von vier Jahren ein paar meiner Güter verkaufen und andere mit Hypotheken belasten. Dann traf mich ein furchtbarer Schlag. Etwa zwei Jahre hatte ich das Mädchen, das ich verlassen hatte, nicht gesehen, aber so wie ich es trieb, hätte das Unglück mich sicher zu ihr zurückgeführt. Eines Abends erhielt ich inmitten einer ausgelassenen Gesellschaft ein von schwacher Hand geschriebenes Billett in etwa folgendem Wortlaut: ›Ich habe nur noch wenige Augenblicke zu leben; ich möchte Sie sehen, mein Freund, um das Schicksal meines Kindes zu erfahren, um zu wissen, ob es auch das Ihre sein wird; auch möchte ich die Reue mildern, die Sie eines

Tages über meinen Tod empfinden könnten.‹ Dieser Brief ließ mich erstarren, er enthüllte mir die verborgenen Schmerzen der Vergangenheit wieder, wie er die Geheimnisse der Zukunft umschloß. Ohne auf einen Wagen zu warten, lief ich zu Fuß durch ganz Paris, gehetzt von meinen Gewissensbissen und von einem neuen Gefühl übermannt, das dauerhaft wurde, sowie ich mein Opfer wiedersah. Die Sauberkeit, unter der sich das Elend dieser Frau verbarg, schilderte mir alle Ängste ihres Lebens; sie ersparte mir die Scham, indem sie mit edler Zurückhaltung darüber sprach, nachdem ich feierlich versprochen hatte, unser Kind zu adoptieren. Diese Frau starb, Monsieur, trotz aller Fürsorge, die ich ihr angedeihen ließ, trotz aller Hilfsmittel der Wissenschaft, die ich vergeblich aufbot. Diese Sorge, diese späte Hingebung vermochten ein wenig von der Bitterkeit ihrer letzten Augenblicke zu nehmen. Sie hatte unaufhörlich gearbeitet, um ihr Kind aufzuziehen und zu ernähren. Ihr Muttergefühl hatte dem Unglück trotzen lassen, nicht aber ihrem tiefsten Schmerz, dem über meinen Verrat. Hundertmal hatte sie sich an mich wenden wollen, hundertmal hatte ihr weiblicher Stolz sie davor zurückgehalten; sie weinte, ohne mich zu schmähen, wenn sie daran dachte, wie ich das Geld mit vollen Händen für meine Launen verschwendete, die Erinnerung an sie keinen roten Heller für ihren armen Haushalt abzweigen ließ, um Mutter und Kind im Leben weiterzuhelfen. Sie nahm dieses Elend wie die natürliche Strafe für ihren Fehltritt hin. Mit Hilfe eines guten Priesters von Saint-Sulpice, dessen milde Stimme ihr die Ruhe wiedergab, hatte sie ihre Tränen im Schatten der Altäre getrocknet und dort Hoffnung gesucht. Ganz allmählich klang das bittere Leid, das ich ihr zugefügt hatte, ab. Als sie eines Tages ihren Sohn ›Mein Vater!‹ sagen hörte, ein Wort, das sie ihn nicht gelehrt hatte, verzieh sie mir mein Verbrechen. Aber die Tränen und das Leid, die Arbeit bei Tag und bei Nacht hatten ihre Gesundheit zerrüttet. Zu spät brachte ihr der Glaube den Trost und den Mut, das Unglück ihres Lebens zu ertragen. Ihre Ängste, ihr ständiges Warten auf meine Wiederkehr, eine Hoffnung, die immer wieder erstand, obgleich ich sie immer wieder enttäuschte, riefen ein Herzleiden hervor. Erst als sie das Schlimmste vor sich sah, schrieb sie von ihrem Todesbett die paar jeden Tadels baren und von ihrer Frömmigkeit, aber auch ihrem Glauben an meine Güte eingegebenen Worte. Sie wußte mich, sagte sie, eher verblendet als verdorben; sie ging so weit, sich anzuklagen, in ihrem Stolz zu weit gegangen zu sein. ›Hätte ich eher geschrieben, hätten wir vielleicht noch Zeit gehabt, unser Kind durch eine Eheschließung zu legitimieren.‹ Sie wünschte dieses Band nur ihres Kindes wegen und hätte es nie gefordert, hätte sie es nicht bereits als durch den Tod gelöst angesehen. Aber es war keine Zeit mehr, sie hatte nur noch wenige Stunden zu leben. An diesem Bett, Monsieur, an dem ich den Wert eines liebenden Herzens erkannte, änderte ich mich auf immer. Ich befand mich in einem Alter, wo das Auge noch Tränen besitzt. Während der letzten Tage, die dieses teure Leben noch dauerte, bezeugten meine Worte, meine Handlungen, meine Tränen die Reue eines ins Herz getroffenen Mannes. Zu spät erkannte ich diese auserwählte Seele, die ich nach den Kleinlichkeiten der Welt, der Nichtigkeit, der Selbstsucht der Modedamen suchte und ersehnte. Müde all dieser Larven, müde all dieser Lügen, hatte ich mich nach wahrer Liebe gesehnt, von der mich meine erkünstelten Leidenschaften träumen ließen; hier stand ich bewundernd vor ihr, hatte sie selbst getötet und konnte sie nicht festhalten, während sie mir noch so ganz angehörte. Die Erfahrung von vier Jahren hatte mir meinen wahren Charakter enthüllt. Mein ganzes Wesen, mein Sinnen und Trachten, meine religiösen Grundsätze, weniger zerstört als eingeschläfert, meine Geistesverfassung, mein verkanntes Herz, alles in mir drängte mich schon seit geraumer Zeit, mein Leben in Herzensglück, meine Leidenschaft in Familienfreuden, den wahr-

haftigsten von allen, aufgehen zu lassen. Als ich mich so in
der Leere eines ziellos bewegten Daseins mit mir selbst her-
umschlug, ein Vergnügen auspreßte, das immer bar aller
Gefühle blieb, die es hätten verschönern sollen, erregten
Vorstellungen eines solchen traulichen Lebens mein Gemüt
auf das lebhafteste. So wurde die Umwälzung, die sich,
wenn auch plötzlich, in meinen Sitten vollzog, von Dauer.
Sicher hätte mein durch den Aufenthalt in Paris verfälsch-
tes südliches Temperament mich nie so weit hingerissen,
für das Schicksal eines armen betrogenen Mädchens Mitleid
zu empfinden, und ich hätte über ihren Jammer wohl gelacht, wär's mir von irgendeinem Witzbold in lustiger Gesellschaft erzählt worden; in Frankreich verliert sich der
Abscheu vor einer Schandtat immer in der Finesse eines
Bonmots; aber in Gegenwart dieses himmlischen Geschöpfes, dem ich nichts vorzuwerfen hatte, schwieg jede ausge-
klügelte Witzelei; da stand der Sarg, mein Kind lachte mich
an, ohne zu wissen, daß ich seine Mutter gemordet hatte.
Sie starb, und sie starb glücklich, weil sie sah, daß ich sie
liebte und daß diese neue Liebe weder dem Mitleid noch
etwa dem Bande, das uns gezwungenermaßen einte, ent-
sprungen war. Nie werde ich die letzten Stunden ihres To-
deskampfes vergessen, als wiedergewonnene Liebe und be-
friedigtes Muttergefühl ihre Schmerzen zum Schweigen
brachten. Der Überfluß, der Luxus, von dem sie sich nun
umgeben sah, das Lachen ihres Kindes, das in seinen hübschen Kleinkinderanzügen noch anmutiger aussah, nahm
sie als Unterpfand einer glücklichen Zukunft für dies kleine
Wesen, in dem sie sich weiterleben sah. Der Vikar von
Saint-Sulpice, der Zeuge meiner Verzweiflung, redete mir
eindringlich zu, nicht daß er etwa gleichgültigen Trost
spendete, sondern mich das Schwergewicht meiner Verpflichtungen voll erkennen ließ; aber eines solchen An-
sporns bedurfte ich nicht, mein Gewissen sprach laut genug. Ein Mädchen hatte sich mir großherzig anvertraut,
und ich hatte es betrogen, indem ich ihm von Liebe sprach

und es dann verriet; ich trug Schuld an dem Leid eines armen Mädchens; es mußte, nachdem es alle Erniedrigung der Welt auf sich genommen hatte, mir heilig sein. Bevor sie starb, verzieh sie mir; sie vergaß all ihren Schmerz, weil sie im Vertrauen auf das Wort eines Mannes dahinschied, der ihr sein Wort ehemals gebrochen hatte. Nachdem sie mir bereits ihren Mädchenglauben geopfert hatte, fand Agathe auch noch das Herz, mir ihren Mutterglauben preiszugeben. Ach, Monsieur, dies Kind! Ihr Kind! Gott allein weiß, was es mir war. Dies liebe kleine Wesen war wie seine Mutter, anmutig in jeder seiner Bewegungen, jedem seiner Worte, seinen Einfällen. Aber war es für mich nicht viel mehr als ein Kind? War es nicht meine Vergebung, meine Ehre? Ich liebte es so zärtlich wie ein Vater, ich wollte ihm aber auch noch Mutterliebe schenken und so meine Gewissensbisse in Glück umwandeln, wenn es mir gelang, ihm glauben zu machen, daß es nicht aufgehört habe, auf dem Schoß seiner Mutter zu ruhen; und so hing ich an ihm durch alle menschlichen Bande und alle religiöse Zuversicht. In meinem Herzen trug ich all die zärtliche Liebe, die Gott sonst nur einer Mutter verleiht. Die Stimme dieses Kindes ließ mich erbeben; wenn es schlief, beobachtete ich es lange mit immer wiedererwachender Freude, und oft fiel ihm eine Träne auf die Stirn; ich gewöhnte ihm an, sowie er aufwachte, sein Gebet auf meinem Bett herzusagen. Welch süße Rührung, das schlichte reine Gebet des Vaterunsers aus dem frischen, unschuldigen Mund dieses Kindes zu hören, aber auch welch schreckliche Pein! Eines Morgens hielt es nach den Worten: ›Unser Vater, der du bist im Himmel‹ inne und fragte mich: ›Warum denn nicht: Unsere Mutter?‹ Ich war niedergeschmettert. Ich betete meinen Sohn an und hatte doch schon so viele Keime des Unheils in sein Leben gesät. Mag auch das Gesetz die Fehltritte der Jugend anerkennen und sie beinahe beschützen, indem es unehelichen Kindern – wenn auch ungern – eine legale Existenz sichert, die Welt hat doch den innern Widerwillen des Gesetzes durch unüberwindliche Vorurteile befestigt. Aus dieser Zeit, Monsieur, stammen meine ernsten Überlegungen über die Grundlagen der Gesellschaft, über ihren Mechanismus, über die Pflichten des Menschen, über die Moral, die jeden Bürger beseelen sollte. Ein Genie umfaßt auf einen Blick die Beziehungen zwischen den Gefühlen des Menschen und den Geschicken der Gesellschaft; die Religion gibt gutgesinnten Menschen die für ihr Glück notwendigen Grundsätze ein; aber wilden, feurigen Naturen werden sie allein von der Reue diktiert; die Reue erleuchtete mich. Ich lebte nur für ein Kind und durch ein Kind, und das führte mich zum Nachdenken über die großen sozialen Fragen. Ich beschloß, den Knaben persönlich im voraus mit allen erfolgversprechenden Mitteln zu wappnen, um sein Emporkommen sicherzustellen. So umgab ich ihn, um ihn Englisch, Deutsch, Italienisch und Spanisch zu lehren, nacheinander mit Leuten aus diesen verschiedenen Ländern, die ihm von Kindheit an die richtige Aussprache beibringen sollten. Mit Freuden erkannte ich in ihm vorzügliche Anlagen, die ich nutzte, ihn beim Spiel spielerisch zu unterrichten. Ich wollte nicht einen falschen Gedanken in seinen Geist eindringen lassen und versuchte ihn vor allem frühzeitig an geistige Arbeit zu gewöhnen, um ihm jenen raschen, sicheren Blick zu verschaffen, der verallgemeinern kann, und die Geduld zu lehren, die Besonderheiten bis ins kleinste Detail erforscht; und schließlich lehrte ich ihn auch, Leid schweigend zu ertragen. Ich gestattete nicht, daß in seiner Gegenwart ein schmutziges oder auch nur unpassendes Wort gesprochen wurde. Infolge meiner Sorgfalt trugen Menschen und Dinge seiner Umgebung dazu bei, ihn rein und lauter heranzubilden, seine Seele zu erheben, ihm Wahrheitsliebe und Abscheu vor der Lüge einzuflößen, ihn in Worten, Benehmen und Handlungen schlicht und natürlich werden zu lassen. Sein lebhaftes Vorstellungsvermögen ließ ihn alle äußerlichen Übungen ebenso rasch begreifen, wie die rasche Auffassungsgabe ihm die andern erleichterte. Welch herrliches Geschöpf war da heranzubilden! Wie viele Freuden genießt eine Mutter! Nun begriff ich, wie die seinige hatte leben und ihr Unglück ertragen können.

So, Monsieur, das war das größte Ereignis meines Lebens, und jetzt komme ich zu der Katastrophe, die mich in diesen Kanton verschlug. Jetzt erzähle ich Ihnen die alltäglichste, simpelste Geschichte der Welt, die aber für mich die schrecklichste war. Ich hatte so alle meine Sorge ein paar Jahre lang dem Kind angedeihen lassen, aus dem ich einen Mann machen wollte, als meine Einsamkeit mich zu ängstigen begann; mein Sohn wuchs heran, bald würde er mich verlassen. Die Liebe war eine Existenzgrundlage meiner Seele. Ich verspürte ein Verlangen nach Zuneigung, das, sooft es auch enttäuscht, immer stärker wurde und mit wachsendem Alter zunahm. Alle Voraussetzungen für eine echte Bindung trug ich also in mir. Ich war geprüft, wußte, welches Glück die Beständigkeit barg, wußte ein Opfer in Freude zu wandeln; um die geliebte Frau würde sich all mein Tun und Denken drehen. Meine Phantasie malte mir eine Liebe aus, die einen solchen Grad der Gewißheit erreicht hat, daß zwei Wesen so sehr von ihr durchdrungen sind und das Glück völlig in ihr Leben, in ihre Worte und Blicke übergeht und unerschütterlich ist. Diese Liebe ist dann dem Leben, was frommer Glaube der Seele, sie belebt es, trägt es und erhellt es. Ich faßte die eheliche Liebe anders auf als die meisten Männer und fand, ihre Schönheit, ihre Großartigkeit beruhe gerade in den Dingen, die sie in so manchen Ehen zugrunde gehen lassen. Von der sittlichen Größe eines Lebens zu zweit, wo beide Partner so völlig vertraut miteinander sind, daß die alltäglichsten Verrichtungen kein Hindernis für den Fortbestand dieses Gefühls bilden könnten, war ich lebhaft überzeugt. Aber wo zwei Herzen mit derart gleichgestimmtem Pulsschlag finden, entschuldigen Sie diesen wissenschaftlichen Ausdruck, um zu einer solchen himmlischen Einheit zu gelangen? Gibt es sie überhaupt, dann versetzten Natur oder Zufall sie in so große Entfernung voneinander, daß sie sich nicht erreichen können, einander zu spät kennenlernen oder zu früh durch den Tod getrennt werden. Dieses Verhängnis muß einen Sinn haben, aber ich habe mich nie bemüht, ihn zu finden. Ich leide zu sehr an meiner Wunde, als daß ich sie noch untersuchen möchte. Vielleicht ist das vollkommene Glück etwas Ungeheuerliches, das unsere Gattung nicht fortpflanzen würde. Mein inbrünstiger Wunsch nach einer solchen Ehe wurde durch andere Gründe hervorgerufen. Ich besaß keine Freunde. Für mich war die Welt verödet. In mir ist etwas, das sich dem süßen Phänomen einer Seelengemeinschaft widersetzt. Einige Bekannte suchten mich wohl auf; aber nichts zog sie zu mir zurück, sosehr ich mich um sie bemühte. Für viele Menschen hatte ich auf das, was die Welt Überlegenheit nennt, verzichtet; ich hielt ihren Schritt, dachte ihre Gedanken, lachte ihr Lachen, entschuldigte ihre Fehler; hätte ich Ruhm erlangt, ich hätte ihn ihnen für ein klein wenig Zuneigung verkauft. Sie ließen mich ohne Bedauern fallen. Alles in Paris wird einer nach wahrem Gefühl suchenden Seele zum Fallstrick und zum Leid. Wohin ich in der Welt den Fuß setzte, verbrannte der Boden rings um mich her. Den einen war meine Gefälligkeit Schwäche; zeigte ich ihnen die Löwenklaue des Mannes, der die Kraft in sich fühlt, eines Tages die Macht an sich zu reißen, fanden sie mich bösartig; für andere wieder wurde das köstliche Lachen, das mit zwanzig Jahren aufhört und dem wir uns später beinahe verschämt hingeben, Gegenstand ihres Spottes, amüsierte sie. Heutzutage langweilt die Welt sich, aber verlangt nichtsdestoweniger Ernsthaftigkeit auch in der gleichgültigsten Unterhaltung. Welch fürchterliche Epoche! Man beugt sich vor jedem höflichen Menschen, sosehr man auch seine Mittelmäßigkeit und Kälte haßt; man gehorcht ihm eben doch. Später habe ich die Ursachen dieser scheinbaren Inkonsequenz herausgefunden. Die Mittelmäßigkeit, Monsieur, genügt zu jeder

Stunde des Lebens; sie ist das Alltagskleid der Gesellschaft; alles, was sich von dem vagen Schatten, den Mittelmäßige verbreiten, abhebt, ist zu strahlend; Genie und Ursprünglichkeit sind Kleinodien, die man verschließt und hütet, um sich an gewissen Tagen mit ihnen zu schmücken. Kurzum, Monsieur, so war ich einsam inmitten von Paris und konnte nichts in der Welt finden, sie gab mir nichts, während ich ihr alles bot; als Mann fand ich in meinem Sohn nicht genug, um mein Herz zu befriedigen. Und eines Tages, als ich mein Leben bereits erkalten fühlte, als die Bürde meines geheimen Elends mich niederdrückte, begegnete ich der Frau, die mich die Liebe in ihrer ganzen Heftigkeit kennen lehrte, die Hochachtung vor einer eingestandenen Liebe, die Liebe mit all ihrer beseligenden Hoffnung auf Glück, kurz, die wahre Liebe! Ich hatte die Bekanntschaft mit dem alten Freunde meines Vaters wieder aufgenommen, der sich früher so sehr um mich gekümmert hatte; bei ihm sah ich das Mädchen, für das ich eine Liebe empfand, die mein Leben lang dauern sollte. Je älter der Mensch wird, Monsieur, um so mehr erkennt er den gewaltigen Einfluß der Ideen auf die Ereignisse. Durchaus ehrenhafte, von den edlen Ideen der Religion erzeugte Vorurteile wurden die Ursache meines Unglücks. Dies junge Mädchen gehörte einer äußerst frommen katholischen Familie an, deren religiöse Anschauungen vom Geist einer Sekte geprägt waren, die unpassenderweise jansenistisch genannt wurde und ehemals in Frankreich viel Wirbel verursacht hat; wissen Sie auch, warum?«

»Nein«, gestand Genestas.

»Jansenius, Bischof von Ypern, hatte ein Buch geschrieben, in dem man Anschauungen zu erkennen glaubte, die mit den Doktrinen des Heiligen Stuhles nicht vereinbar wären. Später schienen diese Textstellen nichts Ketzerisches mehr zu enthalten; ja manche Autoren gingen sogar so weit, das Vorhandensein derartiger Maximen überhaupt zu leugnen. Diese an sich unbedeutenden Auseinandersetzungen spalteten die gallikanische Kirche in zwei Parteien, die der Jansenisten und die der Jesuiten. Auf beiden Seiten fanden sich große Männer. Es wurde ein Kampf zwischen zwei mächtigen Parteien. Die Jansenisten beschuldigten die Jesuiten, eine zu laxe Moral zu lehren, und bekannten sich demgegenüber zu einer übersteigerten Reinheit der Sitten und Glaubenssätze; die Jansenisten wurden in Frankreich eine Art katholischer Puritaner, falls man diese beiden Begriffe überhaupt miteinander verbinden kann. Während der Französischen Revolution bildete sich in Frankreich infolge der an sich wenig bedeutenden, durch das Konkordat hervorgerufenen Kirchenspaltung eine Gemeinde reiner Katholiken, die den von der Revolutionsmacht nach ebendiesem Abkommen mit dem Papst eingesetzten Bischöfen ihre Anerkennung verweigerte. Dies Häuflein Getreuer bildete das, was man ›die kleine Kirche‹ nennt, deren Schäflein sich wie die Jansenisten zu jener vorbildlich reinen Lebensführung bekannten, die anscheinend für alle geächteten und verfolgten Glaubensgemeinschaften ein notwendiges Daseinsgesetz ist. Auch mehrere jansenistische Familien gehörten der ›kleinen Kirche‹ an. Die Eltern dieses Mädchens hatten sich jene beiden gleich strengen Sittenlehren zu eigen gemacht, die dem Charakter und der Physiognomie etwas ausgesprochen Eindrucksvolles verleihen; denn absolute Doktrinen vermögen auch der einfachsten Handlung Größe zu verleihen, indem sie sie mit einem zukünftigen Leben verknüpfen. Daraus entspringt jene wunderbare, milde Herzensreinheit, jene Achtung vor anderen und vor sich selbst, daraus die unaussprechliche Empfindsamkeit für Recht und Unrecht, dazu große Barmherzigkeit, aber auch strikteste, ja ich möchte sagen, unversöhnliche Rechtlichkeit; schließlich tiefer Abscheu vor der Sünde, und ganz besonders vor der Lüge, die alle andern in sich schließt. Ich entsinne mich nicht, je köstlichere Augenblicke durchlebt zu haben als damals, wo ich bei meinem alten Freund dies wahrhaftige, schüchterne, zum Gehorsam herangebildete junge Mädchen kennenlernte, aus der all die ihrer Sekte eigenen Tugenden hervorstrahlten, ohne daß sie deshalb irgendeinen besonderen Stolz hervorgekehrt hätte. Ihr schmiegsamer, zarter Wuchs verlieh ihren Bewegungen eine Anmut, die auch ihre Glaubensstrenge nicht abschwächen konnte; ihr Antlitz war edel geschnitten, ihre Züge von der Feinheit eines jungen Wesens aus vornehmer Familie; ihr Blick war stolz und sanft zugleich, ihre Stirn klar; ihr volles Haar war schlicht geflochten und gesteckt und bildete, ohne daß sie es wußte, einen lieblichen Schmuck. Kurzum, Monsieur, sie stellte für mich das Urbild von Vollkommenheit dar, das wir stets in der Frau finden, für die wir entflammt sind; muß man nicht, um sie zu lieben, die Zeichen jener erträumten Schönheit in ihr wiederfinden, die gerade unseren besonderen Vorstellungen entspricht? Richtete ich das Wort an sie, so antwortete sie mir schlicht, ohne Übereilung oder falsche Scham und ohne zu wissen, welches Vergnügen ich bei der Harmonie ihrer Stimme mit ihren äußeren Gaben empfand. Alle diese Engel besitzen die gleichen Merkmale, an denen das Herz sie erkennt, dieselbe sanfte Stimme, dieselbe Zärtlichkeit im Blick, dieselbe Weiße der Haut und etwas Reizvolles in den Bewegungen. Alle diese Eigenschaften stehen in Einklang miteinander, verschmelzen, vereinen sich, um zu bezaubern, ohne daß man erfassen könnte, worin ihr Zauber beruht. Eine göttliche Seele spricht aus all ihren Bewegungen. Ich liebte sie leidenschaftlich. Diese Liebe weckte und befriedigte gleichermaßen die Gefühle, die mich antrieben: Ehrgeiz, Reichtum, kurz meine alten Träume! Schön, vornehm, reich und wohlerzogen, besaß dies Mädchen alle die Vorzüge, die die Welt gebieterisch von einer Frau in so hoher Stellung verlangt, wie ich sie erreichen wollte; gebildet, wie sie war, drückte sie sich mit jener geistreichen Beredsamkeit aus, die in Frankreich selten und doch alltäglich ist, wo bei vielen Frauen auch das reizendste Wort inhaltleer ist, während aus ihr Geist und Verstand sprachen. Schließlich war ihr vor allem ein tiefes Gefühl ihrer Würde eigen, das Hochachtung einflößte; ich kenne nichts Schöneres bei einer Gattin! Doch jetzt will ich einhalten, Monsieur! Die geliebte Frau schildert man immer nur recht unvollkommen; zwischen ihr und uns selbst gibt es Geheimnisse, die vorgeprägt sind und sich jeder Analyse entziehen. Bald war mein alter Freund ins Vertrauen gezogen, und er führte mich in die Familie ein, in der er mich durch sein respektables Ansehen unterstützte. Wurde ich auch zuerst mit jener kühlen Höflichkeit aufgenommen, wie sie zurückgezogen lebende Menschen üben, die aber einmal akzeptierte Freunde nie wieder aufgeben, so gelang es mir später doch, recht vertraulich aufgenommen zu werden. Diesen Beweis von Achtung verdankte ich ohne Zweifel dem Benehmen, an dem ich in meiner Lage festhielt. Trotz meiner Leidenschaft tat ich nichts, was mich in meinen Augen entehrt hätte, zeigte mich nie demütig unterwürfig, schmeichelte ihnen in keiner Weise, obwohl mein Geschick von ihnen abhing, zeigte mich ganz wie ich war, und vor allem als Mann. Sobald mein Charakter ihnen genügend bekannt war, begann mein alter Freund, der ebensosehr wie ich selbst meine traurige Ehelosigkeit beendet zu sehen wünschte, von meinen Hoffnungen zu sprechen, die günstig aufgenommen wurden, aber mit einer Feinheit, die die Männer von Welt nur selten ablegen; und in dem Wunsche, mir zu einer ›guten Partie‹ zu verhelfen, ein Ausdruck, der aus einem so feierlichen Akt eine Art Geschäft macht, bei dem einer der Gatten den andern zu übervorteilen versucht, verschwieg der alte Herr indessen, was er den Fehltritt meiner Jugend nannte. Nach seiner Ansicht hätte die Existenz meines Sohnes moralische Bedenken erregt, denen gegenüber die Vermögensfrage nichts wäre und die einen Bruch herbeigeführt hätten. Er hatte recht. ›Diese Angelegenheit‹, sagte er, ›läßt sich am besten zwischen Ihnen und Ihrer Frau regeln, die Ihnen gewiß voll und ganz verzeihen wird.‹ Um meine Skrupel zum Schweigen zu bringen, überging er keinen der verfänglichen Beweggründe, die die tägliche Erfahrung der Welt eingibt. Ich muß Ihnen gestehen, Monsieur, mein erstes Gefühl trieb mich, trotz meines Versprechens zum Oberhaupt der Familie zu gehen und ihm ehrlich alles zu entdecken; aber seine unbeugsame Strenge ließ mich überlegen, und die möglichen Folgen meines Eingeständnisses erschreckten mich; ich handelte feige mit meinem Gewissen, beschloß zu warten, bis ich von meiner künftigen Braut genügend Beweise ihrer Zuneigung erhalten hätte, daß mein Glück durch diese schreckliche Beichte nicht in Frage gestellt werden könnte. Mein Entschluß, in einem passenden Augenblick alles zu gestehen, drückte den Spitzfindigkeiten der Welt und des klugen Greises den Stempel der Rechtmäßigkeit auf. Ohne Wissen der Freunde des Hauses wurde ich daher von den Eltern des jungen Mädchens als zukünftiger Schwiegersohn betrachtet. Eine besondere Eigenheit jener frommen Familien ist ihre schrankenlose Verschwiegenheit, man schweigt dort über alles, selbst über die gleichgültigsten Dinge. Sie würden nicht glauben, Monsieur, was für eine Tiefe dieser sanfte, auch über die harmlosesten Dinge verbreitete Ernst dem Gefühl verleiht. Jede Beschäftigung war hier nutzbringend; die Frauen verwendeten ihre Mußestunden zur Herstellung von Wäsche für die Armen; die Unterhaltung war nie leichtfertig, und doch war das Lachen nicht aus ihr verbannt, wenn auch die Scherze immer harmlos waren und nichts Bissiges an sich hatten. Die Unterhaltungen dieser Orthodoxen kamen mir erst ganz fremdartig vor, so bar aller Pikanterie, die Klatsch- und Skandalgeschichten gesellschaftlicher Konversation sonst verleihen; denn allein der Vater und der Oheim lasen die Zeitungen, und meine Zukünftige hatte noch nie ein Auge auf diese Blätter geworfen, deren unschuldigstes noch von Verbrechen und öffentlichen Lastern spricht; doch im Laufe der Zeit wirkte reine Luft auf die Seele wie Grautöne auf unser Auge, sie empfand eine wohltuende Entspannung, eine milde Ruhe. Dies Leben erschien zunächst erschreckend eintönig. Der Anblick des Hausinneren hatte etwas Eisiges: alle Tage sah ich dort sämtliche Möbel, auch die häufigst gebrauchten, stets in derselben Weise gestellt, und die unscheinbarsten Gegenstände immer gleich sauber. Trotzdem hat diese Lebensweise etwas sehr Anziehendes. Nachdem ich den ersten Widerwillen eines an wechselvolle Vergnügungen, an Luxus, an den ganzen Pariser Trubel gewöhnten Mannes überwunden hatte, erkannte ich die Vorzüge eines solchen Daseins; es entwickelt die Gedanken zu ihrer vollen Entfaltung und reizt zu unwillkürlichen Betrachtungen; das Herz herrscht in ihm, nichts lenkt es ab, schließlich gewahrt man darin etwas, was so unermeßlich ist wie das Meer. Weil man sich hier wie im Kloster ständig denselben Gegenständen gegenübersieht, löst sich das Denken zwangsläufig von ihnen und wendet sich ungeteilt der Unendlichkeit der Gefühle zu. Bei einem so aufrichtig Liebenden, wie ich es war, steigerten die Stille, die Schlichtheit des Lebens, die fast klösterliche Wiederholung der gleichen Handlung zur gleichen Stunde die Liebe nur. Durch diese tiefe Ruhe gewannen die geringsten Bewegungen, ein Wort, eine Geste einen außerordentlichen Reiz. Wo dem Ausdruck der Gefühle keinerlei Zwang angetan wird, bieten ein Blick, ein Lächeln zwei sich verstehenden Herzen unerschöpfliche Möglichkeiten, ihre Wonnen und ihre Kümmernisse mitzuteilen. Auch begriff ich damals, daß die Sprache bei all dem Reichtum ihrer Redewendungen nicht so mannigfaltig, so beredt ist wie das Austauschen eines Blickes und das Zusammenstimmen eines Lächelns. Wie oft habe ich versucht, meine ganze Seele in mein Auge oder auf meine Lippen zu legen, wenn ich mich gezwungen sah zu schweigen und doch gleichzeitig die ganze Gewalt meiner Liebe einem jungen Mädchen zum Ausdruck bringen wollte, die in meiner Nähe stets gleichbleibend ruhig blieb, der auch das Geheimnis meiner Anwesenheit in der Wohnung noch nicht enthüllt worden war: denn ihre Eltern wollten ihr bei dieser wichtigsten Entscheidung ihres Lebens freie Wahl lassen. Aber wenn man wahre Leidenschaft empfindet, stillt dann nicht die Gegenwart des geliebten Wesens auch unser heftigstes Verlangen? Bei ihr sein zu dürfen, ist das nicht die Seligkeit des Christen angesichts Gottes? Heißt sehen nicht anbeten? Wenn es für mich mehr als für jeden andern Todesstrafe bedeutete, nicht offenbaren zu dürfen, welches Feuer in meinem Herzen brannte; wenn ich all die glühenden Worte in ihm vergraben mußte, die doch die feurigsten Gefühle nicht auszudrücken vermögen, so ließ doch nichtsdestoweniger dieser Zwang, diese Fesselung meiner Leidenschaft sie um so heftiger sich an Kleinigkeiten entzünden, und die unbedeutendsten Vorkommnisse gewannen so einen außerordentlichen Wert. Ganze Stunden lang sie bewundern, eine Antwort erwarten und lange den Tonfall ihrer Stimme in mir nachklingen lassen, um ihre geheimsten Gedanken aus ihr zu erraten; nach dem Zittern ihrer Finger zu spähen, wenn ich ihr irgend etwas reichte, was sie gesucht, Vorwände zu ersinnen, um ihr Kleid oder ihr Haar streifen zu können, ihre Hand zu nehmen, sie zum Sprechen zu bringen, mehr als sie wollte: alle diese Nichtigkeiten wurden zu großen Ereignissen. Während derartiger Momente der Entzückung trugen Augen, Hände, Stimme der Seele unbekannte Liebesbeweise zu. Dies war meine Sprache, die einzige, die mir die kühle jungfräuliche Zurückhaltung dieses Mädchens gestattete; denn ihr Benehmen änderte sich nicht, sie verhielt sich zu mir wie eine Schwester zu ihrem Bruder; so wurde der Unterschied zwischen meinen und ihren Worten, zwischen meinen Blicken und den ihren immer auffallender, je mehr meine Leidenschaft wuchs, und ich ahnte schließlich, daß dies schüchterne Schweigen das einzige Mittel für sie war, ihre Gefühle auszudrücken. War sie nicht stets im Salon, wenn ich kam? Blieb sie nicht immer dort, solange mein erwarteter und vielleicht vorausgefühlter Besuch währte? Offenbarte diese stumme Treue nicht das Geheimnis ihrer unschuldigen Seele? Lauschte sie schließlich nicht meiner

Rede mit einem Wohlgefallen, das sie nicht zu verbergen wußte? Die Unschuld unseres Benehmens und die sanfte Traurigkeit unserer Liebe machten zweifellos auf die Dauer die Eltern ungeduldig, und da sie mich fast ebenso schüchtern sahen wie ihre Tochter, faßten sie eine günstige Meinung von mir und erblickten in mir einen ihrer Achtung würdigen Mann. Vater und Mutter vertrauten sich meinem alten Freund an und sagten ihm viel Schmeichelhaftes über mich; ich war geradezu ihr Ziehkind geworden, sie bewunderten an mir vor allem die Unverdorbenheit meines Gefühls. Es ist wahr, ich fühlte mich damals wieder ganz jung. In dieser frommen, reinen Welt wird der Mann von zweiunddreißig Jahren wieder zum glaubensvollen Jüngling. Der Sommer ging zu Ende, allerlei Geschäfte hatten die Familie gegen ihre Gewohnheit in Paris zurückgehalten; aber im September war sie frei und konnte auf ihren in der Auvergne gelegenen Landbesitz abreisen, und der Vater bat mich, zwei Monate mit ihnen auf dem alten, in den Bergen des Cantal verlorenen Schloß zu wohnen. Auf diese freundliche Einladung antwortete ich nicht gleich. Mein Zaudern wog mir den süßesten, den zärtlichsten aller unwillkürlichen Ausdrücke auf, durch den ein bescheidenes junges Mädchen die Geheimnisse seines Herzens verraten kann. Evelina ... oh, mein Gott!« rief Benassis und verstummte nachdenklich. – »Verzeihen Sie, Monsieur le Capitaine«, fuhr er nach einer langen Pause wieder fort. »Das ist das erstemal seit zwölf Jahren, daß ich einen Namen wieder ausspreche, der mir nicht aus dem Sinn geht und den eine Stimme mir manchmal im Schlaf zuruft. Also Evelina, da ich sie nun doch einmal genannt habe, erhob den Kopf mit einer kurzen, raschen Bewegung, die zu der angeborenen Sanftheit ihrer Gebärden in Widerspruch stand; sie sah mich nicht mit Stolz, sondern voll schmerzhafter Unruhe an; sie errötete und schlug die Augen nieder. Und wie langsam sie die Lider senkte, erregte in mir ein bis dahin nie gekanntes Glücksgefühl. Ich vermochte nur stammelnd mit gebrochener Stimme zu antworten. Die Erregung meines Herzens sprach deutlich zu dem ihren, und sie dankte mir mit einem sanften, beinahe feuchten Blick. Wir hatten uns alles gesagt. Ich folgte der Familie aufs Land. Seit dem Tage, an dem unsere Herzen sich gefunden hatten, sahen wir alle Dinge unserer Umgebung mit anderen Augen an; nichts war uns länger gleichgültig. Obgleich die wahre Liebe immer dieselbe ist, gewinnt sie ihre Form erst aus unseren Vorstellungen und muß auf diese Weise sich selbst immer gleich und ungleich in jedem Wesen wiederfinden, dessen Leidenschaft zu einer einzigartigen Schöpfung wird, in dem ihre Zuneigung sich ausdrückt. Allein der Philosoph, der Dichter wissen um den tiefen Sinn jener Allgemeingut gewordenen Definiton der Liebe: ein Egoismus zu zweit. Wir lieben uns selbst im anderen. Wenn aber die Ausdrucksformen der Liebe so verschieden sind, daß kein Liebespaar im Laufe der Zeiten seinesgleichen hat, so teilt sie sich hingegen immer in der gleichen Art und Weise mit. Jedes junge Mädchen, auch das allerfrömmste, das allerkeuscheste, gebraucht die gleiche Sprache und unterscheidet sich von andern nur durch die Anmut seiner Gedanken. Wo einer anderen jedoch das unschuldige Eingeständnis ihrer Gefühle ganz natürlich gewesen wäre, erblickte Evelina hierin ein Zugeständnis an gewisse wirre Empfindungen, die den Sieg über die gewöhnliche Ruhe ihrer frommen Jugend davontragen könnten, der verstohlenste Blick schien ihr bereits gewaltsam von der Liebe entrissen. Dieser ständige Kampf zwischen ihrem Herzen und ihren Grundsätzen verlieh dem geringsten Ereignis ihres nach außen hin so ruhigen, im Innern jedoch aufgewühlten Lebens eine Macht, die den Überspanntheiten anderer junger Mädchen weit überlegen war, deren Benehmen sofort durch die Sitten der Welt verfälscht wird. Während der Reise entdeckte Evelina Schönheiten in der Natur, über die sie voller Bewunderung sprach. Wenn wir glauben, wir dürften von dem Glück, das uns die Gegenwart des geliebten Wesens verursacht, nicht sprechen, lenken wir all die Freude, von der unser Herz überquillt, auf die äußeren Dinge, die von unseren verborgenen Gefühlen verschönt werden. Die landschaftlichen Schönheiten der Gegenden, die an unseren Augen vorüberzogen, waren uns beiden daher ein wohlverstandener Dolmetsch, und die Lobeserhebungen, die wir ihnen spendeten, bargen unseren Seelen die Geheimnisse unserer Liebe. Zu wiederholten Malen gefiel Evelinas Mutter sich darin, ihre Tochter durch irgendeine weibliche Bosheit in Verlegenheit zu setzen: ›Sie sind doch schon zwanzigmal durch dieses Tal gekommen, liebes Kind, und haben es doch anscheinend nie besonders schön gefunden‹, bemerkte sie nach einer vielleicht etwas zu begeisterten Äußerung Evelinas. ›Liebe Mutter, ich war wohl noch nicht alt genug, um diese Art Schönheit würdigen zu können.‹ Verzeihen Sie mir diese Einzelheit, Monsieur le Capitaine, die für Sie keinen Reiz haben kann; aber diese so einfache Antwort verursachte mir eine unaussprechliche, einzig aus dem Blick, der mich dabei traf, geschöpfte Freude. Sei es ein Dorf in der aufgehenden Sonne, sei es eine efeuüberwachsene Ruine, die wir gemeinsam betrachteten, es gruben sich mit der Erinnerung an diese greifbaren Bilder viele süße Empfindungen, die unsere ganze Zukunft enthielten, tief in unsere Seele ein. Wir kamen auf dem väterlichen Erbschloß an, und ich blieb dort ungefährt vierzig Tage lang. Diese Zeit, Monsieur, ist die einzige vollkommenen Glücks, die der Himmel mir gewährt hat. Ich genoß Freuden, die Stadtbewohnern, ganz unbekannt sind. Es war die ganze Glückseligkeit zweier Liebender, die unter demselben Dach wohnen und sich so im voraus fast wie Vermählte fühlen, die miteinander durch die Felder laufen, zuweilen allein sein dürfen, sich in einem hübschen kleinen Talgrund zusammen unter einen Baum setzen und dort den Bau einer alten Mühle betrachten, sich gegenseitig allerlei Geständnisse entreißen, wissen Sie, diese kleinen süßen Plaudereien, durch die man alle Tage ein wenig mehr ins

Herz des andern eindringt. Ach, Monsieur, das Leben im Freien, die Schönheiten des Himmels und der Erde stimmen so gut mit der Vollendung und dem Entzücken unserer Seele überein! Sich beim Anblick des Himmels anlächeln, ins Gezwitscher der Vögel unter dem nassen Laubdach ein paar einfache Worte mengen, langsamen Schrittes nach Hause zurückkehren und dabei auf die Glockentöne horchen, die immer zu früh zur Heimkehr rufen, miteinander eine anmutige Einzelheit der Landschaft bewundern, dem Taumelflug eines Käfers folgen, eine hauchzarte Goldfliege beobachten, die ein reines, liebendes Mädchen auf dem Finger hält; heißt das nicht jeden Tag dem Himmel näher sein? Für mich gab es in diesen vierzig Tagen des Glücks Erinnerungen genug, um einem ganzen Leben Farbe zu verleihen, Erinnerungen um so schöner und unermeßlicher, als ich seither nie wieder ein solches Verstehen fand. Gerade heute rief ein anscheinend alltäglicher Anblick, der für ein gebrochenes Herz indessen voll bitterer Bedeutung ist, mir meine entschwundene, aber unvergessene Liebe wieder zurück. Ich weiß nicht, ob Sie bemerkt haben, wie die untergehende Sonne die Hütte des kleinen Jacques verändert hat. Einen Augenblick ließ das Feuer der Sonne die ganze Natur aufleuchten, dann wurde die Landschaft plötzlich düster und schwarz. Diese beiden verschiedenen Bilder stellen symbolisch diesen Abschnitt meines Lebens dar. Monsieur, ich empfing von ihr das erste, das einzige und über alle Maßen liebliche Versprechen, das ein unschuldiges Mädchen geben darf und das um so tiefer verpflichtet, je verstohlener es gegeben wird: das süße Versprechen der Liebe, die Verheißung der Sprache in einer besseren Welt. Nun ganz sicher, geliebt zu werden, schwor ich mir, alles zu sagen, kein Geheimnis mehr vor ihr zu haben, und ich schämte mich, mit der Erzählung meines selbstgeschaffenen Kummers so lange gezögert zu haben. Zum Unglück ließ mich am folgenden Morgen nach diesem schönen Tag ein Brief des Erziehers meines Sohnes um das mir so teure Leben bangen. Ich reiste ab, ohne Evelina mein Geheimnis mitzuteilen, ohne der Familie andere Gründe anzugeben, als daß es sich um eine ernste Angelegenheit handele. In meiner Abwesenheit wurden die Eltern unruhig. In der Befürchtung, ich hätte noch eine andere Herzensverbindung, schrieben sie nach Paris, um sich über mich zu erkundigen. In Widerspruch zu ihren religiösen Grundsätzen mißtrauten sie mir, ohne mir die Möglichkeit zu geben, ihren Verdacht zu zerstreuen; einer ihrer Freunde unterrichtete sie ohne mein Wissen über die Ereignisse meiner Jugend; er verschlimmerte meine Fehler und berief sich dabei auf die Existenz meines Sohnes, die ich, wie er behauptete, absichtlich verborgen gehalten hatte. Als ich meinen zukünftigen Eltern schrieb, bekam ich keine Antwort; sie kehrten nach Paris zurück, ich ging zu ihnen, wurde aber nicht empfangen. Voller Unruhe schickte ich meinen alten Freund hin, um die Gründe für ein mir völlig unverständliches Verhalten zu erfragen. Als er die Ursache erfuhr, opferte der gute Alte sich edelmütig auf, er nahm mein pflichtvergessenes Schweigen ganz auf sich, versuchte mich zu rechtfertigen – und erreichte nichts. Eigennützige und moralische Erwägungen waren zu schwerwiegend für diese Familie, ihre Vorurteile waren zu rückständig, als daß sie ihren Entschluß hätte ändern können. Meine Verzweiflung war grenzenlos. Zuerst versuchte ich noch den Sturm zu beschwören; aber meine Briefe wurden mir ungeöffnet zurückgeschickt. Als jedes menschliche Mittel erschöpft war, als Vater und Mutter dem alten Herrn, dem Urheber meines Unglücks, gesagt hatten, sie würden nie und nimmer ihre Tochter einem Manne verbinden, der sich den Tod einer Frau und das Dasein eines unehelichen Kindes vorzuwerfen habe, selbst wenn Evelina sie auf den Knien anflehte, da, Monsieur, blieb mir nur noch eine letzte Hoffnung, schwach wie ein Strohhalm, an den ein Unglücklicher sich beim Ertrinken klammert. Ich wagte zu hoffen, Evelinas Liebe werde stärker sein als die väterlichen

Entscheidungen und könne die elterliche Unbeugsamkeit überwinden; vielleicht hatte ihr Vater ihr den Grund seiner Ablehnung, die unsere Liebe tötete, verborgen; ich aber wollte, sie selbst solle in vollster Kenntnis der Ursache über mein Schicksal entscheiden, und schrieb ihr. Ach, Monsieur, unter Tränen und Schmerzen und in grausamer Unschlüssigkeit schrieb ich den einzigen Liebesbrief, den ich je verfaßt habe. Ich weiß heute nur noch undeutlich, was die Verzweiflung mir damals eingab; zweifellos sagte ich meiner Evelina, sie könne und dürfe, falls ihre Liebe aufrichtig und wahr gewesen sei, nie einen andern lieben als mich; wäre ihr Leben nicht verfehlt, wäre sie nicht verdammt, entweder ihren zukünftigen Gatten oder mich zu belügen? Verriete sie nicht die Frauentugend, wenn sie ihrem verkannten Liebhaber jetzt die Ergebenheit verweigerte, die sie ihm geweiht hätte, wenn die in unseren Herzen bereits vollzogene Hochzeit gefeiert worden wäre? Und welche Frau würde sich nicht lieber durch die Bande der Liebe gebunden fühlen als durch die Ketten des Gesetzes? Ich rechtfertigte meinen Fehltritt, rief die Reinheit der Unschuld an, ich vergaß nichts von dem, was eine edle, großmütige Seele erweichen könnte. Aber da ich Ihnen hier nun alles bekenne, will ich Ihnen ihre Antwort und meinen letzten Brief holen«, sagte Benassis und ging hinauf in seine Kammer.

Bald kam er zurück, in seiner Hand hielt er eine abgenutzte Brieftasche, der er nicht ohne tiefe Rührung ein paar schlecht geordnete Papiere entnahm; sie zitterten in seiner Hand.

»Hier ist der verhängnisvolle Brief«, sagte er. »Das Kind, das seine Buchstaben hier niederschrieb, wußte nicht, von welcher Bedeutung dies Papier einmal werden würde, das seine Gedanken enthält. Hier«, sagte er und zeigte einen andern Brief, »der letzte Schrei, den mir mein Leid entriß, und Sie werden ihn dann selbst beurteilen. Mein alter Freund übergab ihr insgeheim meine Bitte, er erniedrigte seine weißen Haare, indem er Evelina bat, den Brief zu lesen, ihn zu beantworten; und dies hier schrieb sie mir daraufhin: ›Monsieur ...‹

Mich, den sie kurz zuvor noch ihren Liebsten nannte, ein keusches Wort, mit dem sie ihre keusche Liebe ausdrückte, redete sie nun mit Monsieur an! Dies besagt alles. Aber hören Sie den Brief: ›Es ist für ein junges Mädchen sehr grausam, wenn es in dem Mann, dem es sein Leben anvertrauen sollte, Falschheit entdeckt; nichtsdestoweniger muß ich Sie wohl entschuldigen, wir sind alle schwach! Ihr Brief hat mich sehr gerührt, aber schreiben Sie mir nicht wieder. Ihre Handschrift verursacht mir Qualen, die ich nicht ertragen kann. Wir sind auf ewig geschieden. Die von Ihnen angeführten Gründe haben mich tief bewegt und das Gefühl erstickt, das sich in meiner Seele gegen Sie erhob, ich wünschte so sehr, Sie rein zu wissen! Aber Sie und ich wurden vor meinem Vater zu schwach befunden! Ja, Monsieur, ich habe es gewagt, zu Ihren Gunsten zu sprechen. Um meine Eltern anzuflehen, habe ich die größten Ängste, die ich ausgestanden habe, überwinden und die Gewohnheiten meines Lebens fast verleugnen müssen. Jetzt gebe ich noch einmal Ihren Bitten nach und mache mich schuldig, da ich Ihnen ohne Wissen meines Vaters antworte; aber meine Mutter weiß darum; ihre Nachsicht, wenn sie mich einen Augenblick mit Ihnen allein ließ, hat mir gezeigt, wie sehr sie mich liebt, und hat mich darin bestärkt, den Willen der Meinen anzuerkennen, den ich fast schon verkannte. Ich schreibe Ihnen deswegen auch zum ersten und letzten Mal, Monsieur. Ohne Vorbehalt vergebe ich Ihnen das Unglück, das Sie in mein Leben gebracht haben. Ja, Sie haben recht: eine erste Liebe kann man nicht auslöschen. Ich bin nicht länger ein reines Mädchen, ich würde nie eine keusche Gattin sein können. Ich weiß also nicht, was mein Schicksal sein wird. Sie sehen wohl, Monsieur, das eine Jahr, das Sie ausfüllten, wird noch lange in der Zukunft nachhallen; aber ich klage Sie nicht an. Ich werde immer geliebt werden! Warum sagen Sie mir das? Können diese Worte die aufgewühlte Seele eines einsamen Mädchens beruhigen? Bin ich nicht durch Sie bereits für mein ganzes Leben verloren, indem Sie mir Erinnerungen gaben, die immer wiederkehren werden? Wenn ich jetzt nur noch Jesus angehören kann, wird er dies zerrissene Herz aufnehmen? Aber er hat mir diese Marter nicht umsonst gesandt, er hat seinen Plan verfolgt und beabsichtigte zweifellos, mich zu sich zu rufen, er, der heute meine einzige Zuflucht darstellt. Monsieur, auf Erden gibt es nichts mehr für mich. Sie können sich über Ihren Kummer mit allem dem Mann eigenen ehrgeizigen Streben hinwegtäuschen. Dies ist durchaus kein Vorwurf, eher eine Art frommen Trostes. Ich denke, daß von der drückenden Bürde, die wir beide jetzt zu tragen haben, der schwerste Teil auf mir lastet. Er, auf den ich nun meine ganze Hoffnung gesetzt habe und auf den Sie nicht eifersüchtig sein können, hat unser beider Lebensknoten geschürzt; er wird ihn auch nach seinem Willen lösen. Ich habe bemerkt, daß Ihre Religion nicht auf dem reinen, starken Glauben beruht, der uns auf Erden unser Leid tragen hilft. Sollte Gott das Flehen eines beständigen heißen Gebets erhören, Monsieur, dann wird er Ihnen die Gnade seines Lichtes gewähren. Leben Sie wohl, Sie, der Sie mein Führer hätten sein sollen, Sie, den ich schuldlos meinen Liebsten nennen durfte und für den ich noch beten darf, ohne mich zu schämen. Gott lenkt unsere Tage nach seinem Wohlgefallen, er könnte Sie als ersten von uns beiden zu sich rufen; bliebe ich dann allein auf Erden, dann, Monsieur, vertrauen Sie mir dieses Kind an.‹

Dieser großherzige Brief täuschte meine Hoffnungen«, fuhr Benassis fort. »Ich hörte zunächst auch nur auf meinen Schmerz; später atmete ich den Balsam ein, den dieses Mädchen selbstvergessen auf meine Wunden zu träufeln suchte; aber in der Verzweiflung schrieb ich ihr wohl ziemlich hart:

›Mademoiselle! Dies Wort sagt Ihnen schon, daß ich Ihnen gehorche und auf Sie verzichte! Der Mann findet im Gehorsam gegen die Geliebte immer noch ich weiß nicht welche schreckliche Süße, selbst dann, wenn sie ihm befiehlt, sie aufzugeben. Sie haben recht, und ich verdamme mich selbst. So wie ich einst die Ergebenheit eines Mädchens verkannt habe, muß heute meine Liebe verkannt werden. Ich hätte indessen nicht geglaubt, die einzige Frau, der ich meine Seele schenkte, werde diese Rache ausführen. Nie hätte ich soviel Härte, vielleicht Tugend, in einem Herzen geargwöhnt, das mir so zärtlich und liebevoll erschien. Jetzt erst erkenne ich die Größe meiner Liebe, sie hat dem unerhörtesten Schmerz widerstanden, der Verachtung, die Sie mir bekunden, da Sie herzlos jenes Band zerreißen, das uns einte. Leben Sie wohl auf ewig. Mir bleibt der demütige Stolz der Reue, und ich werde Möglichkeiten suchen, meine Fehler zu sühnen, für die Sie, mein Fürsprech im Himmel, kein Erbarmen hatten. Gott wird vielleicht weniger grausam sein als Sie. Mein Leid, ein Leid, das ganz von Ihnen erfüllt ist, soll dieses wunde Herz strafen, das sich in der Einsamkeit verbluten mag; denn den wunden Herzen Schatten und Stille. Kein anderes Bild der Liebe wird je mein Herz erfüllen. Auch wenn ich keine Frau bin, habe ich doch ebensogut wie Sie begriffen, daß ich mich mit den Worten: ‚Ich liebe dich!' für mein ganzes Leben gebunden habe. Ja, diese meiner Geliebten zugeflüsterten Worte waren nicht gelogen; wäre ich eines Sinneswandels fähig, hätten Sie mit Ihrer Verachtung recht; so werden Sie auf ewig der Abgott meiner Einsamkeit sein. Reue und Liebe sind zwei Tugenden, die alle anderen hervorrufen müssen; daher werden Sie allen Abgründen, die uns trennen, zum Trotz stets der Leitstern all meiner Handlungen sein. Haben Sie auch mein Herz mit Bitterkeit erfüllt, soll kein bitterer Gedanke gegen Sie darinnen bleiben; hieße es nicht ein neues Werk schlecht beginnen, wollte ich nicht meine Seele von all dem schlechten Sauerteig reinigen? Also leben Sie wohl, einziges Herz, das ich auf Erden liebe und aus dem ich verjagt bin. Nie hat ein Lebewohl mehr Gefühl, mehr Zärtlichkeit umschlossen; trägt es nicht eine Seele, ein Leben von dannen, die wieder zu beleben in niemandes Macht steht? Leben Sie wohl, Ihnen der Friede, mir allen Schmerz.‹«

Nach dem Lesen dieser beiden Briefe sahen Genestas und Benassis sich einen Augenblick von trüben Gedanken erfüllt an, denen sie schweigend nachhingen.

»Nachdem ich diesen letzten Brief abgeschickt hatte, dessen Entwurf noch erhalten ist, wie Sie sehen, und der heute all mein entschwundenes Glück darstellt«, hub Benassis wieder an, »verfiel ich in unaussprechliche Niedergeschlagenheit. Alle Bande, die auf Erden einen Mann an das Leben fesseln können, fanden sich in diesem keuschen, hinfort für mich verlorenen Wesen vereinigt. Den Wonnen ehelicher Liebe hieß es Lebewohl sagen, die edlen Gedanken, die in meinem Herzen erblüht waren, hieß es begraben. Das Verlangen einer reumütigen, nach Schönheit, Güte, Ehrbarkeit dürstenden Seele war von wirklich frommen Menschen zurückgestoßen worden. Im ersten Augenblick verfiel ich auf die wahnwitzigsten Ideen, Monsieur, aber der Anblick meines Sohnes kämpfte sie glücklicherweise nieder. Nun, durch all dies Unglück, dessen unschuldige Ursache er war und für das ich mich ganz allein anzuklagen hatte, fühlte ich meine Liebe zu ihm wachsen. Er wurde mein ganzer Trost. Mit vierunddreißig Jahren durfte ich noch hoffen, meinem Lande in edler Weise dienen zu können; ich beschloß, hier ein berühmter Mann zu werden, um durch Ruhm oder den Glanz der Macht den Makel auslöschen zu können, der an der Geburt meines Sohnes haftete. Welch schöne Empfindungen verdanke ich ihm, wie sehr hat er mir zu leben geholfen während der Zeit, in der ich mich ganz seiner Zukunft widmete. – Ich ersticke!« schrie Benassis auf. »Noch jetzt, nach elf Jahren, darf ich nicht an dies unheilvolle Jahr zurückdenken … Dies Kind, Monsieur, verlor ich.«

Der Arzt schwieg und barg das Gesicht in den Händen, ließ sie aber sinken, als er sich etwas gefaßt hatte. Tief bewegt sah Genestas Tränen in den Augen seines Gastgebers.

»Dieser Schicksalsschlag entwurzelte mich zunächst völlig, Monsieur«, fuhr Benassis fort. »Das Licht einer gesunden Moral erhellte mich erst wieder, nachdem ich mich in einen andern Boden verpflanzt und den der Gesellschaft verlassen hatte. Dann erst erkannte ich die Hand Gottes in meinem Unglück, dann erst vermochte ich auf seine Stimme zu hören und mich zu fügen. Meine Demut konnte nicht plötzlich kommen, mein überspanntes Gemüt mußte erst wieder erwachen; in einem letzten Sturm loderten die letzten Flammen in mir auf und verzehrten sich; lange zögerte ich, den einzigen Teil zu erwählen, der einem Christen zukommt. Zunächst wollte ich mich töten. All diese Ereignisse hatten meine Schwermut ins Maßlose gesteigert, so entschloß ich mich kaltblütig zu dieser Verzweiflungstat. Ich dachte, wir dürften das Leben verlassen, wenn das Leben uns verließ. Der Selbstmord schien mir in der Natur zu liegen. Kummer muß in der Seele des Menschen dieselben Verheerungen anrichten wie außergewöhnlicher Schmerz in seinem Körper; hat also das vernunftbegabte Wesen, das psychisch leidet, nicht dasselbe Recht, sich zu töten, wie das von der Drehkrankheit gequälte Schaf, das sich den Schädel an einem Baum einrennt? Sind etwa Seelenqualen leichter zu heilen als körperliche Leiden? Das bezweifle ich noch immer. Ich weiß nicht, wer von beiden der feigste ist, der, der immerfort hofft, oder der, der alle Hoffnung fahrenläßt. Der Selbstmord kam mir wie die letzte Krise in einer psychischen Krankheit vor, wie der natürliche Tod bei einem physischen Leiden; aber da das Seelenleben den besonderen Gesetzen des menschlichen Willens unterliegt, muß da sein Ende nicht auch mit den Äußerungen des Verstandes übereinstimmen? Und es ist ja auch der Gedanke, der tötet, und nicht die Pistole.

Spricht schließlich nicht auch der Zufall, der uns in einem Augenblick dahinrafft, wo wir vollkommen glücklich leben, den Menschen frei, der sich weigert, ein unglückliches Leben länger hinzuschleppen? Aber, Monsieur, die Betrachtungen, die ich in diesen Tagen der Trauer anstellte, führten mich zu höheren Einsichten. Schon geraume Zeit hatte ich mir die großen Ideen des heidnischen Altertums zu eigen gemacht; aber hier auf der Suche nach neuen Menschenrechten glaubte ich im Licht unserer modernen Fakkeln jene Fragen tiefer als die Alten zu ergründen, die einst auf bestimmte Systeme beschränkt blieben. Epikur erlaubte den Selbstmord. Bildete er für ihn nicht die Vervollständigung seiner Auffassung von Moral? Sinnenfreude stellte er über alles; fehlte diese Voraussetzung, so galt es dem beseelten Wesen für schön und erstrebenswert, in die Ruhe der unbeseelten Natur heimzukehren; da der einzige Lebenszweck des Menschen sein Glück war oder doch die Hoffnung auf Glück, so wurde für den Leidenden, den hoffnungslos Leidenden, der Tod zur Wohltat; ihn frei zu wählen war ein letzter Akt von Vernunft. Er rühmte diesen letzten Akt nicht, er tadelte ihn nicht; er begnügte sich damit, ein Trankopfer für Bacchus mit den Worten auszubringen: ›Am Sterben ist nichts zu lachen, aber auch nichts zu weinen.‹ Moralischer und mehr von der Lehre der Pflichten durchdrungen als die Epikureer, schrieben Zenon und die ganze Stoa ihren Anhängern in gewissen Fällen den Selbstmord vor. Er argumentierte folgendermaßen: Der Mensch unterscheidet sich vom Tier dadurch, daß er frei über sich verfügen kann; nimmt man ihm dieses Recht, über sein Leben oder seinen Tod zu verfügen, macht man ihn zum Sklaven seiner Mitmenschen und der Ereignisse. Wenn dieses Recht über Leben und Tod in der richtigen Form anerkannt wird, bildet es sein wirksames Gegengewicht zu allen natürlichen und gesellschaftlichen Übeln; dieses selbe Recht, dem Menschen über seinesgleichen zugestanden, erzeugt jedoch jede Art von Tyrannei. Macht über sich selbst hat der Mensch daher nirgends ohne uneingeschränkte Freiheit seiner Handlungen. Muß er den schmachvollen Folgen eines nicht wieder gutzumachenden Fehlers entschlüpfen, schluckt der gemeine Mann die Schande hinunter und lebt, der Weise nimmt den Schierlingsbecher und stirbt; muß einer den Rest seiner Tage der Gicht, welche die Knochen zermalmt, oder dem Krebs streitig machen, welcher das Antlitz zerfrißt, so wählt der Weise selber den richtigen Augenblick, schickt alle Quacksalber fort und sagt seinen Freunden, die er durch seine Gegenwart nur traurig macht, ein letztes Lebewohl. Was soll man tun, wenn man einem Tyrannen in die Hände fällt, den man mit den Waffen in der Hand bekämpft hat? Die Unterwerfungsurkunde ist aufgesetzt, man braucht nur zu unterzeichnen oder den Hals hinzustrecken: der Törichte hält den Hals hin, der Feige unterzeichnet, aber der Weise endet durch eine letzte Freiheitstat, er tötet sich selbst. ›Freie Männer‹, so rief damals der Stoiker aus, ›sucht frei zu bleiben! Frei von euren Leidenschaften, indem ihr sie der Pflicht opfert; frei von euresgleichen, indem ihr ihnen das Eisen oder das Gift weist, das euch ihrem Zugriff entzieht; frei vom Schicksal, indem ihr selbst den Punkt festsetzt, über den hinaus ihr ihm keine Macht über euch einräumt; frei von Vorurteilen, indem ihr sie nicht mit euren Pflichten verwechselt; frei aller tierischen Furcht, indem ihr den groben Instinkt zu überwinden versteht, der so manchen Unglücklichen ans Leben fesselt!‹ Nachdem ich diese Argumente vom philosophischen Wortschwulst der Alten befreit hatte, glaubte ich sie in eine christliche Form pressen zu können, indem ich sie durch die Gebote des freien Willens bekräftigte, die Gott uns gegeben hat, um uns eines Tages vor seinem Richterstuhl zur Verantwortung ziehen zu können, und sagte mir: ›Ich will dort meine Sache selbst vorbringen!‹ Aber diese Überlegungen, Monsieur, zwangen mich, über den Morgen nach dem Tode nachzudenken, und ich fand mich mitsamt meinen erschütterten antiken Glaubenssätzen in die Enge getrieben.

Alles wird ernst im menschlichen Leben, wenn die Ewigkeit auf dem simpelsten unserer Entschlüsse lastet. Sobald dieser Gedanke mit seiner ganzen Macht auf die Menschenseele einwirkt und sie etwas Unermeßliches empfinden läßt, das sie mit der Unendlichkeit verknüpft, so ändern sich die Dinge ganz merkwürdig. Von diesem Gesichtspunkt aus ist das Leben recht groß und doch recht klein. Das Bewußtsein meiner Fehler ließ mich an den Himmel nicht denken, solange ich noch Hoffnungen auf Erden hegte, solange ich für mein Leid noch Trost in irgendeiner sozialen Betätigung finden konnte. Lieben, eine Frau glücklich machen, Haupt einer Familie sein, hieß das nicht meinem drängenden Bedürfnis nach Sühne edle Nahrung verschaffen? Da nun dieser Versuch gescheitert war, hieß es nicht auch noch Sühne, sich einem Kind zu widmen? Als aber nach diesen beiden Versuchen meiner Seele Mißachtung und Tod mich auf ewig in Trauer hüllten, als alle meine Gefühle gleichzeitig verletzt wurden und ich hier unten nichts mehr wahrnahm, da hob ich die Augen zum Himmel empor und fand dort Gott. Indessen versuchte ich doch, die Religion zum Mitschuldigen an meinem Tode zu machen. Ich las aufs neue die Evangelien und fand keine Stelle darin, die den Selbstmord verboten hätte; aber bei dieser Lektüre durchdrang mich der göttliche Gedanke des Heilands der Menschen. Gewiß, auch er sagt nichts von der Unsterblichkeit der Seele, aber er spricht zu uns von dem schönen Reich seines Vaters; er verbietet auch nirgend den Vatermord, aber er verdammt alles Böse. Der Ruhm seiner Heilsboten und die Leistung ihrer Mission beruht weniger darin, daß sie Gesetze aufstellten, sondern vielmehr, daß sie den Geist der neuen Gesetze auf Erden verbreiteten. Der Mut, den ein Mensch braucht, sich selbst zu töten, erschien mir nun als sein eigenes Verdammungsurteil: fühlt er die Kraft zu sterben, muß er auch die zu kämpfen haben; sich weigern zu leiden ist nicht Kraft, sondern Schwäche. Und im übrigen, heißt es nicht dem christlichen Glauben ab-

schwören, dem Jesus die erhabenen Worte ›Selig sind, die
da Leid tragen‹ zugrunde gelegt hat, wenn man das Leben
mutlos verlassen will? Der Selbstmord erschien mir demnach in keiner Krise mehr entschuldbar, selbst nicht bei einem Menschen, der durch falsche Auffassung von Seelen-
größe im Augenblick, bevor der Henker ihn mit der Axt
trifft, über sich selbst verfügt. Daß Jesus Christus sich ans
Kreuz schlagen ließ, lehrt uns, allen menschlichen Gesetz-
zen, und seien sie noch so ungerecht angewandt, zu gehor-
chen. Das in das Kreuz geschnittene Wort ›Entsagung‹, ver-
ständlich für den, der die heiligen Schriftzeichen zu lesen
versteht, erschien mir nun in seiner ganzen göttlichen Klar-
heit. Ich besaß noch achtzigtausend Francs und wollte nun,
weit fort von allen Menschen, mein Leben irgendwo tief im
Land dahinbringen; der Menschenhaß aber, eine unterm
Stachelkleid verborgene Art Eitelkeit, ist keine katholische
Tugend. Das Herz blutet dem Menschenhasser nicht, es
zieht sich in sich zusammen, und das meine blutete aus allen Wunden. Im Gedanken an die Gebote der Kirche, an
die Hilfe, die sie dem Betrübten darbietet, empfand ich die
Schönheit eines Gebets in der Einsamkeit, und es wurde
mir zu einer fixen Idee, ›in Religion zu treten‹, um den
schönen Ausdruck unserer Väter zu gebrauchen. Obwohl
mein Entschluß feststand, behielt ich mir doch die Möglichkeit vor, die Mittel zu prüfen, die ich zur Erreichung meines Zieles brauchte. Nachdem ich den Rest meiner Habe in
Geld umgesetzt hatte, reiste ich beinahe ruhig ab. ›Der
Friede des Herrn‹ war eine Hoffnung, die mich nicht täuschen konnte. Der Regel des heiligen Bruno folgend, pil-
gerte ich zunächst zu Fuß zur Grande-Chartreuse hinauf,
tief in ernste Gedanken versunken. Dieser Tag wurde mir
zum Festtag. Ich war auf dieses majestätische Schauspiel,
das der Weg mir bot, nicht gefaßt, wo sich auf jedem Schritt
eine übermenschliche Macht offenbart. Die hängenden Felsen, die Abgründe, die Sturzbäche, einer Stimme gleich in
dieser Stille ringsum, die Einsamkeit von hohen Bergen,

umschlossen und doch schrankenlos, dieser Zufluchtsort, in den nur die unfruchtbare Neugierde des Menschen dringt, dieser wilde, durch die malerischen Schöpfungen der Natur gemilderte Schrecken, die tausendjährigen Tannen und Eintagsblüher: alles das stimmt ernst. In der Einöde des heiligen Bruno würde einem das Lachen schwer ankommen, denn überall herrscht hier ein Gefühl der Melancholie. Ich sah die Grande-Chartreuse, ich durchschritt die alten, stillen Gewölbe, hörte unter den Bogengängen das Wasser der Quelle Tropfen für Tropfen niederfallen. Ich trat in eine Zelle, meine Nichtigkeit zu ermessen, ich atmete den tiefen Frieden, den mein Vorgänger hier gefunden hatte, und las voll Rührung die Inschrift, die er nach Klosterbrauch über die Tür gesetzt hatte; alle Vorsätze des Lebens, das zu führen ich mir vorgenommen hatte, enthielten diese drei lateinischen Worte: Fuge, late, tace …«

Genestas neigte den Kopf, als verstände er das.

»Mein Entschluß war gefaßt«, fuhr Benassis fort. »Diese fichtenholzverkleidete Zelle, dies harte Bett, die Zurückgezogenheit, alles sagte meiner Seele zu. Die Kartäuser waren in der Kapelle, ich ging, um mit ihnen zu beten. Dort jedoch schwanden meine Entschlüsse. Ich will nicht über die katholische Kirche urteilen, Monsieur, ich bin sehr strenggläubig und glaube an ihre Werke und Gebote. Aber als ich hier diese mit der Welt unbekannten und für die Welt toten Greise ihre Gebete absingen hörte, da erkannte ich im Klosterleben eine Art von erhabenem Egoismus. Diese Abgeschiedenheit von der Welt nützt nur dem einzelnen Menschen und ist nichts als ein langer Selbstmord; ich verdamme das nicht, Monsieur. Wenn die Kirche diese Gräber geschaffen hat, so sind sie sicherlich für einige Christen nötig, die der Welt völlig unnötig sind. Ich glaubte besser zu handeln, wenn ich meine Buße nutzbringend für die Gesellschaft machte. Auf meinem Rückweg suchte ich nach Möglichkeiten, meine Vorstellungen von Entsagung verwirklichen zu können. In der Einbildung führte ich bereits das Leben eines einfachen Seemanns, ich verurteilte mich dazu, meinem Vaterlande in diesem untersten Rang zu dienen und auf jede geistige Betätigung zu verzichten; aber war das auch ein Leben voller Arbeit und Hingabe, so erschien es mir deshalb doch noch nicht nützlich genug. Hieß das nicht, Gottes Absichten täuschen? Wenn er mich mit etwas Geisteskraft begabt hatte, war es dann nicht meine Pflicht, sie zum Wohle meinesgleichen zu verwenden? Und dann, wenn ich freiheraus reden darf, ich fühlte in mir ein unbestimmtes Verlangen, etwas hervorzubringen, dem rein mechanische Pflichten nicht genügt hätten. Im Seemannsleben fand ich kein Betätigungsfeld für meinen Wunsch, Gutes zu tun, der meinem Wesen entspricht, so wie jede Blume einen ihr eigenen Duft bildet. Ich sah mich, wie ich Ihnen bereits erzählte, gezwungen, dort zu übernachten. In dieser Nacht glaubte ich einen Befehl Gottes zu vernehmen, während ich voll Mitleid über den damaligen Zustand dieses armen Landstriches nachdachte. Ich hatte die Leiden und Freuden der Mutter durchlebt, nun beschloß ich, mich diesen Gefühlen ganz hinzugeben, sie in einem ausgedehnteren Kreis als den einer Mutter zu stillen, zur barmherzigen Schwester eines ganzen Landstrichs zu werden und dort die Wunden der Armen zu heilen. Wenn ich an den ersten ernsten Gedanken meiner Jugend zurückdachte, der mich den Beruf des Arztes wählen ließ, den ich hier auszuüben beschloß, so schien es mir, daß der Finger Gottes mir diesen Weg gewiesen hatte. ›Wunden Herzen Schatten und Stille‹ hatte ich in meinem Briefe gesagt; was ich mir selbst gelobt, wollte ich durchführen. Ich habe den Weg der Stille und der Demut betreten. Das ›Fuge, tace, late‹ des Kartäusers wurde mein Wahlspruch, meine Arbeit ist ein tätiges Gebet, mein moralischer Selbstmord das Leben dieses Kantons, über den ich gern mit ausgestreckter Hand Glück und Freude säe, dem ich gern gebe, was ich selbst nicht habe. Die Gewohnheit, fern von der Welt unter Bauern zu leben, hat mich tatsächlich umgewandelt. Mein Gesicht hat einen andern Ausdruck angenommen, sich an die Sonne gewöhnt, die es durchfurcht und gegerbt hat. Von den Landleuten habe ich den Gang, die Sprache, die Kleidung, das Sichgehenlassen, die Gleichgültigkeit gegen alles Erkünstelte übernommen. Meine Pariser Freunde oder die kleinen Dämchen, deren Galan ich war, würden niemals in mir den Mann wiedererkennen, der einen Augenblick ganz à la mode war, den an Kinkerlitzchen, Luxus, an alle Pariser Köstlichkeiten gewöhnten wollüstigen Lebemann. Heute ist mir alles Äußerliche vollkommen gleichgültig, wie all denen, die von einem einzigen Gedanken geleitet werden. Ich habe kein anderes Ziel mehr im Leben als das, es zu verlassen, ich werde aber nichts unternehmen, um sein Ende zu beschleunigen oder hinauszuschieben; aber ich werde mich ohne Klage zum Sterben niederlegen an dem Tage, an dem die Krankheit mich zu Boden zwingt.

Das, Monsieur, ist in aller Aufrichtigkeit die Geschichte meines früheren Lebens. Ich habe Ihnen keinen meiner Fehler verschwiegen, sie waren groß, doch habe ich sie mit manch anderem gemein. Ich habe viel gelitten, ich leide alle Tage; aber ich sehe in meinem Leid die Verheißung künftigen Glücks. Nichtsdestoweniger gibt es trotz aller meiner Entsagung Schmerzen, gegen die ich machtlos bin. Beinahe hätten mich heute in Ihrem Beisein meine inneren Qualen übermannt, ohne daß Sie es ahnten ...«

Genestas sprang von seinem Stuhl auf.

»Ja, Monsieur le Capitaine, Sie waren dabei. Zeigten Sie mir nicht das Lager der Mutter Colas, als wir Jacques zu Bett brachten? Ich kann kein Kind ansehen, ohne an den Engel denken zu müssen, den ich verlor; begreifen Sie nun, wie es mich peinigt, wenn ich einem zum Sterben verurteilten Kind das Lager bereiten muß? Ich kann kein Kind ohne innere Bewegung anschauen.«

Genestas erbleichte.

»Jawohl, alle die hübschen Blondköpfe, die unschuldigen Köpfchen der Kinder, die mir begegnen, mahnen mich immerfort an mein Unglück und wecken meine Qual aufs neue. Auch bedrückt mich der Gedanke, daß so viele Menschen mir für das bißchen Gute danken, das ich hier tue, da es doch nur die Frucht meiner Gewissensbisse ist. Sie allein, Monsieur, kennen das Geheimnis meines Lebens. Hätte ich den Mut aus einer reineren Empfindung geschöpft als aus der meiner Fehltritte, wie glücklich wäre ich! Aber dann jedoch hätte ich Ihnen auch nichts von mir erzählen können.«

Fünftes Kapitel

Elegien

Nach Beendigung seiner Geschichte sah Benassis den Soldaten so tief bekümmert, daß es ihn verwunderte. Obgleich er gerührt war, so wohl verstanden worden zu sein, reute es ihn doch, seinen Gast betrübt zu haben, und er sagte zu ihm: »Aber, Capitaine Bluteau, mein Unglück ...«

»Nennen Sie mich nicht Capitaine Bluteau«, unterbrach Genestas heftig den Arzt, sprang unvermittelt auf und brachte mit dieser ungestümen Bewegung sein inneres Unbehagen zum Ausdruck. »Es gibt keinen Capitaine Bluteau, ich bin ein Schuft.«

Nicht ohne lebhafte Überraschung blickte Benassis Genestas an, der im Salon herumfuhr wie eine Hummel, die einen Ausweg aus dem Zimmer sucht, in das sie irrtümlich geraten ist.

»Aber, Monsieur, wer sind Sie denn?« fragte Benassis.

»Ach, das ist es ja!« erwiderte der Soldat, kam zurück und stellte sich vor den Arzt hin, den er nicht anzusehen wagte.

»Ich habe Sie getäuscht«, fuhr er mit veränderter Stimme fort.

»Zum erstenmal in meinem Leben habe ich gelogen und werde schwer dafür bestraft, denn nun kann ich Ihnen den Grund meines Besuches und meiner verdammten Spitzelei nicht mehr erzählen. Seit ich sozusagen einen Blick in Ihre Seele getan habe, würde ich lieber eine Ohrfeige von Ihnen einstecken, als mich aus Ihrem Mund Bluteau nennen hören! Sie können mir diesen Betrug vielleicht verzeihen, Sie wohl; ich aber werde ihn mir nie vergeben, niemals, ich, Pierre-Joseph Genestas, der ich nicht mal vor einem Kriegsgericht lügen würde, um mein Leben zu retten.«

»Sie sind Major Genestas«, rief Benassis und erhob sich. Er ergriff die Hand des Offiziers, drückte sie herzlich und sagte: »Monsieur, wie Sie doch eben sagten, wir waren Freunde, ohne uns zu kennen. Ich habe oft lebhaft gewünscht, Sie kennenzulernen, wenn ich Monsieur Gravier von Ihnen reden hörte. Einen Mann Plutarchs nannte er Sie.«

»Das bin ich keinesfalls«, erwiderte Genestas, »ich bin Ihrer nicht wert und könnte mich prügeln! Ich hätte Ihnen rundheraus mein Geheimnis eingestehen sollen. Doch nein! Ich habe gut daran getan, eine Maske anzulegen, bevor ich hierherkam, um selbst Erkundigungen über Sie einzuziehen. Nun weiß ich, ich habe zu schweigen. Hätte ich frank und frei gehandelt, so hätte ich Ihnen Schmerzen zugefügt. Gott bewahre mich, Ihnen auch nur den leisesten Kummer zu bereiten!«

»Aber ich verstehe Sie nicht, Monsieur.«

»Lassen wir's auf sich beruhen. Ich bin nicht krank, ich habe einen schönen Tag hier verbracht und ziehe morgen wieder ab. Sollten Sie einmal nach Grenoble kommen, so finden Sie dort einen Freund mehr, und einen, auf den Sie bauen können. Mein Säbel, mein Geld und mein Blut, alles, was Pierre-Joseph Genestas besitzt, gehört Ihnen. Am Ende haben Sie Ihren Samen doch in guten Boden gestreut. Sobald ich meinen Abschied habe, werde ich auch in so ein Nest ziehen, werde dort Bürgermeister und versuche, es Ihnen gleichzutun. Sollte es mir an Ihrem Wissen fehlen, so werde ich das nachholen.«

»Sie haben recht, Monsieur, wer Land besitzt und seine Zeit dazu verwendet, um in einer Gemeinde die einfachsten Mängel in der Bodenbearbeitung abzustellen, tut seinem Land ebensoviel Gutes wie der beste Arzt. Wo der eine die Schmerzen der Menschen lindert, pflegt der andere die Wunden des Landes. Aber Sie reizen meine Neugierde ganz außerordentlich. Vielleicht kann ich Ihnen doch irgendwie helfen?«

»Helfen?« rief der Major gerührt. »Mein Gott! Lieber Monsieur Benassis, die Hilfe, um die ich Sie zu bitten kam, ist fast unmöglich. Sehen Sie, ich habe in meinem Leben so manchen Christenmenschen niedergestreckt, aber man kann Menschen töten und dabei doch ein gutes Herz haben; und so rauh ich auch scheine, kann ich gewisse Dinge doch verstehen.«

»Aber so sprechen Sie doch.«

»Nein, ich will Ihnen nicht absichtlich weh tun.«

»Oh, Monsieur, ich kann viel ertragen.«

»So sei's drum, Monsieur«, sagte der Major zitternd, »es handelt sich um das Leben eines Kindes.«

Benassis' Stirn furchte sich plötzlich, aber er bat Genestas mit einer Geste fortzufahren.

»Dieses Kind«, berichtete der Major daher weiter, »kann durch ständige und sorgfältige Pflege wohl noch gerettet werden. Wo finde ich aber einen Arzt, der sich einem einzigen Kranken widmen könnte? In einer Stadt ganz sicher nicht. Ich hörte von Ihnen als von einem ganz ausgezeichneten Menschen reden, befürchtete aber doch, einem unverdienten Ruf aufzusitzen. Ehe ich daher meinen Kleinen diesem Monsieur Benassis anvertraute, über den man mir soviel Schönes erzählte, wollte ich ihn erst einmal selbst in Augenschein nehmen. Jetzt ...«

»Genug!« sagte der Arzt. »Das Kind ist demnach Ihr Sohn?«

»Nein, lieber Monsieur Benassis, das nicht. Um Ihnen dies Geheimnis zu erklären, müßte ich Ihnen eine Geschichte erzählen, in der ich nicht gerade die schönste Rolle spiele; aber Sie haben mir Ihr Geheimnis anvertraut, da kann ich Ihnen auch wohl meins enthüllen.«

»Warten Sie, Monsieur«, bat der Arzt, rief Jacquotte, die sogleich hereintrat, und bestellte sich Tee. »Sehen Sie, Monsieur, nachts, wenn alles schläft, dann finde ich keinen Schlaf! ... Mein Kummer bedrückt mich, ich suche ihn zu vergessen, indem ich Tee trinke. Dies Getränk beruhigt meine Nerven und versetzt mich in eine Art Rausch, ohne den ich nicht leben könnte. Wollen Sie immer noch keinen?«

»Ich«, meinte Genestas, »würde Ihren Ermitage vorziehen.«

»Gut! Jacquotte«, wandte sich Benassis an die Magd, »bringen Sie Wein und Gebäck!«

»Nun wollen wir uns für die Nacht rüsten«, sagte der Arzt, zu seinem Gast gewandt.

»Dieser Tee tut Ihnen doch entschieden nicht gut«, sagte Genestas.

»Er verursacht mir furchtbare Gichtanfälle, aber ich könnte nicht mehr von dieser Angewohnheit lassen, sie ist zu wohltuend und verschafft mir jeden Abend Augenblicke, in denen ich die Last des Lebens nicht spüre. Nun will ich Ihnen aber zuhören, vielleicht löscht Ihre Erzählung den allzu lebhaften Eindruck aus, den meine Erinnerungen eben wachgerufen haben.«

»Nach dem Rückzug von Moskau«, begann Genestas und stellte sein leeres Glas auf den Kaminsims, »sammelte mein Regiment sich in einer kleinen Stadt in Polen neu. Wir kauften uns Pferde zum Goldpreis und blieben dort bis zur Rückkehr des Kaisers in Garnison. So weit, so gut. Ich muß noch erwähnen, daß ich um diese Zeit einen Freund hatte. Auf dem Rückzug wurde ich mehr als einmal durch die Umsicht eines Unteroffiziers namens Renard gerettet, der für mich Dinge tat, die zwei Männer über die Erfordernisse der Disziplin hinaus Brüder werden lassen. Wir waren im gleichen Haus einquartiert, einem dieser hölzernen Rattenlöcher, in denen eine ganze Familie hauste, obgleich man nicht geglaubt hätte, daß dort ein Pferd reinpaßte. Diese elende Bude gehörte Juden, die dort ihre sechsunddreißig Händel trieben; und der alte Judenvater, der hatte, wenn's ums Gold ging, keine steifen Finger und machte während unserer Flucht recht gute Geschäfte. Solche Leute leben im Dreck und sterben im Gold. Ihr Haus war über Kellerlöchern errichtet, hölzernen, wohlverstanden, in die sie ihre

Kinder gestopft hatten, namentlich ein Mädchen, schön, wie eben nur eine Jüdin es sein kann, wenn sie sich gut hält und nicht blond ist. Sie war siebzehn Jahre alt, weiß wie der Schnee, mit Samtaugen, dichten schwarzen Wimpern und Haaren so üppig und glänzend, daß einen die Lust packte hineinzugreifen; ein wahrhaft vollendetes Geschöpf! Ich war der erste, Monsieur, der hinter dieses merkwürdige Vorratslager kam, als ich eines Abends, da man mich im Schlaf glaubte, auf der Straße auf und ab spazierte und in aller Ruhe dabei meine Pfeife rauchte. Diese Kinder wimmelten da kunterbunt durcheinander wie ein Wurf junger Hunde. Es war ein drolliger Anblick. Der Vater und die Mutter aßen mit ihnen zu Abend. Bei näherem Hinsehen entdeckte ich in dem Qualm, den der Alte mit seinem Stinktabak herauspaffte, das Judenmädchen, das sich da unten ausnahm wie ein blitzblanker Napoleon unter einem Haufen dicker Sous. Lieber Benassis, ich hatte noch nie recht Zeit gehabt, über die Liebe nachzudenken; als ich aber dies Mädchen sah, begriff ich, daß ich bisher nur immer der Natur gehorcht hatte; diesmal aber war alles dabei, Kopf, Herz und alles übrige! Ich verliebte mich also vom Scheitel bis zur Sohle, oho, und ganz rasend. Ich blieb mit meiner Pfeife da stehen und sah immerzu die Jüdin an, bis sie die Kerze auspustete und zu Bett ging. Nicht möglich, ein Auge zuzumachen! Die ganze Nacht lief ich durch die Straße, stopfte mir die Pfeife immer wieder neu und rauchte. So war mir noch nie gewesen. Das war das einzige Mal in meinem Leben, daß ich ans Heiraten dachte. Als der Tag graute, sattelte ich mein Pferd und trabte zwei lange Stunden über Land, um den Kopf klar zu kriegen; und ohne daß ich's merkte, hätte ich fast meinen Gaul zuschanden geritten ...« Genestas hielt inne, sah seinen neuen Freund unruhig an und sagte: »Verzeihen Sie, Benassis, ich bin kein guter Erzähler, ich rede, wie mir der Schnabel gewachsen ist; wäre ich in einem Salon, würde mich das stören, aber hier bei Ihnen auf dem Land ...«

»Nur weiter«, sagte der Arzt.

»Als ich zurückkam auf mein Zimmer, fand ich dort Renard ganz verstört vor. Er glaubte mich im Duell getötet und putzte seine Pistolen, weil er sich denjenigen, der mich zu den Schatten geschickt haben könnte, vorknöpfen wollte … Oh! aber nun zum Charakter dieses Burschen. Ich gestand Renard meine Liebe und zeigte ihm dies Nest voller Kinder. Da Renard das Kauderwelsch dieser Chinesen da verstand, bat ich ihn, mir zu helfen, Vater und Mutter meinen Antrag zu überbringen und zu versuchen, mich mit Judith in Verbindung zu bringen. Sie hieß Judith. Also, Monsieur, vierzehn Tage lang war ich der glücklichste aller Sterblichen, weil der Jude und seine Frau uns alle Abende mit Judith essen ließen. Sie kennen ja solche Geschichten, ich will Ihre Geduld nicht auf die Probe stellen; da Sie aber keinen Tabak kennen, können Sie auch das Vergnügen eines ehrlichen Mannes nicht verstehen, der mit seinem Freund Renard und dem Judenvater friedlich seine Pfeife schmaucht und dabei die Prinzessin sieht. Herrlich ist das. Aber ich muß Ihnen noch erzählen, daß Renard ein echter Pariser aus guter Familie war. Sein Vater, der einen Großhandel mit Kolonialwaren trieb, hatte ihn zum Notar ausbilden lassen, und er war auch nicht dumm; aber dann wurde er ausgehoben und mußte dem Tintenfaß Lebewohl sagen. Dazu war er wie geschaffen für die Uniform, hatte eine Unschuldsmiene und verstand auch alle Welt großartig zu beschwatzen. Er war's, den Judith liebte, aus mir machte sie sich soviel wie ein Pferd aus gebratenen Hühnchen. Während ich, vor Wonne trunken, Schlösser auf dem Mond erbaute, wenn ich Judith nur ansah, bahnte mein Renard, der seinen Namen nicht zu Unrecht trug, verstehen Sie, sich unterirdisch seinen Weg; der Verräter stand mit dem Mädchen bald so gut im Einvernehmen, daß sie nach Landessitte heirateten, weil es zu lange gedauert hätte, bis die Genehmigung gekommen wäre. Aber er versprach, sie auch nach französischem Gesetz zu heiraten, falls die Ehe angefochten werden sollte. Tatsache ist, daß in Frankreich aus Madame Renard wieder Mademoiselle Judith wurde. Hätte ich das gewußt, so hätte ich Renard umgebracht, glattweg, ohne ihm Zeit zum Atemholen zu lassen; aber Vater, Mutter, Tochter und mein Unteroffizier steckten unter einer Decke miteinander wie die Spitzbuben auf dem Jahrmarkt. Während ich meine Pfeife rauchte und meine Judith anbetete wie das heilige Sakrament, verabredete mein Renard mit ihr ein Stelldichein und brachte sein Schäfchen ins trokkene. Sie sind der erste Mensch, dem ich diese ganze Geschichte, die ich hundsgemein finde, erzähle; immer wieder habe ich mich gefragt, wie ein Mann, der vor Scham gestorben wäre, hätte er ein Goldstück entwendet, seinem Freund ohne Skrupel die Frau, das Glück, das Leben stehlen kann. Also am Ende waren meine Frechdachse verheiratet und glücklich, während ich Judith beim Abendessen immer noch wie ein Blödsinniger anbetete und die hübschen Mienen, die sie mir schnitt, um mir Sand in die Augen zu streuen, wie ein Tenor erwiderte. Wie Sie sich aber wohl denken können, mußten sie für ihren Betrug teuer bezahlen. Beim Wort eines ehrlichen Mannes, Gott schenkt den Angelegenheiten dieser Welt mehr Aufmerksamkeit, als wir gemeinhin glauben. Die Russen rücken an. Der Feldzug von 1813 beginnt. Wir werden angegriffen. Eines schönen Morgens kriegen wir Befehl, uns zu angegebener Stunde auf dem Schlachtfeld von Lützen einzufinden. Der Kaiser wußte genau, was er tat, als er uns sofort aufzubrechen befahl. Die Russen hatten uns umzingelt. Unser Oberst verplemperte die Zeit mit Abschiednehmen von einer Polin, die eine halbe Viertelmeile vor der Stadt wohnte, und die Kosakenvorhut kascht ihn und seine Begleitmannschaft auch prompt ein. Wir haben gerade noch Zeit, aufzusitzen, uns vor der Stadt zu formieren und meinen Russen ein Kavalleriegeplänkel zu liefern, damit sie zurückgedrängt würden und wir Zeit gewännen, uns des Nachts davonzumachen. Drei Stunden lang ritten wir Attacke und lieferten wahre Bravourstücke. Während wir uns so herumhauten, rückten die Fuhrwerke und das Material ab. Wir hatten einen Artilleriepark und große Pulvervorräte bei uns, die der Kaiser bitter nötig hatte, und die mußten wir ihm um jeden Preis bringen. Unsere Verteidigung machte Eindruck auf die Russen, sie glaubten, wir würden von einem Armeekorps unterstützt. Aber bald durch Kundschafter über ihren Irrtum aufgeklärt, erfuhren sie, daß sie nur ein Kavallerieregiment und unsere Infanteriedepots vor sich hatten. Daraufhin, Monsieur, stürmten sie gegen Abend auf uns los, daß alles kurz und klein ging und etliche von uns auf dem Platz blieben. Wir wurden umstellt. Renard und ich standen in erster Reihe, und ich sah meinen Renard um sich hauen und vorgehen wie einen Teufel, denn er dachte an seine Frau. Dank ihm konnten wir die Stadt noch erreichen, die unsere Verwundeten in Verteidigungszustand gesetzt hatten; aber es war zum Erbarmen. Wir kamen als letzte zurück, er und ich, fanden aber den Weg von einem Haufen Kosaken versperrt. Wir stechen drauflos. Einer dieser Wilden will mir mit seiner Lanze zu Leibe, Renard sieht das, treibt sein Pferd zwischen uns, um den Stich abzulenken; sein armer Gaul, ein schönes Tier, wahrhaftig, kriegt das Eisen ab und reißt im Sturz Renard und den Kosaken mit. Ich mache den Kosaken kalt, packe Renard beim Arm und lege ihn quer vor mich übers Pferd, wie einen Sack Hafer. ›Leben Sie wohl, Capitaine, es ist aus‹, sagt Renard zu mir. ›Nein‹, antworte ich, ›das wollen wir erst mal sehen.‹ Nun war ich in der Stadt, sitze ab und setze ihn in eine Hausecke auf ein Bund Stroh. Der Schädel war ihm zerschmettert, das ganze Gehirn in den Haaren, und er sprach noch. Oh, das war ein strammer Kerl! – ›Wir sind quitt‹, sagt er. ›Mein Leben habe ich Ihnen gegeben, und Judith habe ich Ihnen genommen. Sorgen Sie für sie und ihr Kind, wenn sie eins bekommt. Und heiraten Sie sie.‹ Monsieur, im ersten Zorn ließ ich ihn da liegen wie einen Hund; aber als meine Wut verraucht war, ging ich wieder hin ... er war tot. Die

Kosaken hatten die Stadt in Brand gesteckt, da erinnerte ich mich Judiths, holte sie, setzte sie auf die Kruppe, und dank der Schnelligkeit meines Pferdes holte ich mein Regiment ein, das sich auf dem Rückzug befand. Von dem Juden und den Seinen, kein Mensch mehr da! Alle weg wie die Ratten. Nur Judith hatte auf Renard gewartet; im Anfang sagte ich ihr nichts, verstehen Sie wohl. Inmitten all der unglücklichen Ereignisse von 1813 hatte ich immerfort an diese Frau zu denken, Monsieur: sie unterbringen, ihr Erleichterungen verschaffen, schließlich sie sogar pflegen; und ich glaube, sie merkte gar nicht mal, in welchem Zustand wir uns befanden. Ich war vorsichtig genug, sie immer etwa zehn Meilen vor unserer Stellung nach Frankreich hin zu halten; sie kam mit einem Jungen nieder, während wir uns bei Hanau schlugen. Damals wurde ich verwundet und traf Judith erst in Straßburg wieder, dann zog ich Richtung Paris, denn während des Feldzuges in Frankreich hatte ich das Pech, im Bett liegen zu müssen. Ohne diesen traurigen Zwischenfall wäre ich zu den Grenadieren der Garde gekommen, der Kaiser hatte mich dorthin befördert. Ich hatte doch schließlich eine Frau zu unterhalten, ein Kind, das nicht mir gehörte, und so hatte ich ein dreifaches Loch im Geldbeutel! Sie verstehen wohl, mein Sold war nicht Frankreich. Vater Renard, der zahnlose alte Hai, wollte von seiner Schwiegertochter nichts wissen; der Judenvater war wie vom Erdboden verschwunden. Judith grämte sich zu Tode. Eines Morgens, als sie mir gerade den Verband anlegte, brach sie in Tränen aus. ›Judith‹, sagte ich, ›Ihr Kind ist verloren.‹ – ›Ich auch‹, sagte sie. ›Pah!‹ antwortete ich, ›wir lassen uns die nötigen Papiere kommen, und dann heirate ich Sie und erkenne das Kind …‹ Ich konnte den Satz nicht vollenden. Ach, Monsieur! für einen Blick wie den, mit dem die sterbende Judith mir dankte, könnte man alles tun. Ich sah, daß ich sie noch immer liebte, und von dem Tage an wuchs mir der Kleine ans Herz. Während die Papiere und ihr Vater und ihre Mutter unterwegs waren, starb die arme Frau dahin. Am Abend vor ihrem Tod brachte sie noch die Kraft auf, sich anzuziehen und zu schmücken, die ganzen nötigen Zeremonien über sich ergehen zu lassen und denen ihren Wust von Papieren zu unterschreiben. Und als ihr Kind einen Namen und einen Vater hatte, hat sie sich niedergelegt, ich küßte ihr Hände und Stirn, dann starb sie. Das war meine Hochzeit. Am Tag darauf, nachdem ich die paar Fuß Erde gekauft hatte, worin das arme Mädchen nun liegt, fand ich mich als Vater einer Waise, die ich während des Feldzuges von 1815 in Pflege gab. Seitdem habe ich, ohne daß auch nur ein Mensch meine Geschichte erfuhr, die ja auch nicht gerade schön zu erzählen ist, für diesen putzigen kleinen Kerl gesorgt, als wäre er mein eigener. Sein Großvater ist zum Teufel, er hatte sich zugrunde gerichtet und zieht nun mit seinen Angehörigen zwischen Persien und Rußland umher. Ist wohl möglich, daß er da wieder von neuem zu Vermögen kommt, denn er versteht sich anscheinend auf den Handel mit Edelsteinen. Das Kind schickte ich auf die Schule; aber kürzlich habe ich ihn in der Mathematik so weit gebracht, daß er auf die École Polytechnique gehen und einen guten Beruf ergreifen kann, und nun wird mir der arme Kerl krank. Er hat's auf der Brust. Wie die Pariser Ärzte sagen, gäbe es nur noch eine Hilfe, wenn er in die Berge käme und ständig von einem Menschen betreut würde, der guten Willens ist. Da dachte ich an Sie und kam hierher, um Ihre Gedanken, Ihre Lebensweise kennenzulernen. Nach dem, was Sie mir erzählt haben, hätte ich Ihnen diesen Kummer gar nicht machen dürfen, obgleich wir schon so gute Freunde sind.«

»Monsieur«, sagte Benassis nach einem kurzen Schweigen, »bringen Sie mir Judiths Kind. Gott verlangt zweifellos auch diese letzte Prüfung von mir, und ich will sie auf mich nehmen. Ich biete meine Leiden Gott als Opfer dar, dessen Sohn am Kreuze starb. Übrigens blieben meine Empfindungen während Ihrer Erzählung ganz ruhig, ist das nicht ein günstiges Vorzeichen?«

Genestas drückte Benassis lebhaft beide Hände, ohne ein paar Tränen zurückhalten zu können, die ihm aus den Augen rollten und über die gebräunten Wangen liefen.

»Wir wollen das alles für uns behalten«, sagte er.

»Ja, Monsieur. Haben Sie nichts getrunken?«

»Ich war nicht durstig«, erwiderte Genestas. »Mir ist ganz wirr zumute.«

»Na, wann bringen Sie ihn mir denn?«

»Gleich morgen, wenn Sie wollen. Er ist seit zwei Tagen in Grenoble.«

»Dann brechen Sie morgen früh zeitig auf und kommen Sie mit ihm wieder. Ich werde bei der Fosseuse auf Sie warten, und dann frühstücken wir vier gemeinsam.«

»Einverstanden!« sagte Genestas.

Die beiden Freunde wünschten sich eine gute Nacht und gingen schlafen. Als sie auf dem Treppenansatz ankamen, der ihre Kammern trennte, stellte Genestas sein Licht auf die Fensterbank und trat auf Benassis zu.

»Gottsdonnerwetter!« sagte er mit ungekünstelter Begeisterung, »ich gehe heute abend nicht von Ihnen, ohne Ihnen zu sagen, daß Sie der dritte unter allen Christenmenschen sind, der mir klargemacht hat, daß da oben doch etwas los ist!« Er zeigte zum Himmel.

Der Arzt antwortete mit einem traurigen Lächeln und drückte Genestas bewegt die hingestreckte Hand.

Am nächsten Morgen vor Tagesanbruch ritt der Major in die Stadt und befand sich gegen Mittag auf der großen Straße von Grenoble zu dem Marktflecken, oberhalb des zum Haus der Fosseuse führenden Pfades. Er saß in einem vierrädrigen, offenen Einspänner, einem leichten Gefährt, das man auf allen Wegen dieses Berglandes antrifft. Genestas hatte einen mageren, kränklich aussehenden jungen Mann bei sich, der für zwölf hätte gelten können, obgleich er bereits in sein sechzehntes Lebensjahr trat. Bevor er ausstieg, blickte der Offizier in verschiedene Richtungen, ob er auf den Feldern einen Bauern fände, der den Wagen wieder zum Haus von Benassis zurückbringen könnte, denn die Enge des Pfades gestattete nicht, bis zum Haus der Fosseuse hinunterzufahren. Der zufällig auf die Straße hinaustretende Feldhüter enthob Genestas aller Mühe, und er konnte nun mit seinem Pflegesohn ihren Treffpunkt zu Fuß über die Bergpfade erreichen.

»Wären Sie nicht glücklich, Adrien, wenn Sie ein ganzes Jahr lang durch dieses schöne Land streifen, jagen und reiten lernen könnten, anstatt über Ihren Büchern zu hocken und immer blasser zu werden? Dort, schauen Sie nur!«

Adrien warf den matten Blick eines kranken Kindes über das Tal, aber gleichgültig wie alle jungen Menschen gegen die Schönheiten der Natur, sagte er, ohne stehenzubleiben: »Sie sind so gut, Vater.«

Genestas tat das Herz weh bei dieser krankhaften Gleichgültigkeit, und er richtete bis zum Haus der Fosseuse kein Wort mehr an seinen Sohn.

»Sie sind pünktlich, Major«, rief Benassis und erhob sich von der Holzbank, auf der er gesessen hatte. Aber er nahm sogleich wieder Platz und betrachtete Adrien nachdenklich; er prüfte das müde, gelbe Antlitz, nicht ohne die schönen ovalen Linien und den edlen Schnitt zu bewundern. Der Jüngling war das lebendige Ebenbild seiner Mutter, von ihr hatte er den olivfarbenen Ton der Haut und die schönen schwarzen Augen, durchgeistigt und traurig. Alle Schönheitsmerkmale polnischer Juden barg dieses Antlitz, und der Kopf mit dem langen Haar schien fast zu schwer für diesen zarten Körper.

»Schlafen Sie gut, junger Mann?« fragte Benassis ihn.

»Ja, Monsieur.«

»Zeigen Sie mal Ihre Knie, krempeln Sie Ihre Hose hoch.«

Errötend band Adrien seine Strumpfbänder los und zeigte seine Knie, die der Arzt sorgfältig abklopfte.

»Gut. Nun sprechen Sie, schreien Sie, schreien Sie ganz laut!«

Adrien schrie.

»Das genügt. Reichen Sie mir Ihre Hände!«

Der junge Mann streckte ihm seine weichen, weißen Hände hin, blau geädert wie die einer Frau.

»Auf welcher Schule waren Sie in Paris?«

»Auf dem Collège Saint-Louis.«

»Las Ihr Vorsteher nicht nachts aus seinem Brevier?«

»Ja, Monsieur.«

»Dann schliefen Sie wohl nicht immer gleich ein?«

Als Adrien nicht antwortete, sagte Genestas zum Arzt: »Dieser Vorsteher ist ein würdiger Priester, er gab mir den Rat, meinen kleinen Infanteristen seiner Gesundheit wegen von dort fortzunehmen.«

»Na schön!« sagte Benassis und senkte seinen hellen Blick in Adriens zitternde Augen; »da können wir noch helfen. Ja, wir machen einen Mann aus diesem Knaben. Wir wollen zusammen leben wie zwei gute Gefährten, mein Junge! Wir werden früh zu Bett gehen und früh aufstehen. Ich werde Ihrem Sohn das Reiten beibringen, Major. Nach ein oder zwei Monaten, in denen wir ihm durch viel Milch den Magen wieder in Ordnung bringen, werde ich ihm einen Waffenschein und eine Jagderlaubnis besorgen und ihn in Butifers Obhut geben, dann sollen die beiden zusammen auf die Gamsjagd gehen. Lassen Sie Ihren Sohn vier oder fünf Monate auf dem Land leben, Major, und Sie erkennen ihn nicht wieder! Butifer wird sehr glücklich darüber sein; ich kenne den Burschen; er wird mit Ihnen über die Alpen bis in die Schweiz hinein ziehen, mein kleiner Freund, er wird Sie mit auf die Gipfel nehmen und Sie in sechs Monaten sechs Zoll größer werden lassen; Sie werden rote Wangen bekommen, stärkere Nerven und alle schlechten Schulgewohnheiten vergessen. Danach können Sie weiterstudieren und ein Mann werden. Butifer ist eine ehrliche Haut, wir können ihm das nötige Geld für Ihre Reisen und Jagden ruhig anvertrauen, die Verantwortung wird ihn mir ein halbes Jahr lang ganz vernünftig machen; und für ihn heißt das soviel wie gewonnen.«

Genestas' Gesicht hellte sich bei den Worten des Arztes mehr und mehr auf.

»Nun frühstücken wir. Die Fosseuse ist schon ganz ungeduldig, Sie zu sehen«, sagte Benassis und gab Adrien einen leichten Klaps auf die Wange.

»Er ist also nicht schwindsüchtig?« fragte Genestas den Arzt, indem er ihn beim Arm nahm und beiseite zog.

»Nicht mehr als Sie und ich.«

»Aber was hat er denn?«

»Pah!« erwiderte Benassis, »er macht eine schwierige Entwicklungszeit durch, das ist alles.«

Die Fosseuse zeigte sich auf der Schwelle ihrer Tür, und nicht ohne Überraschung bemerkte Genestas, wie einfach und doch zugleich auch kokett sie sich gekleidet hatte. Das war nicht mehr das Bauernmädchen vom Abend vorher, sondern eine vornehme, anmutige Pariserin, die ihm Blicke zuwarf, die ihn nicht kaltließen. Der Soldat wandte die Augen dem Nußbaumtisch zu, dessen blanke Platte so gut gewachst war, daß er wie poliert erschien, und auf dem Eier, Butter, eine Pastete und aromatisch duftende Walderdbeeren standen. Überall hatte das arme Mädchen Blumen hingestellt, die deutlich zeigten, daß dies für sie ein Festtag war. Bei diesem Anblick konnte der Major nicht umhin, das schlichte Haus und den Rasen zu beneiden, er sah das Mädchen mit einer Miene an, die gleichzeitig Hoffnungen und Zweifel ausdrückten; dann wandte er den Blick wieder Adrien zu, dem sich die Fosseuse, die ihm gerade Eier vorlegte, freundlich widmete.

»Major, Sie wissen doch, um welchen Preis Sie hier Gastfreundschaft genießen? Sie müssen der Fosseuse etwas aus dem Soldatenleben erzählen.«

»Zuerst müssen wir Monsieur ruhig frühstücken lassen, aber wenn er seinen Kaffee getrunken hat ...«

»Das will ich dann gewiß und gern tun«, sagte der Major; »trotzdem stelle ich zur Bedingung, daß Sie uns auch etwas aus Ihrem früheren Leben erzählen.«

»Aber, Monsieur«, antwortete sie errötend, »ich habe nie etwas erlebt, das der Mühe wert wäre, erzählt zu werden. – Möchten Sie noch etwas von dieser Reispastete, mein kleiner Freund?« fragte sie, da sie Adriens Teller leer sah.

»Ja, Mademoiselle.«

»Köstlich, diese Pastete«, sagte Genestas.

»Was werden Sie dann erst von ihrem Sahnekaffee sagen?« rief Benassis.

»Lieber möchte ich unserer reizenden Wirtin zuhören.«

»Das wird Ihnen noch schlecht bekommen, Genestas«, sagte Benassis. – »Höre mal, mein Kind«, sagte der Arzt und nahm die Hand der Fosseuse fest in die seine, »der Offizier, den du da bei dir siehst, verbirgt ein ausgezeichnetes Herz unter einer rauhen Schale, du darfst ganz ruhig drauflos erzählen. Erzähle oder nicht, wir wollen dich nicht belästigen. Liebes Kind, wenn du jemals verstanden wirst, dann von den drei Menschen, die du hier im Augenblick beisammen siehst. Erzähle uns von denen, die dir einstmals lieb waren, das wird deinen jetzigen Herzensgeheimnissen nichts nehmen.«

»Da bringt Mariette uns den Kaffee«, erwiderte sie. »Wenn Sie alle bedient sind, will ich Ihnen gern meine Liebesgeschichten erzählen. – Aber Monsieur vergißt sein Versprechen nicht«, fügte sie hinzu und schaute Genestas bescheiden und doch angriffslustig an.

»Dazu bin ich gar nicht imstande, Mademoiselle«, erwiderte Genestas achtungsvoll.

»Im Alter von sechzehn Jahren«, begann die Fosseuse, »mußte ich trotz meiner schwächlichen Gesundheit auf den Straßen Savoyens mein Brot erbetteln. Nachts schlief ich in Les Echelles in einer großen Krippe voll Stroh. Der Herbergsvater, der mich aufgenommen hatte, war ein guter Mensch, aber seine Frau konnte mich nicht leiden und schimpfte dauernd auf mich. Das tat mir sehr weh, denn ich war ja kein böses Bettelmädchen; morgens und abends betete ich zu Gott, stahl nie, ich ging nach dem, was der Himmel mir gebot, und bat um ein Bißchen zum Leben, weil ich doch nichts zu tun vermochte und wirklich krank war, außerstande, eine Hacke zu heben oder Garn zu spinnen. Nun, und aus der Herberge wurde ich wegen eines Hundes weggejagt. Ohne Eltern, ohne Freunde war mir von meiner Geburt an nie ein freundlicher Blick begegnet. Die gute Madame Morin, die mich aufgezogen hatte, war tot, sie war gut zu mir gewesen; aber ich erinnere mich kaum noch ihrer Zärtlichkeiten; übrigens arbeitete die arme Alte auch auf dem Feld wie ein Mann; und wenn sie mich verhätschelte, gab sie mir auch was mit dem Löffel auf die Finger, wenn ich ihr zu rasch die Suppe aus der Schüssel futterte. Arme Alte, es vergeht kein Tag, an dem ich sie nicht in meine Fürbitten einschließe! Möchte der liebe Gott ihr da oben doch ein glücklicheres Leben gewähren, vor allem ein besseres Bett; sie klagte immer über das harte Lager, auf dem wir zusammen schliefen. Sie können sich gar nicht vorstellen, Messieurs, wie verletzend es ist, nichts als Schmähungen, harte Abweisungen und böse Blicke zu ernten, die ins Herz schneiden wie ein Messerstich. Ich habe manch armen alten Bettler getroffen, dem das nichts mehr ausmachte; aber ich war für dieses Geschäft nicht geboren. Ein Nein ließ mich immer wieder in Tränen ausbrechen. So kam ich jeden Abend stets trauriger heim und fand erst wieder Trost, wenn ich mein Gebet gesprochen hatte. In Gottes weiter Schöpfung fand sich kein Herz, an dem das meine hätte ruhen können! Nur das Blau des Himmels hatte ich zum Freund. Ich war immer ganz glücklich, wenn ich den Himmel völlig blau sah. Hatte der Wind die Wolken weggefegt, legte ich mich in eine Felsennische und schaute hinauf. Dann träumte ich, ich wäre eine große Dame. Je länger ich hinaufschaute, desto tiefer tauchte ich in dieses Blau ein; in Gedanken lebte ich ganz da oben, alles Bedrückende fiel von mir ab, ich stieg empor, und stieg und stieg, und mir wurde ganz leicht. Um wieder auf meine Liebesge-

schichten zu kommen: der Herbergsvater hatte von seiner
Hündin einen kleinen Hund, so artig wie ein Menschlein,
mit weißem Fell und schwarzen Flecken auf den Pfoten; ich
sehe dieses liebe kleine Kerlchen noch vor mir. Dies arme
Ding war das einzige Wesen, das mich in jener Zeit freundlich anblickte, und ich sparte immer meine besten Bissen
für ihn auf; er kannte mich auch, lief mir des Abends entgegen und schämte sich meines Elends nicht, er sprang an mir
hoch, leckte mir die Füße; in seinen Augen lag etwas so Gutes, so Dankbares, daß ich oft weinen mußte, wenn ich ihn
ansah. ›Das ist doch das einzige Geschöpf, das dich liebhat‹,
sagte ich mir. Im Winter schlief er zu meinen Füßen. Wenn
ich sah, daß er geschlagen wurde, litt ich dermaßen, daß ich
ihm abgewöhnte, in die Häuser zu schleichen, um einen
Knochen zu stehlen, und er gab sich mit meinem Brot zufrieden. War ich traurig, so stellte er sich vor mich hin,
schaute mir in die Augen, als wollte er sagen: ›Bist du wieder traurig, meine arme Fosseuse?‹ Wenn die Reisenden
mir ein paar Sous hinwarfen, suchte er sie aus dem Staub
auf und brachte sie mir, das brave Hündchen! Als ich diesen kleinen Freund hatte, fühlte ich mich weniger unglücklich. Alle Tage legte ich ein paar Sous beiseite, um fünfzig
Francs zusammenzukriegen und ihn eines Tages Vater
Manseau abkaufen zu können. Eines Tages bemerkte aber
seine Frau, daß der Hund mich liebhatte, und gleich ver-
narrte sie sich auch in ihn. Dabei konnte der Hund sie nicht
leiden. Die Tiere wittern unsre Seelen! Sie merken sofort,
ob man sie liebhat. Ich hatte mir ein Goldstück von zwanzig Francs ganz oben in den Rock genäht; da sagte ich also
zu Vater Manseau: ›Lieber Monsieur, ich wollte, ich könnte
Euch die ganzen Ersparnisse eines Jahres für Euren Hund
bieten; aber ehe Eure Frau ihn für sich will, obgleich sie
sich gar nichts aus ihm macht, da verkauft ihn mir doch für
zwanzig Francs; hier, da sind sie.‹ – ›Nein, liebes Kind‹,
stecken Sie Ihre zwanzig Francs nur fort. Bewahre mich der
Himmel davor, daß ich das Geld der Armen nehme! Behal-

ten Sie den Hund nur. Wenn meine Frau zu sehr schreit, geht Eurer Wege.‹ Seine Frau machte ihm eine Szene wegen des Hundes ... ach Gott! man hätte glauben sollen, das Haus stände in Flammen; und wissen Sie, worauf sie nun kam? Als sie sah, daß der Hund aus Freundschaft an mir hing und sie ihn nie kriegen würde, da ließ sie ihn vergiften. Das arme Tier ist in meinen Armen gestorben; ich habe geweint, als wäre es mein Kind gewesen, und habe ihn unter einer Tanne begraben. Sie wissen nicht, was ich alles in dies Grab hineingelegt habe. Ich sagte mir, als ich so dort saß, nun wäre ich ganz allein auf der Welt, nichts würde mir mehr glücken, es würde wieder werden wie früher, ohne irgend jemand auf Erden, ohne einen freundlichen Blick. Die ganze Nacht habe ich dort beim hellen Licht der Sterne gesessen und Gott um Mitleid angefleht. Als ich wieder auf die Straße kam, fand ich dort einen armen Jungen von zehn Jahren, der keine Hände hatte. ›Der liebe Gott hat mich erhört‹, dachte ich, ›nie habe ich so gebetet wie heute nacht. Ich will für diesen armen Jungen sorgen‹, sagte ich mir, ›wir wollen zusammen betteln, und ich will ihm eine Mutter sein; zu zweien wird's auch viel besser gehen; vielleicht habe ich für ihn auch mehr Mut als für mich!‹ Zuerst schien der Kleine ganz zufrieden, es wäre ihm auch wohl recht schwer gefallen, es nicht zu sein, ich tat alles, was er wollte, gab ihm das Beste von allem, wurde schließlich sein Sklave, und er tyrannisierte mich; aber das kam mir immer noch besser vor, als allein zu sein. Pah! sobald der kleine Trunkenbold merkte, daß ich zwanzig Francs oben in meinem Kleide hatte, trennte er es auf und stahl mir mein Goldstück, den Preis für meinen armen kleinen Hund! Ich hatte Messen dafür lesen lassen wollen. Ein Kind ohne Hände! Das entsetzte mich. Dieser Diebstahl nahm mir mehr Lebensmut als ich weiß nicht was sonst. Ich durfte also nichts liebhaben, was mir nicht unter den Händen verdarb. Eines Tages sah ich eine hübsche französische Kalesche den Hang nach Les Echelles hinauffahren. Eine Demoiselle saß drin, schön wie die Jungfrau Maria, und ein junger Mann, der ihr ähnlich sah. – ›Siehst du das hübsche Mädchen da?‹ fragte der junge Mann sie und warf mir ein Geldstück hin. Sie allein, Monsieur Benassis, können verstehen, wie glücklich mich dieses Kompliment machte, das einzige, das ich je gehört hatte; aber der Herr hätte mir kein Geld hinwerfen sollen. Sofort lief ich, von tausend Dummheiten getrieben, die mir durch den Kopf fuhren, ihnen über allerlei Pfade den Weg abzuschneiden; und da saß ich schon oben in den Felsen bei Les Echelles, weit vor der Kalesche, die ganz langsam bergauf fuhr. Ich konnte den jungen Mann noch einmal sehen; er war ganz überrascht, mich hier wiederzufinden, und ich freute mich, daß mir das Herz im Halse schlug. Ich weiß nicht, was mich zu ihm hinzog; als er mich wiedererkannt hatte, lief ich weiter, da ich wohl ahnte, Mademoiselle und er wollten die Wasserfälle von Couz anschauen; als sie dort ausstiegen, fanden sie mich unter einem Nußbaum am Wege sitzen, und nun fingen sie an, mich zu fragen, und es schien, als nähmen sie Anteil an mir. Niemals im Leben habe ich so sanfte Stimmen gehört wie die des schönen jungen Herrn und seiner Schwester, denn es war sicher seine Schwester; ein ganzes Jahr lang mußte ich immer an sie denken und hoffte, sie kämen wieder. Zwei Jahre meines Lebens hätte ich drum gegeben, den Reisenden nur einmal wiederzusehen, so gütig kam er mir vor! Das sind bis zu dem Augenblick, wo ich Monsieur Benassis kennenlernte, die bedeutendsten Ereignisse meines Lebens; denn als meine Herrin mich wegjagte, weil ich ihr Ballkleid angezogen hatte, da tat sie mir nur leid, ich habe ihr verziehen; und glauben Sie einem ehrlichen Mädchen, wenn ich offen reden darf, ich kam mir viel besser vor als sie, wenn sie auch eine Comtesse war.«

»Na«, sagte Genestas nach einem Augenblick des Schweigens, »nun sehen Sie doch wohl, daß Gott Sie ins Herz geschlossen hat; hier leben Sie doch wie der Fisch im Wasser.«

Bei diesen Worten sah die Fosseuse Benassis dankbar an.

»Ich wollte, ich wäre reich!« sagte der Offizier.

Diesem Ausruf folgte tiefes Stillschweigen.

»Sie sind mir noch eine Geschichte schuldig«, sagte schließlich die Fosseuse schelmisch.

»Die sollen Sie hören«, gab Genestas zur Antwort. »Am Abend vor der Schlacht bei Friedland«, fuhr er nach einer Pause fort, »wurde ich mit einer Botschaft ins Quartier des Generals Davout geschickt und ging wieder in mein Biwak zurück, als ich an einer Wegbiegung dem Kaiser gerade vor die Nase lief. Napoleon sieht mich an: ›Bist du nicht der Hauptmann Genestas?‹ fragte er. ›Jawohl, Sire.‹ – ›Du warst mit in Ägypten?‹ – ›Jawohl, Sire.‹ – ›Geh auf dem Weg da nicht weiter‹, sagt er, ›nimm den da links, dann findest du deine Division rascher wieder.‹ Sie können sich gar nicht denken, in welch gütigem Ton der Kaiser mir dies sagte, er, der doch nun wirklich ganz andere Dinge im Kopf hatte, denn er durchstreifte die Gegend, um sein Schlachtfeld auszukundschaften. Ich erzähle Ihnen diese Episode nur, um Ihnen zu zeigen, was für ein Gedächtnis er hatte, und damit Sie wissen, daß ich einer von denen war, deren Gesicht er kannte. 1815 hatte ich den Eid geleistet. Ohne diesen Mißgriff wäre ich heute vielleicht Oberst; aber ich hatte nie im Sinn gehabt, die Bourbonen zu verraten; damals sah ich nichts als Frankreich, das verteidigt werden mußte. Ich war also als Schwadronsführer bei den Grenadieren der kaiserlichen Garde, und trotz aller Schmerzen, die ich noch von meiner Verwundung her fühlte, habe ich doch kräftig dreingeschlagen in der Schlacht bei Waterloo. Als alles vorbei war, begleitete ich Napoleon nach Paris; dann, als er nach Rochefort ging, folgte ich ihm gegen seinen Befehl dorthin; freudig wachte ich darüber, daß ihm auf der Reise nichts zustieße. Und so fand er mich, als er am Ufer des Meeres auf und ab ging, zehn Schritt von ihm entfernt auf Posten. – ›Na, Genestas‹, sagt er und trat auf mich zu, ›wir

sind also nicht tot?‹ Das Wort zerriß mir das Herz. Hätten
Sie ihn gehört, Sie hätten ebenso von Kopf bis zu den Füßen gezittert wie ich. Er zeigte auf das Schandding von englischer Fregatte, die den Hafen blockierte, und sagte:
›Wenn ich das da sehe, dann dauert's mich, daß ich mich
nicht im Blute meiner Garde ertränkt habe.‹ Ja«, sagte Genestas und sah den Arzt und die Fosseuse an, »das waren
seine eigenen Worte. ›Die Marschälle, die Eure Majestät
daran hinderten, selbst anzugreifen‹, sagte ich zu ihm, ›und
Euch in die Kutsche setzten, die waren Eure Freunde
nicht.‹ – ›Komm mit mir, das Spiel ist noch nicht aus‹, sagte
er lebhaft zu mir. ›Sire, ich komme gern nach; doch im Mo-
ment muß ich für ein Kind sorgen, das keine Mutter hat,
und bin nicht frei.‹ Also Adrien, den Sie da sehen, hat es
verhindert, daß ich mit ihm nach Sankt Helena ging. ›Sieh‹,
sagte er, ›ich habe dir nie etwas geschenkt, du gehörtest
nicht zu denen, die immer eine Hand voll und die andere
offen hatten; da hast du meine Tabakdose, die mir bei diesem letzten Feldzug gedient hat. Bleib in Frankreich, es
braucht ehrliche Kerle wie dich nach alledem. Bleibe im
Dienst und erinnere dich meiner. Du bist aus meiner Armee der letzte Ägypter, den ich in Frankreich noch auf den
Beinen sah.‹ Und damit gab er mir eine kleine Tabakdose.
›Laß eingravieren: Ehre und Vaterland‹, sagte er, ›das ist die
Geschichte unserer beiden letzten Feldzüge.‹ Dann trat
seine Begleitung wieder zu ihm, und ich blieb den ganzen
Morgen mit ihnen zusammen. Der Kaiser schritt an der Küste entlang, er blieb ganz ruhig, nur zuweilen runzelte er
die Brauen. Um Mittag wurde seine Einschiffung als Ding
der Unmöglichkeit betrachtet. Die Engländer wußten, daß
er in Rochefort war, entweder mußte er sich ihnen auslie-
fern oder quer durch ganz Frankreich zurück. Wir waren
alle in Unruhe! Die Minuten wurden zu Stunden. Napoleon
stand zwischen den Bourbonen, die ihn erschossen hätten,
und den Engländern, die überhaupt keine Ehre haben,
denn nie können sie die Schande wieder abwaschen, mit

der sie sich bedeckten, als sie einen um Gastrecht bittenden Feind auf einen solchen Felsen verbannten. In dieser Not stellte ihm ich weiß nicht wer aus seinem Gefolge einen Leutnant Doret vor, einen Seemann, der ihm Mittel und Wege vorschlagen wollte, nach Amerika zu gelangen. Tatsächlich lagen im Hafen eine Staatsbrigg und ein Handelsschiff. ›Kapitän‹, fragt der Kaiser ihn, ›wie wollten Sie das wohl anstellen?‹ – ›Sire‹, antwortete der Mann, ›Sie gehen an Bord des Handelsschiffes, und ich steige mit ergebenen Leuten auf die Brigg; wir hissen die weiße Flagge; entern den Engländer, setzen ihn in Brand, sprengen uns allesamt in die Luft, und Sie können durch.‹ – ›Wir gehen mit Euch!‹ rief ich dem Kapitän zu. Napoleon sah uns alle an und sagte dann: ›Kapitän Doret, bleiben Sie in Frankreich.‹ Das war das einzige Mal, daß ich Napoleon gerührt gesehen habe. Dann gab er uns ein Zeichen mit der Hand und kehrte um. Ich reiste ab, als ich ihn an Bord des Engländers gehen sah. Er war verloren und wußte es. Im Hafen war ein Verräter, der die Feinde durch Signale von der Anwesenheit des Kaisers benachrichtigt hatte. Da versuchte Napoleon noch ein letztes Mittel, er machte es wie auf dem Schlachtfeld und ging zu ihnen, anstatt sie zu sich kommen zu lassen. Sie sprechen von Kummer, aber nichts kann Ihnen die Verzweiflung derjenigen ausmalen, die ihn um seiner selbst willen liebten.«

»Wo ist denn seine Tabakdose?« fragte die Fosseuse.

»In Grenoble, in einem Kasten«, erwiderte der Major.

»Ich komme einmal und sehe sie mir an, wenn Sie erlauben. Zu denken, daß Sie etwas besitzen, was er in den Händen gehalten hat! Hatte er schöne Hände?« – »Sehr schöne.«

»Stimmt es, daß er tot ist?« fragte sie. »Nun sagen Sie mir aber die Wahrheit.«

»Ja, gewiß, er ist tot, liebes Kind.«

»Ich war 1815 noch so klein, daß ich nur seinen Hut sehen konnte, und wurde dabei in Grenoble fast totgequetscht.«

»Das ist aber guter Sahnekaffee«, sagte Genestas. »Na, Adrien, gefällt's Ihnen hier? Werden Sie Mademoiselle auch mal besuchen?«

Der Junge antwortete nicht, er schien Angst zu haben, die Fosseuse anzusehen. Benassis beobachtete den jungen Mann unausgesetzt und schien in seiner Seele zu lesen.

»Gewiß wird er sie besuchen«, sagte Benassis. »Aber wir wollen nach Hause, ich muß eins meiner Pferde nehmen, ich habe noch eine recht lange Runde vor mir. Während ich fort bin, werden Sie mit Jacquotte schon ins reine kommen.«

»Kommen Sie doch mit uns«, sagte Genestas zur Fosseuse.

»Gern«, erwiderte sie, »ich muß Madame Jacquotte noch allerlei Sachen zurückbringen.«

Sie machten sich auf den Weg zum Haus des Arztes, und die Fosseuse, die diese Gesellschaft aufheiterte, führte sie auf schmalen Pfaden durch die wildesten Berggegenden.

»Monsieur«, sagte sie nach einer Weile zu Genestas, »Sie haben mir noch nichts von sich selbst erzählt, und ich hätte doch so gern ein Kriegsabenteuer gehört. Was Sie von Napoleon erzählt haben, gefiel mir sehr, aber es hat mir weh getan … Seien Sie doch so gut …«

»Sie hat recht«, rief Benassis freundlich, »Sie könnten uns irgendein hübsches Abenteuer erzählen, während wir unterwegs sind; so eine interessante Geschichte wie die mit Ihrem Balken an der Beresina.«

»Ich habe nur recht wenige Erinnerungen«, sagte Genestas.

»Es gibt ja Leute, denen alles mögliche passiert, ich dagegen habe es nie zum Helden irgendeiner Geschichte gebracht. Je nun, die einzige recht drollige Affäre, die mir widerfahren ist, will ich wohl berichten. 1805, als ich noch Unterleutnant in der Grande-Armée war, befanden wir uns bei Austerlitz. Ehe wir Ulm nahmen, mußten wir verschiedene Gefechte liefern, in denen die Kavallerie recht gute Erfolge hatte. Ich stand damals unter Murats Befehl, der auf einen farbenprächtigen Aufzug selten verzichtete. Nach einem der ersten Kämpfe dieses Feldzuges bemächtigten wir uns eines Landstrichs, wo mehrere schöne Güter lagen. Am Abend lagerte mein Regiment im Park eines schönen Schlosses, das von einer Comtesse bewohnt wurde, einer schönen jungen Frau; ich will natürlich im Schloß wohnen und eile hin, um jede Plünderung zu verhindern. Gerade in dem Augenblick komme ich in den Salon, als mein Unteroffizier auf die Comtesse anlegte und brutal von ihr etwas verlangte, was sie dem Kerl unmöglich gewähren konnte, er war zu häßlich; mit einem Säbelhieb schlage ich ihm den Karabiner in die Höhe, und der Schuß geht in einen Spiegel; dann versetze ich meinem Mann noch eins mit der flachen Klinge und strecke ihn zu Boden. Auf das Geschrei der Comtesse und den Knall des Schusses kommt ihre ganze Dienerschaft herbeigelaufen und stürzt sich auf mich. ›Halt‹, gebietet sie auf deutsch ihren Leuten, die mich aufspießen wollten, ›der Offizier hat mir das Leben gerettet!‹ Sie zogen sich zurück. Die Dame schenkte mir ihr Taschentuch, ein schönes besticktes Taschentuch, das ich noch habe, und sagte mir, ich würde in ihrem Haus stets einen Zufluchtsort finden, und sollte mich je etwas bedrükken, was es auch immer sei, so fände ich in ihr eine Schwester und eine ergebene Freundin; kurz, sie wandte alle erdenklichen Mittel an. Diese Frau war schön wie ein Hochzeitstag, niedlich wie ein junges Kätzchen. Wir speisten gemeinsam. Am nächsten Tage war ich wahnsinnig verliebt; aber an diesem Tag auch mußten wir bei Günzburg, glaube ich, antreten, und ich zog ab mit dem Taschentuch der Dame. Das Gefecht kommt in Gang; ich sagte mir: ›Die Kugeln zu mir! Lieber Gott, gibt's denn unter allen, die da vorbeifliegen, nicht eine für mich?‹ Aber in den Schenkel wollte ich keine haben, denn dann hätte ich nicht auf's

Schloß zurück können. Ich war ja kein Kostverächter, ich wünschte mir bloß eine hübsche Armwunde, um von der Comtesse gepflegt und verhätschelt zu werden. Wie ein Rasender stürzte ich mich auf den Feind. Aber ich hatte kein Glück, kam mit heiler Haut davon. Nichts mehr von Comtessen, marschieren hieß es. Das war's.«

Indessen waren sie bei Benassis angekommen, der sofort zu Pferde stieg und verschwand. Als der Arzt zurückkam, hatte die Köchin, der Genestas seinen Sohn anempfohlen hatte, sich Adriens bereits bemächtigt und ihn in der berühmten Kammer Monsieur Graviers untergebracht. Sie war außerordentlich erstaunt, als sie hörte, wie ihr Herr in seiner eigenen Kammer ein einfaches Gurtbett für den jungen Menschen aufschlagen ließ und diesen Befehl in so gebieterischem Ton aussprach, daß ihr auch die kleinste Entgegnung unmöglich wurde. Nach dem Abendessen machte sich der Major auf den Rückweg nach Grenoble, glücklich über die erneuten Versicherungen des Arztes, daß der Jüngling bald wiederhergestellt sein würde.

In den ersten Dezembertagen, acht Monate nachdem Genestas seinen Sohn Benassis anvertraut hatte, wurde er zum Oberstleutnant eines Garnisonsregiments in Poitiers ernannt. Er gedachte seinen Freund von seiner Abreise zu unterrichten, als er einen Brief von Benassis erhielt, der ihm die völlige Genesung Adriens mitteilte.

›Der Junge‹, schrieb er, ›ist groß und kräftig geworden, er fühlt sich ausgezeichnet. Seit Sie ihn zuletzt sahen, hat er Butifers Lektionen so wohl genutzt, daß er jetzt ein ebenso guter Schütze ist wie unser Schmuggler selbst; dazu ist er flink und gewandt, gut zu Fuß und im Sattel. Er hat sich tüchtig verändert. Der sechzehnjährige Junge, der damals wie ein zwölfjähriger aussah, wirkt jetzt beinahe wie zwanzig. Er hat einen festen, stolzen Blick. Er ist ein Mann, und ein Mann, an dessen Zukunft Sie nun denken müssen.‹

›Ich werde gewiß morgen Benassis aufsuchen und seinen Rat darüber einholen, welchen Weg ich den Burschen nun einschlagen lasse‹, sagte Genestas sich, als er zu dem ihm von seinen Offizieren gegebenen Abschiedsempfang ging; denn er sollte nur noch ein paar Tage in Grenoble bleiben.

Als der Oberstleutnant heimkam, übergab sein Diener ihm einen Brief, der von einem Boten gebracht war, der lange auf Antwort gewartet hatte. Obgleich noch ziemlich benommen von den vielen Toasts, die seine Offiziere auf ihn ausgebracht hatten, erkannte Genestas doch die Handschrift seines Sohnes, glaubte aber, der junge Mann bäte ihn nur, ihm irgendeinen Wunsch zu erfüllen, und ließ den Brief daher auf dem Tisch liegen, wo er ihn am nächsten Morgen wieder ergriff, als der Champagnerrausch verflogen war.

›Mein lieber Vater ...‹ – ›Aha, kleiner Schlaukopf‹, sagte er bei sich, ›immer einem erst um den Bart gehen, wenn du was willst!‹ Dann las er weiter: ›Der gute Monsieur Benassis ist tot ...‹ Der Brief glitt Genestas aus den Händen, und erst nach längerer Pause nahm er ihn wieder auf. ›Das Unglück hat Bestürzung im ganzen Land verbreitet und überraschte uns um so mehr, als Monsieur Benassis sich am Abend vorher durchaus wohl fühlte und kein Anzeichen auf eine Krankheit hindeutete. Als hätte er sein Ende kommen fühlen, ging er vorgestern zu allen seinen Kranken, selbst zu den weit entfernt wohnenden, und sagte zu allen Leuten, die er traf: ‚Lebt wohl, Freunde.‘ Er kam wie gewöhnlich gegen fünf Uhr heim, um mit mir zu Abend zu essen. Jacquotte fand sein Gesicht ein wenig rot und bläulich, und da es kalt war, bereitete sie ihm kein Fußbad, das sie ihm sonst immer aufnötigte, wenn ihm das Blut zu Kopf stieg. Und nun heult das arme Ding unter Tränen seit zwei Tagen: ‚Hätte ich ihm nur sein Fußbad gemacht, dann lebte er noch!‘ Monsieur Benassis war hungrig, er aß tüchtig und war lustiger als gewöhnlich. Wir haben viel miteinander gelacht, und lachen hatte ich ihn noch nie sehen. Nach dem Abendessen kam so gegen sieben ein Mann aus Saint-Laurent-du-Pont, um ihn zu einem sehr dringenden Fall zu holen. Er sagte zu mir: ‚Ich muß wohl hin; aber ich habe noch nicht voll verdaut, und dann setze ich mich nicht gern zu Pferde, vor allem nicht, wenn es kalt ist; das bringt den Menschen um!‘ Trotzdem ritt er aber los. Gegen neun Uhr brachte Goguelat, der Postbote, einen Brief für Monsieur Benassis. Jacquotte, die müde vom Waschen war, ging zu Bett, gab mir den Brief und bat mich, in unserer Kammer doch an Monsieur Benassis’ Feuer den Tee für ihn zurechtzumachen, denn ich schlief noch immer auf meinem kleinen Bett bei ihm. Ich löschte das Licht im Salon und ging nach oben, um auf meinen Freund zu warten. Ehe ich den Brief auf den Kamin legte, sah ich aus Neugier nach der Handschrift und dem Poststempel. Der Brief kam aus Paris, und die Anschrift schien von Frauenhand. Ich erwähne das nur wegen des Einflusses, den dieser Brief auf das Ereignis gehabt hat. Gegen zehn hörte ich den Hufschlag von Monsieur Benassis’ Pferd. Er sagte zu Nicolle: ‚Es ist ’ne Hundekälte, ich fühle mich gar nicht wohl.‘ – ‚Soll ich Jacquotte wecken?‘ fragte Nicolle. ‚Nein, nein!‘ Und dann kam er nach oben. ‚Ich habe Ihnen den Tee zurechtgemacht‘, sagte ich zu ihm. ‚Danke, Adrien‘, sagte er und lächelte mir zu, wie Sie das ja kennen. Das war sein letztes Lächeln. Dann nahm er sich die Halsbinde ab, als würde sie ihn ersticken. ‚Ist das hier heiß!‘ sagte er und warf sich in einen Lehnstuhl. ‚Da ist ein Brief für Sie gekommen, lieber Freund, hier ist er‘, sagte ich. Er nimmt den Brief, sieht die Handschrift und schreit auf: ‚O Gott! Vielleicht ist sie frei!‘ Dann ließ er den Kopf zurückfallen, und seine Hände zitterten; endlich setzte er das Licht auf den Tisch und nahm den Brief aus dem Umschlag. Sein Ausruf hatte mich derart erschreckt, daß ich ihn ansah, während er las, und ich sah, wie er rot wurde und weinte. Plötzlich fiel er mit dem Kopf vornüber, ich hob ihn auf und sah, daß sein Gesicht ganz dunkelblau war. ‚Ich bin des Todes‘, stammelte er und machte schreckliche Anstrengungen aufzustehen. ‚Laßt mich zur

Ader, laßt mich zur Ader!' rief er und faßte mich bei der Hand. ,Adrien, verbrennen Sie den Brief!', und damit hielt er mir den Brief hin, den ich ins Feuer warf. Ich rief nach Jacquotte und Nicolle, aber nur Nicolle hörte mich; er kam herauf und half mir, Monsieur Benassis auf mein Feldbett zu legen. Er hörte schon nichts mehr, unser lieber Freund! Von diesem Augenblick an machte er wohl noch einmal die Augen auf, aber nahm nichts mehr wahr. Nicolle ritt los, um den Wundarzt, Monsieur Bordier, zu holen, und verbreitete die Unglücksnachricht im ganzen Ort. Im Nu war alles auf den Beinen. Monsieur Janvier, Monsieur Dufau, alle, die Sie kennen, kamen als erste. Monsieur Benassis war schon fast tot, es gab keine Hilfe mehr. Monsieur Bordier brannte ihm noch die Fußsohle, aber konnte auch dadurch kein Lebenszeichen mehr erzielen. Es war zu gleicher Zeit ein Gichtanfall und ein Gehirnschlag. Ich erzähle Ihnen getreulich alle diese Einzelheiten, lieber Vater, weil ich weiß, wie Sie Monsieur Benassis geliebt haben. Ich selbst bin sehr traurig und niedergeschlagen. Keinen Menschen, Sie ausgenommen, habe ich so liebgehabt wie ihn. Ich habe aus meinen abendlichen Unterhaltungen mit Monsieur Benassis mehr Nutzen gezogen als aus dem ganzen Lehrkram auf der Schule. Sobald am andern Morgen sein Tod in der Gegend bekannt wurde, gab es ein ganz unglaubliches Schauspiel. Hof und Garten waren voller Menschen. Das war ein Weinen und Wehgeschrei; niemand dachte an Arbeit; alle erzählten sich, was Monsieur Benassis zu ihnen gesagt hatte, als sie ihn zuletzt getroffen hatten; der eine zählte alle ihm erwiesenen Wohltaten auf; die weniger Ergriffenen redeten für die anderen mit, von Stunde zu Stunde wuchs die Menge an, und jedermann wollte ihn sehen. Die traurige Nachricht verbreitete sich sehr rasch, die Leute aus dem Kanton, ja aus der ganzen Umgegend bewegte nur ein Gedanke: aus einem Umkreis von zehn Meilen strömten Männer, Frauen, Jungen und Mädchen herbei. Beim Leichenbegängnis wurde der Sarg von den vier Gemeindeälte-

sten zur Kirche getragen, aber mit unendlicher Mühe, denn
zwischen dem Haus von Monsieur Benassis und der Kirche
hatten sich fast fünftausend Menschen versammelt, die fast
alle auf den Knien lagen wie bei einer Prozession. Die Kirche konnte die Menge gar nicht fassen. Als das Totenamt
begann, breitete sich trotz allen Wehklagens eine solche
Stille aus, daß man das Glöckchen und den Gesang bis ans
Ende der Hauptstraße hören konnte. Aber als dann der
Leichnam nach dem neuen Friedhof getragen werden
mußte, den Monsieur Benassis für die Gemeinde angelegt
hatte, erhob sich ein gewaltiger Schrei; armer Mann, er
hatte wohl nicht geahnt, daß er dort als erster beerdigt werden würde. Monsieur Janvier sprach weinend die Gebete,
und alle Anwesenden hatten Tränen in den Augen. Dann
wurde er beerdigt. Gegen Abend zerstreute sich die Menge,
jeder ging nach Hause und trug Trauer und Tränen durchs
ganze Land. Am nächsten Morgen gingen Gondrin, Goguelat, Butifer, der Feldhüter und noch verschiedene andere
daran, über der Stelle, wo Monsieur Benassis liegt, eine Erdpyramide aufzuschütten, zwanzig Fuß hoch, die mit Rasen
bedeckt werden soll und wobei ein jeder mitarbeitet. Das,
lieber Vater, sind die Ereignisse der letzten drei Tage. Das
Testament von Monsieur Benassis fand Monsieur Dufau offen in seinem Schreibtisch liegen. Die Verfügung, die unser
lieber Freund über sein Vermögen traf, hat, wenn das überhaupt möglich ist, die Liebe, die alle für ihn hegten, und die
Trauer über seinen Tod noch vermehrt. Ich erwarte jetzt
durch Butifer, der Ihnen, lieber Vater, diesen Brief überbringen soll, eine Anweisung, wie ich mich verhalten soll.
Kommen Sie und holen Sie mich ab, oder soll ich zu Ihnen
nach Grenoble kommen? Teilen Sie mir mit, was ich Ihrem
Wunsch entsprechend tun soll, und seien Sie meines völli-
gen Gehorsams versichert.

Leben Sie wohl, lieber Vater, es grüßt Sie vielmals herzlich Ihr ergebener Sohn

Adrien Genestas‹

»Vorwärts, ich muß hin!« rief der Soldat.

Er befahl, sein Pferd zu satteln, und machte sich auf den Weg. Es war einer jener trüben Dezembermorgen, an denen der Himmel grau verhangen und der Wind nicht stark genug ist, den Nebel zu vertreiben, durch dessen Schleier die kahlen Bäume und feuchten Häuser ganz merkwürdig aussehen. Die Stille war glanzlos, denn es gibt auch eine glänzende Stille. Bei schönem Wetter hat auch der geringste Laut etwas Fröhliches, aber bei dunklem Himmel ist die Natur nicht still, sie ist stumm. Der an den Bäumen hängende Nebel verdichtete sich zu Tropfen, die wie Tränen langsam auf die Blätter niederfielen. Jedes Geräusch erstarb in diesem nebligen Dunst. Oberstleutnant Genestas, dessen Herz von Todesgedanken und tiefer Trauer bedrückt war, fühlte sich in Einklang mit dieser tristen Natur. Unwillkürlich verglich er den strahlenden Frühlingshimmel und das heitere Tal seiner ersten Reise mit dem schwermütigen Anblick dieses bleiernen Himmels über den ihres grünen Schmuckes beraubten Bergen, die ihr Schneekleid noch nicht angelegt hatten, das ihnen wieder Anmut verleiht. Die kahle Erde ist für jemanden, der zu einem Grabe geht, ein schmerzliches Schauspiel; dies Grab ist für ihn überall. Die schwarzen Tannen, die hier und da die Gipfel schmükken, mischen sich unter die Bilder der Trauer, die die Seele des Offiziers erfüllten; und jedesmal, wenn er seinen Blick über das langgestreckte Tal schweifen ließ, mußte er an das Unglück denken, das diesen Kanton getroffen, und an die Leere, die der Tod dieses Mannes hier geschaffen hatte. Bald kam Genestas an den Ort, wo er auf seiner ersten Reise einen Becher Milch getrunken hatte. Als er den Rauch der Hütte sah, in der die Anstaltskinder erzogen wurden, mußte er ganz besonders an den wohltätigen Sinn von Benassis denken und wollte eintreten, um der armen Frau in seinem Namen ein Almosen zu spenden. Nachdem er sein Pferd an einen Baum gebunden hatte, öffnete er die Haustür, ohne erst anzuklopfen.

»Guten Tag, Mutter«, sagte er zu der Alten, die er mit ihren Kindern vor dem Feuer hocken sah, »erkennt Ihr mich wieder?«

»Oh, ja doch, lieber Monsieur! An einem schönen Frühlingstag sind Sie hiergewesen und haben mir zwei Taler geschenkt.«

»Nehmen Sie, Mutter, das ist für Euch und für die Kinder!«

»Vielen Dank, Monsieur. Des Himmels Segen über Sie!«

»Dankt nicht mir, dankt dem armen Vater Benassis.«

Die Alte hob den Kopf und sah Genestas an.

»Ach, Monsieur, wenn er auch sein ganzes Vermögen unserm armen Land vermacht hat und wir alle seine Erben sind, unsern größten Reichtum haben wir doch verloren, denn er hat hier alles zum Guten gewendet.«

»Lebt wohl, Mutter, betet für ihn!« sagte Genestas, nachdem er den Kleinen noch einen leichten Klaps mit der Reitpeitsche gegeben hatte.

Von der ganzen kleinen Bande und der Alten begleitet, stieg er wieder zu Pferd und ritt weiter. Er folgte dem Talweg und fand dann den breiten Pfad, der zum Haus der Fosseuse führte. Er kam an den Hang, von wo aus er das Haus erblicken konnte; aber mit großer Unruhe bemerkte er, daß Tür und Fensterläden geschlossen waren; er ritt also auf die Landstraße zurück, deren Pappeln nun kahl waren. Als er sie erreicht hatte, traf er den alten Tagelöhner, fast sonntäglich gekleidet, der ganz allein und ohne sein Werkzeug langsam seines Weges zog.

»Guten Tag, mein lieber Moreau!«

»Ah, guten Tag, Monsieur! Ich kenne Sie noch«, fuhr der Alte nach einem Augenblick des Schweigens fort. »Sie sind der Freund unseres verstorbenen Bürgermeisters! Ach, Monsieur, hätte der liebe Gott an seiner Statt nicht besser einen armen Gichtbrüchigen wie mich genommen? Ich bin hier rein gar nichts, während er doch jedermanns Freude war.«

»Wißt Ihr, weshalb niemand bei der Fosseuse zu Hause ist?«

Der Alte sah nach dem Himmel.

»Wie spät ist es, Monsieur? Man kann die Sonne nicht sehen«, fügte er hinzu.

»Zehn ist es.«

»Ach so, dann ist sie in der Messe oder auf dem Friedhof. Jeden Tag geht sie hin, sie hat von ihm fünfhundert Livres Rente und ihr Haus auf Lebenszeit geerbt; aber sie ist über seinen Tod fast von Sinnen.«

»Wo geht Ihr hin, mein Lieber?«

»Zur Beerdigung des armen kleinen Jacques, was mein Neffe ist. Der kleine Kranke ist gestern morgen gestorben. Es schien wahrhaftig, als hätte nur der gute Monsieur Benassis ihn hier noch festgehalten. All dies junge Volk stirbt so weg«, fügte Moreau halb klagend, halb spöttisch hinzu.

Beim Ortseingang zügelte Genestas sein Pferd, als er Gondrin und Goguelat bemerkte, beide mit Schaufeln und Hacken bewaffnet.

»Na, meine alten Kriegsgefährten«, rief er ihnen zu, »welch Unglück, daß wir ihn verloren haben …«

»Genug davon, Monsieur, wir wissen es wohl«, erwiderte Goguelat mürrisch, »wir haben eben wieder Rasen für sein Grab ausgestochen.«

»Wird das nicht eine schöne Lebensgeschichte zum Erzählen?« fragte Genestas.

»Ja gewiß«, meinte Goguelat; »er ist, die Schlachten ausgenommen, der Napoleon unseres Tales.«

Als er vor dem Pfarrhaus anlangte, gewahrte Genestas Butifer und Adrien im Gespräch mit Monsieur Janvier, der offenbar aus der Messe kam. Sowie Butifer sah, daß der Offizier absitzen wollte, lief er herbei, das Pferd am Zügel zu halten, und Adrien fiel seinem Vater um den Hals, der von diesem Gefühlsausbruch ganz gerührt war, aber als Soldat seine Gefühle verbarg und zu ihm sagte: »Wie gut Sie sich herausgemacht haben, Adrien! Alle Wetter! Dank unserm armen Freund sind Sie ja fast schon ein Mann! Meister Butifer, Ihren Lehrer, vergesse ich natürlich dabei nicht.«

»Bitte, Monsieur le Lieutenant-Colonel«, sagte Butifer, »nehmen Sie mich mit in Ihr Regiment! Seit der Bürgermeister tot ist, habe ich Angst vor mir. Er wollte doch, daß ich Soldat werde, also will ich's nach seinem Willen tun. Er hat Ihnen ja erzählt, was ich für einer war, da werden Sie schon etwas Nachsicht mit mir haben …«

»Einverstanden, mein Junge«, sagte Genestas und schlug in seine Hand ein. »Sei unbesorgt, ich werde schon einen guten Posten für dich finden.«

»Ah, Monsieur le Curé …«

»Monsieur le Lieutenant-Colonel, ich bin so traurig wie alle Leute des Kantons, aber ich empfinde doch viel lebhafter, wie unersetzlich der Verlust ist, der uns betroffen hat. Der Mann war ein Engel! Glücklicherweise starb er, ohne zu leiden. Mit milder Hand hat Gott die Bande eines Lebens gelöst, das für uns hier eine beständige Wohltat war.«

»Darf ich Sie, ohne aufdringlich sein zu wollen, bitten, mich zum Friedhof zu begleiten? Ich möchte ihm gern ein letztes Lebewohl sagen.«

Butifer und Adrien folgten Genestas und dem Pfarrer, die ein paar Schritte vorausgingen und sich unterhielten. Nachdem der Oberstleutnant die Ortschaft hinter sich gelassen hatte und auf den kleinen See zuging, bemerkte er am Berghang ein großes steiniges Stück Land, das eine Mauer umschloß.

»Das ist der Friedhof«, sagte der Pfarrer. »Drei Monate bevor er als erster dort beigesetzt wurde, waren ihm all die Unzulänglichkeiten recht bewußt geworden, die sich aus der zu engen Nachbarschaft der Kirche mit dem Friedhof ergeben; und um das Gesetz durchzuführen, das eine gewisse Entfernung von Ortschaften anordnet, hat er selbst der Gemeinde dieses Grundstück geschenkt. Heute beerdigen wir dort ein armes Kind; so haben wir denn hier zuerst der Unschuld und der Tugend ein Grab gesetzt. Ist der Tod am Ende gar eine Belohnung? Will Gott uns eine Lehre geben, indem er zwei so vollkommene Geschöpfe zu sich ruft? Kommen wir ihm näher, wenn wir in der Jugend durch körperliches und im reiferen Alter durch seelisches Leid geprüft wurden? Sehen Sie, hier ist das schlichte Denkmal, das wir ihm errichtet haben.«

Genestas erblickte eine etwas zwanzig Fuß hohe Erdpyramide, die noch kahl war, aber deren Ränder sich bereits unter den fleißigen Händen einiger Einwohner mit Rasen zu begrünen begannen. Die Fosseuse saß in Tränen aufgelöst, den Kopf in den Händen, auf den Steinen, die den Sockel eines mächtigen, aus einer ungeschälten Tanne gebildeten Kreuzes umfaßten. In großen Buchstaben in das Holz geschnitten, las der Offizier die Worte:

D. O. M.
Hier ruht
der gute Monsieur Benassis,
unser aller
Vater.
Betet für ihn!

»Monsieur«, sagte Genestas, »haben Sie …«

»Nein«, erwiderte der Pfarrer, »wir haben nur die Worte hierhergesetzt, die von diesen Bergeshöhen bis nach Grenoble widerhallten.«

Einen Augenblick verharrte Genestas schweigend, dann näherte er sich der Fosseuse, die ihn aber nicht hörte, und so sagte er zu dem Pfarrer: »Sobald ich meinen Abschied habe, komme ich und beschließe meine Tage hier bei euch.«

Oktober 1832–Juli 1833

Anmerkungen

Der Roman ›Le médecin de campagne‹ (Der Landarzt) erschien erstmals im September 1833 in einer zweibändigen Ausgabe, wurde danach mehrmals in verschiedenen Ausgaben veröffentlicht, bis er 1846 in die ›Scènes de la vie de campagne‹ (Szenen aus dem Landleben) der ›Comédie humaine‹ (Menschlichen Komödie) eingegliedert wurde. Ein Kernstück dieses Romans, die Episode in der Scheune, erschien unter dem Titel ›L'Histoire de l'empereur racontée dans une grange par un vieux soldat‹ (Die Geschichte des Kaisers, erzählt von einem alten Soldaten in einer Scheune) von 1833 bis 1842 mehrfach in gesonderten Ausgaben.

5 *Meiner Mutter:* Laure Balzac, geb. Sallambier (1778–1854); ihr stand Balzac während seines ganzen Lebens tatkräftig zur Seite.

7 *in der Nähe der Grande-Chartreuse gelegenen großen Marktflecken:* Die Grande-Chartreuse, ein 1084 vom heiligen Bruno in den Alpen nahe Grenoble gegründetes Kloster, war 1832 Ziel eines Ausflugs von Balzac. Dabei kam er durch Voreppe, eine kleine Gemeinde im Kanton Voiron, und lernte Doktor Amable Rome (1781–1850) kennen. Dieses Erlebnis inspirierte ihn u. a. zu seinem Roman ›Der Landarzt‹.

Savoyen: Gebiet im Südosten Frankreichs an der Grenze zu Italien.

Dauphiné: ehem. französische Provinz, Hauptstadt Grenoble.

9 *Napoleon:* Napoleon I., Bonaparte (1769–1821), Kaiser von Frankreich (1804–1815); Napoleon schlug 1795 als Kommandant der Pariser Garnison den Aufstand der Sektionen nieder, eroberte als Oberbefehlshaber 1796 die Lombardei und führte 1798 einen zweiten erfolgreichen Italienfeldzug. Durch den Staatsstreich am 18. Brumaire 1799 stürzte er das Direktorium und ließ sich zum Ersten Konsul für zehn Jahre ernennen, 1804 zum Kaiser krönen. Nach seinen großen Eroberungskriegen unterlag er in der Schlacht von Waterloo endgültig und wurde auf die Insel Sankt Helena verbannt.

Ehrenlegion: von Bonaparte 1802 gestifteter Orden, Auszeichnung für militärische und zivile Verdienste. Der Orden hatte fünf Klassen: Großkreuz, Großoffizier, Kommandeur, Offizier, Ritter.

Schlacht an der Moskwa: bei Borodino, 7. September 1812; ver-
lustreicher Sieg Napoleons.

11 *Bayard,* Pierre Terrail, Seigneur de (1476–1524): schlug sich
ruhmreich während der Kriege Karls VIII., Ludwigs XII. und
Franz' I. Seine Tapferkeit trug ihm den Beinamen ›Ritter ohne
Furcht und Tadel‹ ein.

Écarté: französisches Kartenspiel zwischen zwei Spielern.

13 *Grande-Armée:* Bezeichnung für die Armee Napoleons I.

in seinem ... Bulletin: Balzac bezieht sich auf das am 13. Mai
1809, dem Tag der Kapitulation Wiens, veröffentlichte Bulletin, in dem es heißt: ›Als sie aus Wien flohen, hinterließen sie
den Einwohnern Tod und Verwüstung. Wie Medea haben sie
mit eigener Hand ihre Kinder getötet.‹

Medea: in der griechischen Mythologie zauberkundige Königs-
tochter aus Kolchis, die Jason zum Goldenen Vlies verhilft
und, von ihm verstoßen, ihre Kinder tötet.

Mademoiselle Raucourt: Françoise-Marie-Antoinette Saucerotte,
gen. Raucourt (1756–1815); Pariser Schauspielerin, hier in der
Rolle der Medea aus der gleichnamigen Tragödie von Pierre
Corneille (1606–1684).

Théâtre-Français: die Comédie-Française; 1680 auf Anordnung
Ludwigs XIV. gegründetes Nationaltheater, dessen Repertoire
die klassischen französischen Stücke umfaßt.

14 *Pigault-Lebrun*, Charles-Antoine-Guillaume Pigault de l'Épi-
noy, gen. Pigault-Lebrun (1753–1835): französischer Schriftsteller, Autor von Unterhaltungsromanen.

19 *Moiré:* Woll- oder Seidengewebe, das durch eine besondere Be-
arbeitung (Wässerung) einen wolkenartig geflammten Schim-
mer erhält.

Tabin: früher besonders in Frankreich und Italien verfertigtes
schweres, glattes, moiriertes Seidengewebe.

21 *Brie:* französische Landschaft zwischen Seine und Marne.

23 *phrygische Mütze:* rote Mütze, auch Freiheits- oder Jakobiner-
mütze genannt; ursprünglich Kopfbedeckung der Marseiller
Galeerensträflinge; wurde nach deren Befreiung 1792 zum
Symbol der Französischen Revolution.

24 *Limousin:* ehemalige französische Provinz in Mittelfrankreich
mit der Hauptstadt Limoges.

26 *Satyr:* Feld- oder Waldgeist aus dem Gefolge des Dionysos mit
Bocksohren und Bocksschwänzen.

27 *das trotz aller Ähnlichkeit mit anderen menschlichen Gesichtern:*
Dr. Benassis vertritt nicht nur die politischen und sozialen
Ideen Balzacs, sondern wurde auch in einigen Zügen seiner
äußeren Erscheinung seinem Schöpfer nachgestaltet.

35 *Auvergne:* waldarmes Hochland im Süden Frankreichs.

46 *Saint-Laurent-du-Pont:* Kantonshauptort in der Nähe der Grande-Chartreuse, in dem Balzac 1832 auf seiner Reise Station machte.

55 *Lohe:* gemahlene Fichten- oder Eichenrinde, die zum Lohgerben dient.

Trester: Treber; aus den Rückständen bei der Trauben- und Obstweinkelterei gewonnener Nach- oder Tresterwein.

56 *vereidigter Priester:* Ein Dekret der Konstituante vom 27. November 1790 verlangte von allen Priestern einen Treueeid auf die Verfassung. Den eidverweigernden Priestern wurde die Ausübung ihres christlichen Amtes verboten. Vor allem dieses Dekret wurde der Anlaß für die konterrevolutionären Bauernerhebungen im Westen Frankreichs.

Fénélon, François de Salignac de la Mothe-Fénélon (1651 bis 1715): pädagogischer und religiöser Schriftsteller, Erzbischof von Cambrai, Verfasser des Fürstenerziehungsromans ›Die Abenteuer des Telemach‹ (1699). Wegen seines liberalen Geistes, der ihm die Ungnade des Königs und der Kirche eintrug, war er ein Vorläufer der Aufklärungsbewegung im 18. Jahrhundert.

59 *Provence:* ehemalige französische Provinz am Mittelmeer, Hauptstadt Aix.

62 *Bergère:* breiter, tiefer Polsterstuhl mit Rücken- und Seitenlehne.

67 *Normandie:* ehemalige Provinz im Nordwesten Frankreichs.

69 *Schreckensherrschaft:* Gemeint ist jene Periode der Revolution (2.6.1793–27.7.1794), in der die revolutionär-demokratische Diktatur der Jakobiner herrschte, in der die politische Gewalt durch Konventsausschüsse, das Revolutionstribunal und die örtlichen Revolutionskomitees ausgeübt wurde.

70 *bei Waterloo:* 18. Juni 1815; Niederlage Napoleons gegen die Engländer unter Wellington und die Preußen unter Blücher. Die Schlacht besiegelte den Untergang Napoleons.

75 *Sester:* altes Getreidemaß, entsprach 15 Liter.

82 *Reveille:* militärischer Weckruf.

87 *Lyonnais:* Höhenzug im Osten des Zentralmassivs.

88 *Vauvenargues,* Luc de Clapiers, Marquis de (1715–1747): französischer philosophischer Schriftsteller und Moralist.

Chamfort, Sébastien Roch Nicolas, gen. Chamfort (1741–1794): französischer Schriftsteller, Moralist und bedeutender Aphoristiker. Die von Balzac angeführte Anekdote findet sich in seinem Hauptwerk ›Maximes et pensées, caractères et anecdotes‹ (Maximen und Gedanken, Charaktere und Anekdoten), 1795 posthum erschienen.

Mährische Brüder: christliche Sekte, die sich im 15. Jahrhundert unter den Anhängern des Jan Hus (1369–1415) bildete und sich streng an den Vorschriften der Bergpredigt orientierte. Aus den Mährischen Brüdern ging 1722 die in Herrnhut gegründete protestantische Brüdergemeine hervor.

Lollarden: Sektierer, Anhänger des Herätikers Walter Lollard (geb. Ende 13. Jh., 1322 verbrannt), der sich gegen die katholische Kirche, ihre Zeremonien und Sakramente wandte; fanden vor allem in England, Deutschland und Böhmen Verbreitung.

96 *Beauce:* weite Ebene südwestlich von Paris, wegen ihres fruchtbaren Bodens ›Kornkammer von Paris‹ genannt.

97 *Frieden von Amiens:* 1802; Friedensvertrag zwischen Frankreich und England; Ende der zweiten antifranzösischen Koalition (England, Rußland, Österreich).

Beresina: Nebenfluß des Dnjepr, den die Franzosen auf ihrem Rückzug von Moskau vom 26. bis 28. November 1812 überquerten. Beim Übergang über die Beresina verlor Napoleon mehr als die Hälfte der ihm noch verbliebenen Soldaten.

Eblé, Jean-Baptiste, Comte d'Eblé (1758–1812): französischer General, hatte den Auftrag, beim Rückzug der ›Grande-Armée‹ den Übergang über die Beresina zu sichern.

von den zweiundvierzig Pionieren ist heute nur noch Gondrin übrig.: Zwei Brückenbauer der Beresina überlebten das Desaster des Rückzugs, Pierre Lazutte (1769–1837) und Nicolas Camus (1780–1860).

Wiedereinsetzung der Bourbonen: Nach der Abdankung Napoleons (11.4.1814) wurde die Herrschaft der Bourbonen unter Ludwig XVIII. erneuert.

98 *Schlacht von Austerlitz:* 2. Dezember 1805; die sogenannte ›Dreikaiserschlacht‹, in der Napoleon die russischen Truppen unter Zar Alexander I. und die österreichische Armee unter Kaiser Franz II. schlug.

Napoleon: unter Napoleon I. und Napoleon III. geprägte Goldstücke im Wert von zwanzig Francs.

99 *Aldermen:* Ratsmänner, Gemeindeälteste in England.

Schlachtfeld von Valutina: Bei Valutina Gora versuchte Marschall Ney am 19. August 1812 vergeblich, einem Teil des russischen Heeres den Weg nach Moskau zu verlegen.

das Kreuz verlieh: das Kreuz der Ehrenlegion.

100 *das rote Band des Majors:* Genestas trug das rote Band mit Rosette, das Insignum der Offiziere der Ehrenlegion.

der kleine Korporal: Gemeint ist Napoleon I.

101 *das 29. Bulletin:* das letzte Bulletin Napoleons vom 3. Dezem-

ber 1812 über den Untergang der französischen Armee in Rußland.

102 *Dauphin:* Thronfolger.

103 *Seit ›der andere‹ abdanken mußte:* Gemeint ist Napoleon.

109 *Junot,* Andoche, Duc d'Abrantès (1771–1813): französischer General; Napoleons Adjutant während des ersten Italienfeldzuges, war mit Napoleon in Ägypten, wo er sich in selbständigen Kommandounternehmen auszeichnete, eroberte Lissabon 1807.

Narbonne, Louis, Comte de (1755–1814): Offizier unter dem Ancien régime, 1791 zum Kriegsminister berufen; nahm am Rußlandfeldzug teil und wurde 1813 französischer Botschafter in Wien.

123 *Languedoc:* südfranzösische Landschaft zwischen den Cevennen und dem Golf von Lion.

127 *Jeanettenherz:* goldenes Kreuz mit einem Herz, wurde an einem Samtband getragen.

130 *Sieg bei Wagram:* 6. Juli 1809; Sieg Napoleons über die Österreicher.

Napoleons Rückkehr: Nach seiner Verbannung auf die Insel Elba kehrte Napoleon 1815 nach Frankreich zurück und regierte während der sogenannten ›Hundert Tage‹ vom 20. März bis 28. Juni 1815.

Tuilerien: ehemaliges Stadtschloß der französischen Könige in Paris, Residenz Napoleons und der nachfolgenden Herrscher Frankreichs.

Eroberung von Moskau: Nachdem der Versuch gescheitert war, die französische Armee bei Borodino aufzuhalten, drang diese am 14. September 1812 in Moskau ein. Die Stadt wurde von den Einwohnern in Brand gesteckt, so daß sie von den Invasoren geräumt werden mußte.

Übergabe von Mantua: Mantua ergab sich nach achtmonatiger Belagerung den französischen Truppen unter Bonaparte am 2. Februar 1797.

132 *Perkal:* weißer Baumwollstoff.

Perkalin: leichter Perkal, meist glänzender farbiger Baumwollstoff.

die unheilvollen Ereignisse von 1814: Nach der Völkerschlacht bei Leipzig drangen die Alliierten der 6. Koalition, unter ihnen die russischen Truppen, in Frankreich ein und besetzten Paris.

138 *Annecy:* Hauptstadt eines Departements in Savoyen.

141 *›Hier laßt uns Hütten bauen.‹:* ›Hier ist gut sein; hier laßt uns Hütten bauen!‹ nach Matthäus 17,4.

dem aber Beaumarchais seine wahre Poesie wiedergab: Es ist die Melodie des Liedes ›Malbrough zieht in den Krieg‹, nach der der Page Cherubin in ›Die Hochzeit des Figaro‹ (1784) von Beaumarchais (1732–1799) seine Romanze singt.

147 *Saint-Étienne:* Industriestadt im Südosten Frankreichs, u. a. Waffenfabrikation.

149 *Bagno:* Gefängnis der Galeerensträflinge in Toulon.

154 *Heinrich IV.* (1553–1610): König von Navarra (1562–1610) und Frankreich (1589–1610).

Gebrüder Graindorge: Der Weberfamilie Graindorge (Gerstenkorn) wird das Einweben von Blumen- und geometrischen Mustern in Leinen zugeschrieben.

Palissy, Bernard (1510–1589 od. 1590): französischer Glasmaler, Kunsttöpfer und Naturwissenschaftler; entdeckte das Verfahren, Tongefäße mit farbigem Email herzustellen. Seine dekorativen Zwecken dienenden Tonarbeiten schmückten tierische und pflanzliche Darstellungen.

159 *Frankreich und Europa … auf Asien gestürzt:* Gemeint sind die acht Kreuzzüge von 1096 bis 1270.

163 *das allgemeine Wahlrecht:* Nach dem Wahlgesetz von 1820 mußte man Grundbesitz im Wert von dreihundert Francs Grundzins haben, um wählen zu können, und einen Grundbesitz im Wert von tausend Francs, um gewählt werden zu können. Trotz aller Reformbestrebungen der liberalen Opposition während der Julimonarchie kam es zur Einführung des allgemeinen Wahlrechts erst am 5. März 1848.

164 *Pair:* Mitglied der Pairskammer, die von 1814 bis 1848 mit der Abgeordnetenkammer und dem König die gesetzgebende Gewalt bildete.

res publica: lat., eine allgemeine Angelegenheit, Republik.

Trotz Sulla und nach Cäsar:

Sulla, Lucius Cornelius (138–78 v. u. Z.); ernannte sich zum Diktator auf Lebenszeit, entmachtete Volkstribunat und Komitien und durchbrach damit die altrömischen republikanischen Traditionen.

Cäsar, Gaius Julius (101–44 v. u. Z.); wurde nach dem Sieg über seine Gegner 45 v. u. Z. zum Diktator auf Lebenszeit erklärt, 44 v. u. Z. von republikanisch gesinnten Senatoren ermordet.

Tiberius (42 v. u. Z.–37): römischer Kaiser.

169 *Mirabeau*, Honoré-Gabriel Riqueti, Comte de (1749–1791): führender Ideologe des liberalen Adels und der Großbourgeoisie, Abgeordneter des Dritten Standes; konspirierte mit dem König, um die konstitutionelle Monarchie gegen die revolutio-

näre Volksbewegung zu sichern, und wurde des Verrats angeklagt.

Danton, Georges-Jacques (1759–1794): einer der herausragendsten Führer der Französischen Revolution; nach dem Sturz der Monarchie Justizminister. Ende 1793 opponierte Danton gegen die Jakobinerdiktatur und versuchte durch geheime Verhandlungen mit den Interventionsmächten einen Kompromißfrieden zu schließen. Deswegen wurde er 1794 hingerichtet.

Robespierre, Maximilien de (1758–1794): Advokat; bedeutendster Führer der Französischen Revolution, leitete die revolutionär-demokratische Diktatur der Jakobiner; gestürzt am 9. Thermidor (27. Juli 1794) und guillotiniert.

Konvent: Der Nationalkonvent, die französische Nationalversammlung von 1792 bis 1795, vereinigte die legislative und exekutive Gewalt, verwandelte Frankreich in eine Republik und wurde nach dem Sturz der Girondisten (Juni 1793) das höchste Organ der revolutionär-demokratischen Jakobinerdiktatur. Nach dem Sturz der Jakobiner 1794 wurde er zum Instrument der bürgerlichen Thermidorreaktion.

172 *Colbert,* Jean-Baptiste (1619–1683): bedeutender französischer Staatsmann, der, von Ludwig XIV. mit wichtigen Staatsämtern betraut, u. a. die Finanzen konsolidierte und die Wirtschaft nach merkantilistischen Prinzipien reorganisierte.

Sully, Maximilien de Béthune, Baron de Rosny, Duc de (1560–1641): Finanzminister und Vertrauter Heinrichs IV.; schuf durch seine Wirtschafts- und Finanzpolitik die ökonomischen Voraussetzungen für eine starke Zentralgewalt des Königs.

Cromwell, Oliver (1599–1658): Führer der englischen bürgerlichen Revolution, besiegte Karl I. und ließ ihn 1649 hinrichten; 1653 Lordprotektor der englischen Republik, unterdrückte grausam Schottland und Irland, Wegbereiter der englischen Weltmacht.

173 *Ermitage:* auch Hermitage; Wein aus dem Gebiet der Rhône.

180 *Champaubert:* Dorf im Departement Marne, wo Napoleon am 10. Februar 1814 einen Sieg über die russischen und preußischen Truppen errang.

182 *Eylau:* heute Bagrationowsk; am 8. Februar 1807 zwang Napoleon den Russen und Preußen dort eine Schlacht auf, die verlustreich war, aber unentschieden blieb.

Duroc, Géraud-Christophe-Michel, Duc de Frioul (1772 bis 1813): französischer General, unter Napoleon I. Großmarschall, fiel bei Bautzen.

Bessières, Jean-Baptiste, Duc d'Istrie (1768–1813): französischer Marschall, nahm am Italien- und Ägyptenfeldzug teil, befehligte 1812 die Garde in Rußland, fiel 1813 bei Rippach.

Lannes, Jean, Duc de Montebello (1769–1809): Marschall von Frankreich; nahm als Freiwilliger an den Revolutionskriegen teil, zeichnete sich bei Montebello und Marengo aus und wurde bei Eßling tödlich verwundet.

Einnahme von Toulon: Die Hafenstadt wurde im August 1793 von Royalisten an die Engländer ausgeliefert. Nach langer vergeblicher Belagerung wurde Bonaparte als Bataillonschef mit dem Oberbefehl betraut, der den Abzug der englischen Flotte und die Kapitulation Toulons (18. Dezember 1793) erzwang.

183 *Montenotto, Rivoli, Lodi, Arcole, Millesimo:* siegreiche Stationen auf Napoleons erstem Italienfeldzug 1796/97.

185 *Salomos Siegel:* Salomo, König von Israel (993–953 v. u. Z.), gilt als Urbild der Weisheit und Beherrscher der Geister; sein Siegelring, ein fünfzackiger Stern, spielt als Talisman der Weisheit und der Zauberei in der Kabbalistik eine große Rolle.

186 *bei Alexandria, bei Giseh und vor den Pyramiden:* Die Franzosen landeten am 1. Juli 1798 bei Alexandria, das am 2. Juli eingenommen wurde; die feindlichen Truppen des Mameluckenbeis Murad wurden bei den Pyramiden (21. Juli 1798) endgültig geschlagen.

Schlacht bei Abukir: 1. August 1798; in der Seeschlacht versenkten die Engländer unter Admiral Nelson fast die gesamte, bei Abukir vor Anker gegangene Flotte der Franzosen.

Akka: Napoleon belagerte das von den Engländern unter Admiral Sidney Smith verteidigte Akka vom 16. März bis 17. Mai 1799; Hunger und der Ausbruch der Pest zwangen ihn zum Rückzug.

187 *die ganze Armee dieses Paschas:* wahrscheinlich Abdallah Pascha, der am 16. April 1799 mit einer türkischen Entsatzarmee am Berg Tabor geschlagen wurde.

nach seiner famosen Schlacht bei Abukir: Am 25. Juli 1799 wurde ein bei Abukir gelandetes türkisches Heer von den Franzosen geschlagen und fast völlig aufgerieben.

188 *Kléber*, Jean-Baptiste (1753–1800): französischer General; trat 1792 als Freiwilliger in die Revolutionsarmee ein, zeichnete sich bei der Belagerung von Mainz aus, unterwarf als Brigadegeneral die aufständischen Vendéer; erhielt nach Napoleons heimlicher Abreise den Oberbefehl der französischen Truppen in Ägypten und erfocht den Sieg von Heliopolis (1800);

wurde von einem fanatischen Türken in Kairo ermordet.

Fréjus: kleine Hafenstadt an der französischen Mittelmeerküste.

Höchstes Wesen: Die von Robespierre eingeführte Staatsreligion nannte sich ›Kult des Höchsten Wesens‹.

189 *Marengo:* Bonaparte besiegte die Österreicher am 14. Juni 1800 in der Nähe des italienischen Dorfes Marengo.

192 *Einer von denen ist noch übrig:* Gemeint ist Jean-Baptiste Bernadotte (1763–1844); Marschall von Frankreich, zeichnete sich in den Kriegen der Republik und des Kaiserreiches aus; 1804 wurde er Marschall, 1806 Prince de Pontecorvo; seit 1810 Thronfolger, seit 1818 als Karl XIV. Johann König von Schweden; schloß 1812 ein Bündnis mit Rußland, das ihm für seinen Anschluß an die antinapoleonische Koalition die Krone von Norwegen zusicherte.

193 *Joséphine:* Marie-Josèphe Tascher de la Pagerie (1763–1814): heiratete 1779 den Vicomte de Beauharnais, der 1794 guillotiniert wurde, 1796 den General Bonaparte, wurde 1804 zur Kaiserin gekrönt und 1809 von Napoleon verstoßen.

eine Österreicherin geheiratet: Nach seiner Scheidung von Joséphine heiratete Napoleon 1810 Marie-Luise von Habsburg-Lothringen (1791–1847), die Tochter Kaiser Franz II. Gogelat verwechselt in seiner Erzählung den Kaisertitel ›Cäsar‹ mit dem römischen Imperator Gaius Julius Cäsar.

194 *König von Rom:* Der Sohn Napoleons I. und Marie-Luises, François-Charles-Joseph Bonaparte (1811–1832), wurde unmittelbar nach seiner Geburt zum König von Rom proklamiert.

der Kaiser von Rußland: Alexander I. Pawlowitsch (1777–1825), Kaiser von Rußland 1801–1825.

198 *ziehen auch den Polizeiminister mit hinein:* Joseph Fouché, Duc d'Otrante (1759–1820), war Polizeiminister unter dem Direktorium, dem Konsulat und dem Kaiserreich Napoleon Bonapartes, der ihn 1810 absetzte, da er auf eigene Faust mit den Engländern verhandelte. Fouché intrigierte weiter gegen Napoleon, um Frankreichs Macht durch eine Regentschaft Marie-Luises zu sichern; schloß sich 1814 den Bourbonen an, wurde während der ›Hundert Tage‹ wieder Polizeiminister Napoleons, den er verriet, um sein Ministeramt während der zweiten Restauration zu behalten. 1816 wurde Fouché von den Bourbonen als ›Königsmörder‹ (er stimmte für die Hinrichtung Ludwigs XVI.) verbannt.

Schlachten in den Bergen: Nach der Schlacht bei Dresden verfolgte Napoleon die Armee unter Schwarzenberg durch die Berge bis zur böhmischen Grenze.

bei Dresden: Schlacht am 26./27. August 1813; Napoleon siegte über die Alliierten.

bei Lützen: Schlacht am 2. Mai 1813; Sieg Napoleons über die russische und preußische Armee.

von Bautzen: Schlacht am 20./21. Mai 1813; Sieg Napoleons über die verbündeten Russen und Preußen, die er zum Rückzug nach Schlesien zwang.

199 *nun sieht der Kaiser ... alle gegen sich:* Mit der Reichenbacher Konvention tritt Österreich der Koalition bei (12. August 1813) und erklärt am 12. September 1813 Frankreich den Krieg. Am 9. September 1813 kam es zu den Bündnisverträgen Österreich – Preußen – Rußland – Großbritannien in Teplitz; am 8. Oktober schloß sich Bayern durch den Vertrag zu Ried den Verbündeten an.

wie in der Schlacht bei Leipzig: Während der Völkerschlacht (16./18./19. Oktober 1813) liefen die Sachsen und eine württembergische Reiterbrigade zu den Alliierten über. Ein französischer Korporal sprengte durch ein Mißverständnis die Elsterbrücke zu früh und schnitt damit einem Teil seiner zurückflutenden Landsleute den Rückweg ab.

200 *Schweinereien à la Ragusa:* Der Duc de Ragusa, Auguste Viesse de Marmont (1774–1852), Marschall des Kaiserreiches, zeichnete sich in vielen Schlachten der napoleonischen Kriege aus und verteidigte Paris vor den anrückenden alliierten Truppen. Nach der Einnahme von Paris verhandelte er mit dem österreichischen Feldmarschall Schwarzenberg und zog sein Armeekorps aus den Stellungen vor Paris zurück. Sein Abfall beschleunigte die Abdankung Napoleons.

Lebewohl in Fontainebleau: Nach der Besetzung von Paris durch die Alliierten wurde Napoleon gezwungen, am 11. April 1814 in seiner Residenz Fontainebleau abzudanken. Bevor er sich nach seinem Verbannungsort, der Insel Elba, einschifft, nimmt er am 20. April Abschied von seiner Garde.

Napoleon II.: Sohn Napoleons I. (vgl. 2. Anm. zu S. 194); war nach der Abdankung seines Vaters nominell nur wenige Tage Oberhaupt Frankreichs und lebte bis zu seinem Tod als Herzog von Reichstadt in Wien; erhielt den Titel Napoleon II. durch ein Dekret Napoleons III. 1852.

auf eine kleine Insel: Elba, wo Napoleon am 4. Mai ankam und bis zu seiner erneuten Landung in Frankreich (1. März 1815) lebte.

der heilige Kuckuck: spöttisch für den Adler, das Wappentier Napoleons.

...niatowski, Józef, Fürst Poniatowski (1763–1813): polnischer

General, Marschall von Frankreich; nahm am Rußlandfeldzug Napoleons teil und kam während der Völkerschlacht bei Leipzig um.

207 *Klosterschule von Sorrèze:* ehemaliges Benediktinerseminar, galt als unabhängige, liberale Ausbildungsstätte für Priester und freie Berufe und hatte Ende des 18. Jahrhunderts bis zu ihrer Schließung 1824 großen Zulauf.

209 *Quartier Latin:* Universitäts- und Studentenviertel in Paris.

228 *Jansenius:* Cornelis Jansen (1585–1638), holländischer Theologe, 1636 Bischof von Ypern; vertrat in seinem Hauptwerk ›Augustinus‹ eine sittenstrenge, weltverneinende katholische Glaubensrichtung, die für die unbedingte Prädestination eintrat. Der Jansenismus gewann Mitte des 18. Jahrhunderts großen Einfluß in Frankreich, wurde von den Jesuiten heftig bekämpft, wirkte aber bis ins 19. Jahrhundert weiter.

229 *Konkordat:* Gemeint ist das Konkordat vom 15. Juli 1801, das die katholische Kirche in Frankreich wiederherstellte, aber vom Staat abhängig machte und Frankreichs Beziehungen zum Vatikan neu regelte.

246 *Epikur* (341–270 v. u. Z.): griechischer Philosoph, dessen materialistisch fundierte Ethik Genügsamkeit zur Erhaltung der Genußfähigkeit fordert; in grober Verallgemeinerung gelten Epikureer als Genußmenschen.
Zenon aus Kition (336–264 v. u. Z.): griechischer Philosoph, lehrte den Stoizismus, der eine vernünftige Lebensweise und Selbstbeherrschung zum obersten Ziel setzt.
Stoa: Säulenhalle in Athen, Lehrstätte des griechischen Philosophen Zenon.

250 *Fuge, late, tace:* lat., Flieh, verbirg dich, schweige.

255 *Plutarch* (um 46–120): griechischer Schriftsteller, Philosoph und Historiker, bekannt vor allem durch seine ›Parallelbiographien‹ berühmter Griechen und Römer.

259 *der seinen Namen nicht zu Unrecht trug:* Renard heißt Fuchs.

260 *Feldzug von 1813:* Feldzug gegen die 6. Koalition (Rußland, Preußen, England, Österreich, Schweden, Spanien und Neapel), der mit der Niederlage Napoleons in der Völkerschlacht bei Leipzig endete.

262 *Hanau:* Mit den Überlebenden der Völkerschlacht erkämpfte Napoleon bei Hanau (30./31. Oktober 1813) gegen ein bayerisch-österreichisches Heer den Durchbruch zum Rhein.

263 *École Polytechnique:* seit 1795; dient zur Ausbildung von Ingenieuren für den militärischen, zivilen und maritimen Bereich.

271 *Kalesche:* offener, vierrädriger Wagen mit Kutschbock und aufklappbarem Verdeck.

273 *Schlacht bei Friedland:* 14. Juni 1807; Sieg Napoleons über die russische Armee.
Davout, Louis-Nicolas, Duc d'Auerstedt, Prince d'Eckmühl (1770–1831): Marschall von Frankreich, einer der erfolgreichsten Offiziere der Armee Napoleons.
hatte ich den Eid geleistet: auf König Ludwig XVIII.
als er nach Rochefort ging: Nachdem Napoleon am 22. Juni 1815 zugunsten seines Sohnes abgedankt hatte, begab er sich nach Rochefort; der Hafen war von englischen Schiffen blockiert. An Bord der ›Bellerophon‹ brachte man ihn nach Plymouth, von dort, auf Befehl der verbündeten Monarchen, auf die Atlantikinsel Sankt Helena.

277 *Murat,* Joachim, Grand-Duc de Berg (1767–1815): Marschall von Frankreich; steile militärische Karriere unter Napoleon, dessen Schwager er wurde; schloß als König von Neapel (1808–1815) einen Separatfrieden mit den Alliierten; während der ›Hundert Tage‹ suchte er wieder Anschluß an Napoleon; 1815 Flucht nach Korsika, um von dort Neapel wieder zu erobern; wurde am 13. Oktober 1815 standrechtlich erschossen. Murat liebte es, an den Feldzügen in farbenprächtigen Phantasieuniformen teilzunehmen.

278 *Poitiers:* ehemalige Hauptstadt des Poitou, südwestlich von Paris.

287 *D. O. M.:* Abkürzung auf Inschriften für Deo optimo maximo, lat., Gott dem Allmächtigen.

ISBN 3-378-00132-1

Gustav Kiepenheuer Verlag
Leipzig und Weimar
Erste Auflage
Lizenz Nr. 396/265/22/87   LSV 7351
Gesamtherstellung: Grafischer Großbetrieb
Völkerfreundschaft Dresden
Schrift: Garamond-Antiqua
Reihengestaltung: Gerhard Bunke
Printed in the German Democratic Republic
Bestell-Nr. 812 078 1
00520